KB000896

교육단상

교육단상

성태제 저

학지사

머리말

평소에 생각하던 교육 문제들을 정리하면서 벌써 내가 이런 정도의 경륜을 쌓았나 하는 생각을 하였다. 외국의 석학 같으면 동일 주제와 관련하여 많은 연구를 하였을 텐데 하는 아쉬움이 있다. 그래도 지금까지의 생각을 정리한 이 책이 나름의 의미가 있을 것이라는 위안을 갖는다. 그 이유는 이 책을 통하여 공감대가 형성되어 학생과 교사가 겪고 있는 어려움을 해결하고 학교 현장의 변화를 유도하며, 나아가 올바른 교육정책을 수립하는 데 도움이 될 것이라고 기대하기 때문이다.

전문서적은 아니지만 교육에 대한 소고를 담은 책이나 자서전 성격의 책은 교육 관계자들이 보지 못하는 부분에 대하여 혜안을 제공하여 주기 때문에 교육 발전에 도움이 된다. 정범모 선생님은 끊임없이 고민하시면서 묵직한 조언으로 우리 교육의 방향을 제시하고 계신다. 『내일의 한국인』이라는 책에 이어 『한국교육의 신화』는 내게 감명을 주었다. 최근에는 『격동기에 겪은 사상들』이란 책을 보내 주셔서 나를 놀라게 하셨다.

은퇴까지 몇 년 남아 있어 이런 책을 쓰기에 이른 감은 있으나 과거의 경험을 기억하며 그동안의 생각을 정리할 필요가 있다고 생각하였다. 학지사 사장이 찾아와 전문 서적을 써 달라는 부탁에 지도교수인 Frank Baker의 『Basic of Item Response Theory』를 번역하여 1992년에 출간한 이후, 지난 20여 년간 '교육평가', '교육측정', '교육통계', '연구방법론' 분야에서 열 권이 넘는 전문 서적을 집필하여 왔지만 이런 교육 에세이는 처음이다.

지난 10년은 타의 반, 자의 반으로 행정 분야에서 일할 경험을 갖게 되었다. 2002년 이화여자대학교 입학처장을 시작으로, 교무처장, 2010년에는 한국대학교육협의회 사무총장, 2011년에는 한국교육과정평가원장의 직책을 맡았다. 이런 직책을 통해서 얻은 경험을 기반으로 교육 분야의 현안에 대하여 많은 생각을 하게 되었다. 이런 경험과 생각을 잊기 전에 정리하고 싶었다.

교육에 대한 나의 단상이 항상 옳다고 주장하지는 않는다. 그렇기에 내 의견에 대한 논쟁이나 비판도 두려워하지 않는다. 이 책에서는 우리 교육을 어떻게 발전시켜야 하는가, 학생들의 인격과 나라의 국격을 높이고 우리나라가 인류 사회에 얼마나 공헌하고 기여할 것인가에 초점을 맞춰 논의하려고 하였다. 평소의 생각을 진술하게 정리한 내용인 만큼 편안한 마음으로 읽어 주기를 바란다.

저자의 생각을 꾸밈없이 전달하려 하지만 저자의 생각이 어떤 영향을 미치는가에 대한 고민도 하지 않을 수 없었다. '교육평가' 분야에서는 이를 결과타당도라 하여 교육 정책을 수립하여 집행한 후 어떤 결과가 나타났는지, 그리고 그 영향이 무엇인지를 분석한다.

이런 점을 고려하여 제자 김경희 박사와 시기자 박사의 조언을 참고하였다. 이 책이 나오기까지 여러 경험을 할 수 있게 하여 준 국가와 근무했던 한국교육과정평가원, 그리고 한국대학교육협의회 관계자께도 감사한 마음이다. 이익이 없을 텐데도 기쁜 마음으로 이 책을 출간하여 주신 학지사 김진환 사장께도 감사드린다.

차 례

제1부
교육

제1부
교 육

1. 개인, 가정 그리고 교육

교 육

교육에 대한 정의는 다양하다. 라틴어로 Education은 '밖(E)으로 끌어낸다(duco).'는 의미를 지니고 있으며 히브리어로 Pedagogy는 '아이에게 방향을 제시한다.'는 뜻이다. 한자로 敎育에서 敎는 '어른이 막대기를 들고 효를 본받으라.'는 의미이며, 育이란 '어머니가 자식을 안고 키운다.'는 의미다. 이를 종합하면 교육은 무엇을 가르쳐서 바람직한 변화를 유도하는 목적적 행위다.

교육목표는 나라마다 다르다. 미국은 일곱 가지의 목적을 강조하여, 기본학습능력, 건강, 직업, 시민정신, 여가생활 등을 열거하였고, 우리나라는 남을 이롭게 하는 홍익인간을 양성하는 목표를 지니고 있다. 북한의 경우 혁명의 후계자로 공산주의자를 만드는 데 그 목적이 있다. 교육목표란 국가가 지향하는 이념 그리고 사상적 성향을 반영할 수밖에 없다. 그러나 염려스러운 것은 교육의 목표나 목적이 너무 정치적 성향으로 변모하고 있다는 것이다. 교육은 인간을 가르치는 행위로써 당연히 사람을 사람답게 만드는 일이 최

우선이어야 한다. 그렇다면 사람이란 무엇인가?

　사람은 동물과 다르다. 그러기에 본능적일 수 있지만 이성적이어야 한다. 그리고 나만을 위하는 것이 아니라 남을 배려할 수 있는 이성을 지녀야 도덕성이 높은 사람이라는 평가를 받는다. 그래서 옛말에 형편없는 사람에게 '개, 돼지보다 못한 놈'이란 말을 하였다. 이 말은 가장 모욕적인 표현이다. 돼지는 고기가 되지만, 사람은 고기도 되지 못하기에 전혀 도움이 되지 않는다는 혹평에서 그런 표현이 나온 것이다.

　그러므로 교육은 인격을 높이는 역할을 하여야 한다. 한때 많은 일본인이 한국에 관광을 왔다. 특히 제주도를 가면 나이 많은 일본 사람이 젊은 한국 여성과 먹고, 마시고, 놀며, 같이 돌아다니는 것을 목격할 수 있었다. 이런 일본인들의 인격이 높다고 말할 수는 없다. 우리나라 사람도 외국 여행 중에 그런 행동을 한다면 그 사람의 인격이 높다고 할 수 없다. 그런 사람이 한국 사람 중에 다수라면 이는 국가의 격을 떨어뜨리는 것이다. 그러므로 정범모(2011)는 교육이 인격과 국격을 높여야 한다고 주장한다. 인격이나 국격에 대한 조작적 정의를 내리면서까지 올바른 인격이 무엇인가를 논하고 싶지는 않다. 우리가 어떤 사람을 만나고 나서 그 사람이 정말 괜찮은 사람이란 느낌을 가졌다면 인격이 있다고 할 수 있다.

　외국에 나가거나 생활해 보면 남에게 해가 되지 않고, 다른 사람이 어려울 때 나서서 도와주며, 잘못된 것이 있으면 고치고, 자연을 보호하며 풍요 속에서도 근검절약하는 분들을 만나게 된다. 상대가 정치계 거물이든 경제계 재벌이든 부나 권력과는 관계없이 남을 사랑하고 도와주는 분들이다. 교수들 중에도 자신이 알고 있는 지식에 대하여 교만하지 않으며, 어떠한 질문에도 매우 진지하고 공손하게 알려 주려 하는 석학들을 보면서 인격이 높다고 느낀다. 이런 사람이 되게 하는 것이 교육이다. 사람에게서 사람 냄새가 나게 하는 것이 교육이라 할 수 있다.

개 인

교육의 대상은 인간이며 교육은 개별적이거나 집단적으로 수행된다. 그러므로 교육의 대상이 누구이고 어느 집단인가에 따라 교육 내용이 다르고 방법도 다를 수밖에 없다. 인간은 다양하므로 인간에 대한 기본적 이해를 넘어, 특히 개인에 대한 이해가 충분하여야 교육이 제대로 이루어진다. 행동주의 이론에서 인간은 동일 자극에 동일하게 반응한다고 전제하고, 기계적이며 획일적인 교육을 강조하였다. 그러나 이 이론을 학교 현장에 적용하거나 새로운 학습을 추구할 때에는 한계가 나타난다. 인간은 모두 다른 인지 구조를 지니고 있고, 사람마다 다른 특성을 지니고 있으므로 자극이나 환경이 같을지라도 달리 반응할 수 있음을 인지하게 된다. 그로 인해 개인차 연구가 활성화되었으며, 개인의 특성을 고려한 교육이 발전하고 있다. 개인차를 고려한 이론으로 장독립적과 장의존적 인지 양식, 즉각적 사고자와 반성적 사고자, 최근에 와서는 인지 구조, 나아가 뇌 구조까지 고려한 뇌 기반 학습 이론이 관심을 끌고 있다.

현대의 교육은 교사가 학생들에게 일방적으로 가르치는 행위로서가 아니라 상호 관계 속에서 이루어지고 있으며, 학생과 교사 그리고 교육매체가 역동적인 관계를 형성하고 있다. 그러므로 고전적 차원의 교육은 그 효과를 극대화할 수 없다. 교재와 교구마저도 학생의 학습 능력 수준에 맞추어 교육하는 수준별 학습이 진행되고 있으며, 때로는 개별 학습도 진행되고 있다. 최근에 와서는 과학의 발달과 더불어 자신이 주도하는 자기주도학습이 활발히 전개되어, 스스로 학습 자료를 찾아 자신의 진도에 맞추어 공부하는 경향이 늘고 있다. 이러한 경향은 컴퓨터의 발전뿐만 아니라 IT 산업의 발전으로 개인 스스로 정보를 용이하게 수집하게 되었기 때문이다.

개인은 교육의 중요한 대상이면서 주체가 되고 있기에 교육은 개인이 성장하고 발전할 수 있도록 도와주어야 한다. 개인을 유전적 요인보다는 환경적 요인에 의하여 무한히 발전할 수 있는 독특한 개체로 인식하여야 한다. 부모나 형제, 학교 선생님, 교육행정가 모두가 인간에 대한 새로운 인식과 개인을 존중하는 철학을 가지고 교육에 임해야 한다.

35년 전 중학교로 교생 실습을 나갔을 때, 중학교 2학년 학생이 이런 질문을 해 왔다. 개인과 가정, 사회 그리고 국가 중 어느 것이 가장 중요하냐는 질문이 있다. 그 당시 교과서에는 국가가 중요하니 모든 우선권을 국가에 두어야 하고, 개인의 희생은 감수하여야 한다는 내용이 있었다. 그러나 그 학생은 내가 아프고 힘들고 죽으면 그만인데 국가가 무슨 소용이 있느냐고 반문하였다. 시대와 세대에 따라 개인이나 가정, 사회와 국가에 대한 중요도는 달라질 수 있다. 그래도 교육에서 중요한 대상은 개인이다. 개인을 온전하게 교육하지 않으면 가정도, 사회도, 국가도 온전할 수 없다. 그래서 미국은 교육의 목적을 매우 구체적으로 상세하게 개인을 중심으로 진술하고 있다. 이런 관점에서 본다면 홍익인간이라는 추상적 개념의 우리나라 교육목적도 이제는 다시 검토하여 구체화될 때가 되지 않았나 하는 생각을 한다.

가 정

가정이란 인간이 처음으로 생활하고 배움을 시작하는 곳으로서 각기 다른 특색이 있다. 나라에 문화가 있고, 지역의 문화가 있듯이 가정에도 예의범절, 풍습 그리고 문화가 있다. 예의범절은 씨족 문화와 연결될 수 있으며, 그 하부 단위는 가정이다. 『대학(大學)』에 '修身齊家治國平天下'라는 말이 있다. '修身齊家'는 개인이 수양을 쌓아 가정을 다스려야 한다는 의미다. '治國平天下'는 그렇게 하고 나서 나라를 다스리면 천하가 태평하다는 의미다. 이는 개인에 이어 가정이 매우 중요하다는 의미다. 즉, 개인이 자기를 닦지 못하면 가정이 평화롭지 못하고, 그리되면 아무것도 이루기 어렵다는 옛말이다.

가정에서 부모를 공경하고 형제자매를 배려하는 훈련을 하지 않은 개인은 이기적이며 사고의 폭이나 행동 반경이 좁아 남을 이해하는 능력이 부족할 수 있다. 가정을 이루는 구성원을 우리는 식구(食口)라고 한다. 식구란 밥 식(食)에 입 구(口)로 같이 밥을 먹는 사람을 말한다. 그러므로 식사를 같이 하지 않는 가족은 가족 구성원으로 소속감이 떨어질 수밖에 없다. 식사하는 도중에 각자의 일과 가정의 일 그리고 여러 사건이나 사안에 대하여 이야기하고 그런 과정을 통하여 비형식적 교육이 이루어진다. 학교폭력이 증가하고 청소년의 자살이 높아지는 이유가 가정의 소중함과 가족 구성원의 관계가 소원해졌기 때문이라고 판단하여 정부에서는 '밥상머리 교육'을 강조하였다. 그래서 매주 수요일에는 일찍 퇴근해서 자녀들과 같이 저녁 식사를 하라는 지침이 하달되고 시행된 바가 있다.

부모는 부모대로 바쁘고 자녀들은 상급 학교 진학을 위하여 학원에서 저녁을 보내면서 부모와 자녀의 대화는 줄어들고, 서로를 이해하지 못함으로써 청소년 문제뿐만 아니라 가정이 파괴되는 경향이 높아지고 있다. 최근 이혼하는 가정이 50%에 이른다고 한다. 부서지는 가족 구성원의 가치를 높이고 서로 대화하며 의견을 나누는 일이 매우 중요하다. 가정에서의 삶을 통하여 집안의 내력이라든가 가훈 그리고 가풍이 전수되며, 어른에게 옳은 일을 본받음으로써 인격이 형성된다고 할 수 있다. 이런 비형식적인 교육이 학교교육보다 더욱 중요하다. 학교교육이 주지 교육이라고 한다면 가정에서의 교육은 인성을 함양할 수 있는 교육이다. 사회와 경제가 발전할수록 인성교육이 부실해진다는 이야기는 가정의 역할이 그만큼 약화되고 있기 때문이다.

핵가족 시대 그리고 독신으로 살아가는 사람이 증가하는 현 시점에서 가정의 중요성을 간과하기 쉽다. 어떻게 가정을 복원하고 가정교육이 이루어져야 하는지에 대한 깊은 성찰이 필요한 시기다. 대가족 시대에는 조부모에게 그리고 부모에게, 나아가 삼촌이나 고모 그리고 사촌 등에게 많은 것을 배우게 되고, 그들과 같이 생활함으로써 사회성이 발달하고 의사전달 능력이나 남을 배려하는 마음, 그리고 갈등이 발생할 경우 본인들이 이를 승화시키는 능력, 제삼자일 경우 중재하는 능력, 나아가서는 용서하는 능력까지 배우는 기회를 갖게 된다. 이런 능력은 개인의 삶에 지식이나 기능 그리고 기술보다 더욱 중요한 부분이므로 가정의 복원이 시급한 과제가 아닐 수 없다.

가족의 역할

교육의 대상이 후손이라 할 때 교육의 주체는 어른이 된다. '마을이 아이들을 키운다.'라는 외국 속담이 있다. 온 동네가 합심해서 아이들에게 좋은 교육을 제공하여야 한다는 의미다. 산업화와 핵가족화가 진행되면서 교육은 학교에서 담당하는 것으로 인식하고 있으나, 지식 교육은 제도권인 학교에서 한다고 해도 예의범절, 인성교육 등은 가정에서 담당하여야 한다. 대가족 사회에서는 조부모, 부모, 삼촌과 고모 그리고 형제들이 모두 교육의 주체이며, 아이들은 형이나 누나, 삼촌과 고모 그리고 부모와 조부모를 보고 배운다.

부모 그리고 가족 구성원의 역할과 역할의 성격도 다르다. 그래서 '嚴父慈母'란 말이 있다. 엄한 아버지에 자상한 엄마라는 가정교육의 특성이 현대에 적합한지 여부를 떠나서 그런 역할론이 사라지고 있는 것 같다.

부모가 엄하게 자녀를 교육할 때, 좀 심하다 싶으면 할아버지나 할머니가 조정을 하여 조부모의 깊은 사랑을 느끼게 하는 경우도 있다. 아이들에게 매를 드는 것이 가정폭력으로 간주되는 현대사회에서는 이해하기 어려울 수 있으나 회초리로 자녀의 잘못된 행동을 바로잡아 준 시절도 있었다. 부모가 자녀에게 매나 벌을 줄 때 감정 조절이 되지 않는 경우 조부모가 자연스럽게 이를 중단시킬 수도 있다.

자식은 부모에게 배운다고 한다. 산업화 이전에는 부모와 자식 간에 같이 생활할 수 있는 시간이 많았기에 그랬다. 생존경쟁이 치열해지면서 아버지는 그가 종사하는 직업에 전념할 수밖에 없다. 사업가든 직장인이든 할 것 없이 모두가 일찍 출근하고 늦게 퇴근하므로 부모와 자식이 얼굴을 맞댈 시간도 줄어들었다. 자녀들은 상급 학교 진학을 위하여 학교 외 수업으로 많은 시간을 공부에 투자하다 보니 그들도 여유로운 생활이 불가능하다. 이런 부모와 자식이 무엇을 하든 시간을 같이하기란 너무 어려운 것이다. 아버지가 시간이 없을 경우 은퇴한 할아버지가 손자와 손녀의 교육을 맡을 수 있다. 인생의 경륜을 쌓은 조부모가 여유로운 시간에 손자와 손녀에게 가문에 대한 이야기나 가풍, 그리고 가훈, 역사적 사건에 대한 이야기를 들려줄 수 있다. 그리고 직업관이나 인생관, 나아가서는 문화와 예술을 향유하게 하고 여가와 야외활동 등 많은 경험을 쌓게 할 수 있다. 최근에 와서는 조부모들의 학력 수준도 높아지고 학식과 인생 경험이 풍부하며, 평생교육을 통하여 새로운 지식과 기술도 가지고 있기 때문에 아버지 역할을 대신할 수 있다. 조부모와 손주의 관계는 혈연으로 맺어져 있기 때문에 많은 부분에서 동질적이어서 인생의 진로, 그리고 가치관과 직업관 등을 공유하기가 용이하다.

대가족에서 핵가족화하면서 이제는 친가보다 외가와 가까워지는 경향이 높아지고 있다. 현대사회에 와서는 특히 자녀를 적게 낳아 친가와 외가의 구분도 되지 않을뿐더러 집안 간의 모임도 현격히 줄어드는 추세다. 우리 경험으로는 외가보다는 친가로부터 교육 경험이 많으나 그를 기대하기는 어려운 것이 지금의 추세다. 그러므로 그런 가름 없이 조부모, 외조부모, 삼촌이, 외삼촌이, 고모, 이모 등 누구라도 많은 사랑과 관심을 주는 가족 구성원이 되는 것이 바람직하다. 왜냐하면 사랑을 많이 받은 어린이는 성장해서 많은 사람에게 사랑을 주기 때문이다.

교사의 역할

교사란 단어보다 선생님이 익숙하고 의미 있는 명칭이다. 先生님은 '먼저 태어난 분'이라 직역할 수 있으며, 그렇기에 아는 것 또는 경험한 것을 알려 주는 분이다. 그러므로 선생님이란 직업은 숭고하여, 학생들이 편협하거나 일방적 사고를 하지 않도록 이끌어야 한다. 인간에게 보람 있는 것이 많고 다양할 것이나, 가장 보람 있는 것은 나를 통하여 다른 사람이 거듭나고 행복하며 즐거운 인생을 향유하고 국가나 인류 발전에 기여할 수 있도록 하는 것이다. 그 일은 선생님들이 할 수 있는 일이다. 산업 현장에서도 어디서도 가능한 일이기에 선생님은 학교에만 계시는 것이 아니다. 예술을 전수하기 위한 개인적 만남에서도 이루어질 수 있으며, 우연한 기회에 인연이 닿아 평생 스승과 제자가 되는 경우도 있다. 그러므로 선생님은 매우 다양하다. 어린이와 같이하는 선생님 혹은 성인을 가르치는 선생님도 있다. 그분들은 배우는 사람에게 귀감이 되어야 한다.

선생님도 사람이기에 각자의 생각이 있고, 이는 신념으로 발전되어 다양한 이념과 철학을 갖게 된다. 그래서 전교조에 가입하는 교사도, 혹은 교총에 가입하는 교사도 있으며, 두 군데 모두 가입하는 교사도 있다. 자유민주주의에서 교사가 어떤 생각을 갖는가 하는 것은 정말로 자유다. 사회주의 의식을 갖든 그렇지 않든 그것은 본인이 결정할 사안이다. 교사들이 어떤 이념이든 자유롭게 가질 수 있기 때문에 학생들도 그들이 어떤 신념과 철학이나 이념을 자유롭게 갖도록 해 주어야 한다. 이는 선생님들이 본인이 지지하고 신봉하는 이념을 학생들에게 주입하거나 강요해서는 안 된다는 것이다. 학생들이 성장하여 그들이 경험하면서 스스로 선택할 수 있게 하여야 한다.

교사들은 사실에 입각하여 학생들을 가르쳐야 한다. 특히 역사적 사실에 대해서는 본인이 해석하고 선호하는 관점에 의하여 지식을 전수해서는 안 된다는 말이다. 특히 우리나라처럼 분단되어 있는 국가에서 역사적 사실을 다르게 가르친다면 이는 더욱 불행한 결과를 초래할 것이다. 한국전쟁에 대한 역사적 사건을 역사가 증명하고 있는 사실 그대로 가르쳐야 함에도 불구하고 다른 내용을 가르치는 것은 최근에 일본의 아베 총리가 자행하고 있는 짓과 다를 바가 없다. 학생에게 가르치는 내용은 물론 교사의 행위조차도 학생들이 본받기 때문에 교사는 사실에 입각하여야 하며 세심한 주의를 기울여야 한다.

2. 각급 학교교육

유아교육

유아교육이 제도적으로 진행되기 전에 아이의 양육과 교육은 가정에서 이루어졌다. 육아와 교육까지 가정에서 진행되었고, 이는 부모나 조부모, 특히 엄마나 할머니에 의하여 이루어졌다. 산업화 이후 여성 인력의 사회 진출과 핵가족화 등으로 인하여 아이에 대한 보호와 교육이 요구되었고, 이는 보육과 교육의 개념을 합성하게 된다. 보육이 기르는 개념이라면 교육에는 이론이 있음을 암시하는 것 같다. 이런 배경을 설명이라도 하듯 우리나라에서는 아동학과와 유아교육학과가 협력하고 때로는 갈등하면서 각 대학에 공존하고 있다. 아동학과는 일반적으로 가정대학에, 그리고 유아교육학과는 사범대학에 소속되어 있는 것을 보더라도 짐작할 수 있다.

우리나라의 유아교육의 역사를 살펴보면, 1915년 정동에 2년제 이화유치원 사범과가 처음으로 설립되면서 시작되었고, 1951년에 이화여자대학교 사범대학 교육학과의 아동교육전공으로 4년제 유아교육을 실현하였다. 1980년 후반 전두환 정부 시절에 유아교육이 강조되면서 유아교육학과가 많은 대학에 설립되었다. 그러면서 외국의 이론을 도입하여 적용하고 많은 학생이 유아교육을 공부하기 위하여 유학을 떠나게 되었다. 대학과 전문대학에 유아교육학과가 설립되면서 젊은 학자들이 교수로 진출하였고, 많은 유아교사가 양성되었다.

아동학은 육아에 중점을 둠으로써 학문적 접근이 느슨하였다. 이에 비해 유아교육학은 이론의 발전 속도도 빠를 뿐 아니라 유치원을 통하여 활발히 적용되면서 괄목할 만한 성장을 이루었다. 이러한 과정에서 아동학과 유아교육학은 차별화를 추구하면서 교육 대상의 연령 범위 그리고 사업 등에서 경쟁과 갈등이 나타났다. 그 결과, 보육원과 유치원 그리고 어린이집 등 명칭도 다양하고 생각도 다양하여 지금까지 적지 않은 어려움을 겪어 왔다. 김대중 정부 시절 어린이에 대한 교육은 여성부, 교육부, 보건복지부 세 부처에서 담당하였다. 아동에 대한 예산 배정은 복지 차원이니 보건복지부의 일이고, 가정의 일이고 여성의 임무이니 여성부의 일이며, 교육이니 교육부의 일이라는 주장이다. 정권의 특징 그리고 정부의 사업 계획이 그때마다 다르고, 특히 예산과 관련된 부분이 많으니 이해가 엇갈리는 일이 많이 발생하였다. 정부의 막강한 힘을 발휘하던 국무총리조차도 어린이에 대한 정책을 통합할 수 없다고 공개적으로 말할 지경이었다. 각 부처에서 사용하는 예산을 체계적이며 종합적으로 사용한다면 효과는 클 것인데 그러지 못하고 있는 것은 예나 지금이나 비슷한 형편인 것 같다. 아동교육이든 유아교육이든 보육이든 육아든, 그와 관련된 모든 것은 통합하여 시너지 효과를 발휘할 수 있도록 하여야 한다. 이는 우리나라 아이들을 위하는 교육이고 사업이지 유아나 아동교육에 종사하는 어른들을 위한 일들이 아니기 때문에 더욱 그러하다.

어려서부터의 교육은 사회주의나 공산주의 사회에서 더욱 중요하게 인지하고 있다. 구 소련이나 조선민주주의인민공화국과 같은 나라에서는 그들이 추구하고자 하는 인간을 기르기 위하여 조기 교육을 실시하고, 이에 국가가 적극적으로 개입한다. 이는 체제를 옹호하고 유지하며 발전시키기 위한 방책의 일환이다. 그런 강력한 목적이 있기 때문에 일반적으로 의무교육을 실시하거나 국가가 거의 모든 비용을 부담한다. 이와는 달리 우리나라의 경우는 초기에는 의무교육을 계획했는지 모르나 실제로는 초등학교나 중학교의 의무교육이 아닌 선택적 교육으로 출발하였다. 그러므로 유아교육의 질은 매우 다양해졌으며, 유치원의 시설과 수준도 빈부의 차에 따라 격차가 크다. 어느 유치원에 다니느냐에 따라 학습 내용이나 과목이 달라지고, 이로 인해서 초등학교 진입 단계부터 교육 격차가 발생하는 일이 일어난다. 예를 들어, 아이들을 돌보는 수준에서 영어나 한문을 배우는 경우까지 유아교육의 내용은 천차만별이라고 할 수 있다. 국가가 최근에 이런 문제를 인지하여 유치원의 수준을 높이고 사회복지나 여성의 사회 진출 차원에서 많은 지원을 하여 그 격차를 줄이고 있지만, 아직도 경제 수준에 따라 유치원의 선택은 다를 수밖에 없다. 그러므로 복지 수준에서 지원과 교육의 관점에서 장기적인 계획을 수립하여 국가가 지원하는 의무교육으로 전환할 필요가 있다.

초등교육

　가정의 중요성과 가정교육에 대하여 앞에서 언급하였다. 사람이 성장함에 따라 가정교육의 수준을 넘어 보다 필요한 지식을 가르치기 위하여 형식적인 교육이 필요하기에, 학교교육으로서 초등교육이 진행된다. 초등교육이란 단어 그대로 기초가 되는 지식을 가르치고 배우는 교육을 말한다. 『한국어사전』(2004)에 의하면 초등이란 맨 처음의 등급을 의미하며, 가장 초보적이며 기본적인 교육이라 정의하고 있다.

　초등교육은 기본적인 교육으로서 삶을 영위할 때 가장 필요한 능력을 배양하는 교육으로 읽기, 쓰기, 말하기, 셈하기를 들 수 있다. 이는 인지 능력의 가장 기초가 되는 능력을 말하고, 신체 능력은 개인의 건강을 지키기 위한 체육이나 건강 교육으로는 운동을 들 수 있다. 그러므로 초등교육은 복잡할 필요가 없으며, 많은 교과를 필요로 하지 않는다. 물론 사회가 인간으로서 생활하는 데 필요한 다소 전문적인 능력을 배양할 필요는 있다. 예를 들면, 정보화 능력 등이다. 그러나 이러한 능력은 말하기, 쓰기, 읽기, 셈하는 기본 능력과 신체 기능을 발휘할 수 있는 능력을 지닌 후에 습득할 수 있는 능력이라 할 수 있다.

　초등교육은 초보적이며 기본적인 교육이므로, 이념이나 정치 그리고 종교로부터 독립적이어야 한다. 어떤 사회나 국가든 사상이나 이념 그리고 종교를 갖는다 해도 이에 구애받지 않고 생활할 수 있는 능력을 배양하는 교육이 초등교육이 지향하는 바다. 우리나라는 초등학교란 용어 대신에 국민학교라는 용어를 1995년까지 사용하였다. 국민학교는 그 나라 국민을 만들기 위한 교육을 하는 기관으로서 일본이 우리나라를 점령하고 있을 때 사용한 명칭이다. 그들은 내선일체와 황국신민을 만들기 위한 조직적이고 의도적인 교육을 실시하기 위해 뚜렷한 목적을 가지고 교육을 진행하였다. 이러한 목적을 지닌 국민학교란 용어를 개정하기 위하여 해방 후 수많은 노력 끝에 40년 정도가 걸려 초등학교로 명칭이 변경되었음을 기억하여야 한다.

초등교육이야말로 개인의 삶을 위한 진정한, 그리고 순수한 교육이어야 함에도 불구하고 조선민주주의인민공화국에서는 매우 계획적이고 조직적으로 이행되고 있다. 이는 황망하고 위험하다 말하지 않을 수 없다. 조선민주주의인민공화국에서는 어린이들을 조국의 미래이고 공산주의 건설의 수비대이며 대를 이어 혁명할 우리 혁명위업의 계승자들이라 규정하여 공산주의 사상을 주입하고 있다. 두려운 것은 이 어린이들이 자유민주주의 국가나 다른 나라에서 어떻게 살아갈 수 있을까를 생각하면 끔찍할 따름이다. 철없는 아이들이 당 주석의 사진을 보며 감격해서 눈물을 철철 흘리고 손을 높이 들어 경애를 표하는 뉴스를 볼 때면 섬뜩하다가도 동시에 가엾기 그지없으며, 통일의 가장 큰 걸림돌이 될 것이라는 걱정이 크다. 강조하고자 하는 것은 초등교육은 이념이나 사상, 철학으로부터 가능한 한 독립적이어야 한다는 주장이다. 그런 의미에서 미국의 교육목적이 시사하는 바가 매우 크다. 인간의 삶을 영위하기 위하여 가장 필요한 일곱 가지 원리를 다시 한 번 열거한다.

- 건강(health)

- 기본학습능력(command of fundamental process)

- 가족 구성원으로서의 가치(worth home membership)

- 직업(vocation)

- 시민 정신(citizenship)

- 여가의 가치(worth use of leisure)

- 윤리적 특성(ethical character)

많은 내용이 초등교육에서 다루어지는 내용이며, 추후에 중등교육과 대학교육 나아가 전문교육에서 다루는 내용이 될 수 있다. 초등교육의 내용을 자주 변경하는 것은 바람직하지 않다. 어린이들에게 가르치는 내용은 초보적이고 기본적인 내용이기 때문이다. 정권이 바뀔 때마다 교육과정 전문가들은 교육과정이 변화되어야 한다고 주장하지만 초등교육만큼은 웬만하면 그대로 유지하고 발전시키는 것이 바람직하다. 다시 한 번 주장하는데, 초등교육은 기본 교육을 강조하여야 한다.

최근에 초등학생에게 한자 교육을 시키겠다는 언론 보도가 있었다. 동양의 역사와 문화를 이해하기 위하여 한자를 알아야 할 필요가 있기 때문이다. 그러나 영어 교육까지 받고 있는 초등학생들에게 군이 한자 교육을 시키기보다는 중학교에서 배우게 하는 것이 바람직하다. 초등학교에서는 기본 교육을 충실하게 하여 기초를 탄탄히 하는 게 바람직하다.

중등교육

중등교육이란 초등교육과 고등교육의 중간 단계 교육이라고 정의하고 있다. 일반적으로 중학교와 고등학교 교육을 말한다. 현재 우리나라의 초등학교와 중학교 교육은 의무교육으로 되어 있다. 고등학교 교육이 의무교육이 아니라 하더라도, 거의 대부분의 학생이 대학에 진학하듯이 고등학교에 진학한다고 보는 것이 타당하다. 이에 따라 고등학교는 의무교육은 아니지만 국가에서 교사의 인건비와 많은 운영비를 지원하므로 의무교육 수준이라 할 수 있다.

초등교육은 기본 교육을 중요시하여야 한다고 하였지만 중등교육은 학생 개인의 특성, 적성, 취미, 특기를 찾아 그것을 지원하여 주는 진로 탐색 교육을 하는 것이 바람직하다. 그러므로 중학교의 경우 기본 교육을 밑바탕으로 다양한 교과목과 직업 탐색 교육, 그리고 예체능 교육 등 다양한 프로그램을 접할 수 있는 기회를 제공하는 것이 바람직하다. 그러므로 상급 학교 진학에 필요한 지필고사 준비를 위한 교육이 아니라 창의체험활동이나 특별활동 그리고 여가활동 등 다양한 교육을 제공할 필요가 있다. 다소 이를지 모르나 중학교에서 직업에 대한 정보도 제공할 필요가 있으며, 미래 사회에 대한 최근 내용도 학생들의 인지 수준에 맞추어 개발하여 교육할 필요가 있다. 중학생이라 하여도 인터넷의 발달로 학생들이 시공을 초월하여 많은 정보를 수집할 수 있는 능력이 있기 때문에 이를 정리하고 이해하는 데 도움을 줄 수 있도록 하여야 한다.

고등학교에서는 학생들의 진로와 직업 선택에 따라 다양한 교육을 제공할 필요가 있다. 진로를 결정하지 못한 학생들의 경우 일반계 고등학교에서 진로와 진학에 대한 교육을 받는다. 특정 교과와 관련된 재능을 발견하거나 적성이 높은 교과를 공부하기 희망하는 학생들은 그 분야를 접할 기회가 많은 고등학교에서 그것과 관련된 다양한 교육을 받게 해 주어야 한다. 예를 들면, 과학고등학교, 외국어고등학교 그리고 예술고등학교 등의 특수목적 고등학교를 들 수 있다. 또한 일찍이 컴퓨터와 관련한 정보, 특정 기술이나 직업 분야에 관심이 많은 학생은 정보화 고등학교나 공업, 농업, 상업 등의 전문 능력을 고양하는 전문계 고등학교로 진학할 수 있도록 하여야 한다. 이런 고등학교를 현재 특성화 고등학교라 한다. 특수목적 고등학교나 과학고등학교, 외국어고등학교, 예술고등학교 등은 서열이 있는 것이 아니고 학생의 특기나 소질, 그리고 적성에 따른 진로가 사전에 결정된 학생을 지도하기 위한 교육기관으로 인식되어야 한다.

그렇기 때문에 이런 고등학교들은 빈부의 격차 그리고 사회적·경제적 지위에 의하여 구별되는 것이 아니라 학생들이 조기에 그들의 진로와 장래 희망을 결정하기 위하여 설립된 교육기관이어야 한다. 과학고등학교 학생들은 가능하면 졸업 후 과학 분야로 진학하든가 진출할 수 있도록 하는 것이 바람직하지 다수가 의과대학으로 진학하게 하는 것은 과학고등학교의 설립 목적에도 부합하지 않으며 학생들에게도 바람직하지 않다. 과학고등학교 학생들이 대부분 의과대학으로 진학하는 시대는 지나가고 있다. 직업의 귀천이 없기도 하지만 의료인의 수입이 예전만 못하고 도산하는 병원도 나타나서 의료 직업도 일반화되어 가는 추세이기 때문이다.

의학 교육은 일반적으로 외워야 할 내용이 방대하므로 암기력이 뛰어난 학생들은 즐겁게 공부할 수 있다. 그러나 탐구정신이나 분석력 그리고 창의력이 뛰어난 학생 중에 외우기를 싫어하는 학생들은 의과대학에 입학하고 난 후 학업의 즐거움이 없어 종종 중도에 대학을 포기하거나 전공을 바꾸기도 한다.

고등학교는 학생들의 적성, 특기, 진로 등을 이미 결정한 학생들이 입학할 수 있는 특수목적 고등학교와 일반계 고등학교로 운영하는 것이 바람직하며, 가능한 한 교육 프로그램도 공유하도록 하여 공통적인 내용을 기반으로 각 학교의 특수한 전문 프로그램이 운영될 수 있도록 하는 것이 바람직하다.

고등교육

고등교육은 대학, 산업대학, 교육대학, 전문대학, 방송대학·통신대학·방송통신대학, 사이버대학, 기술대학 등을 포함한다. 그리고 국가가 설립하고 경영하는 국립대학교, 지방자치단체가 설립·경영하는 시립대학교·도립대학교가 있으며, 학교법인이 설립·경영하는 사립대학교가 있다. 대학의 수업 연한은 4년 내지 6년으로 하고, 대학에 대학원을 두며, 대학원은 일반대학원, 전문대학원, 특수대학원으로 구분한다. 대학에 입학할 수 있는 자격은 고등학교를 졸업한 자 또는 법령에 의하여 이와 동등 이상의 학력이 있다고 인정된 자로 하고 있다.

고등교육은 쉽게 대학교육이라 할 수 있으므로 대학의 기원을 알아볼 필요가 있다. 대학은 University라 하는데, 라틴어인 Universitas

에서 유래되었고 사람들의 집합체 혹은 단체를 의미한다. 진리를 갈구하는 사람들이 모여서 각자의 주장과 의견을 나누면서 길드가 형성된다. 가르치고 배우는 사람들이 모여서 형성된 길드는 보다 체계적인 교육 시스템을 갖추게 된다. 최초의 대학은 이탈리아의 볼로냐 대학이다. 일반 교양과목과 의학, 철학, 신학 등을 가르쳤으나 법학이 매우 인기 있는 과목이었다. 이런 과목을 수강하려고 학생들이 몰려들면서 대학 주변의 집주인들과 상인들이 방 값과 음식 값을 인상하였다. 그러자 학생들이 조합을 만들어 방 값과 음식 값의 인하를 요구하였으며, 보다 우수한 교육을 받기를 원하였다. 그러면서 교수들에게 학생들의 허락 없이 휴강을 하지 말고, 수업시간을 준수하며, 보다 높은 수준의 강의와 폭넓은 강의를 해 줄 것을 요구하였다.

대학의 기원을 볼 때 대학은 철학, 신학, 의학 그리고 법학 등을 담당하는 고등교육기관이다. 이런 고등교육이 산업화를 거치면서 보편화되는 경향이 있다. 우리나라의 경우도 해방 후 대학교육은 차지하는 비중이 낮았지만 현재 대학교육은 보편화, 대중화되어 있다. 보편화되는 과정에서 대학교육은 학문적 전문 지식뿐만 아니라 직업교육도 담당하는 등 기능과 목적이 확대되어 가고 있다. 대학교육은 초등이나 중등교육과는 달리 기본 교육 수준을 넘어 새로운 지식이나 이론 그리고 기술을 가르치고 배우게 하여야 한다. 이로 인해 전공 분야도 다양하고 담당하는 범위도 매우 넓어질 수 있다. 그리고 고등교육의 초점은 전문교육으로서, 교육 내용과 교육 방법 그리고 교육 시설 등의 첨단을 추구하여야 한다. 신학문과 새로운 이론을 창출하기 위하여 부단한 노력을 기울여야 한다.

토플러(Alvin Toffler, 2013)는 현대의 고등교육에 대해 경고하고 있다. 그는 교육과 행정이 오히려 학문과 사회의 발전을 저해한다고 주장한다. 교육이라는 시스템이 변화를 주저하고 새로운 학문이나 이론을 접수하기를 거부하는 경향도 있다고 지적한다. 앞에서 언급한 다양한 고등교육기관은 교육의 목적에 따라 매우 다양하고 새로운 내용의 교육을 추구하여야 한다. 지식인만이 아니라 전문인 그리고 기능인을 양성하기 위하여 능동적으로 변화를 추구하고 새로운 지식과 이론 그리고 기술을 창출하여야 한다.

이와 같은 전문성을 고양하기 위하여 고등교육은 보편 교육이라기보다 전문교육을 철저하게 진행하여야 하고 이에 종사하는 교원들도 전문교육기관으로서의 전문성을 높이기 위하여 최선을 다하여야 한다. 볼로냐 대학에서 학생들이 요구한 내용도 교육의 질을 높여 달라는 것이었다. 이런 부분이 미진하면 고등교육기관은 특성과 기능을 잃게 됨으로써 자의와 타의에 의하여 변화될 수밖에 없다. 우리나라의 경우 현재 존재하는 고등교육기관이 학생 수에 비하여 적다고 할 수 없다. 그러므로 고등교육기관의 교육목적에 부합한 양질의 교육 프로그램과 교수진, 시설 등을 갖추고 교육을 하지 않는다면 어려움에 직면하게 될 것이라는 생각이 든다. 물론 학령인구의 감소가 주 이유라 하지만 그보다도 시공을 초월한 세대에 살기 때문에 꼭 물리적으로 건물, 책상과 걸상, 칠판이 있는 외형적 교육기관이 필요하지 않을 수 있기 때문이다. TED 강의의 Kahn 아카데미가 이를 증명하고 있다.

평생교육

최근 들어 평생교육의 중요성이 강조되고 있다. 그 배경에는 평균수명의 증가와 의식의 전환도 한몫을 한다. 예전에는 하나의 기술이나 기능을 소유하면 죽을 때까지 그것으로 인생을 향유할 수 있었다. 그러나 직업 세계의 변화와 평균수명의 증가는 인생의 이모작, 나아가 삼모작을 요구한다. 그래서 중소기업 사장을 하던 분이 호텔의 음식을 서브하는 직업을 선택한다든가, 교직에서 은퇴한 분이 문화사 직업을 갖는 등의 많은 변화가 일고 있다. 뿐만 아니라 연장된 인생을 향유하기 위하여 취미와 여가 생활이 급속히 발전하고 있기 때문에 인간은 평생교육을 받아야 한다는 의식이 확산되어 있다.

평생교육을 전문지식이나 기술, 직업 그리고 취미와 여가 생활 등으로 영역을 확대하여야 하며, 보다 체계적이고 계획적으로 운영할 필요가 있다. 실기나 기능 그리고 육체적인 취미나 여가활동의 경우는 시설이 필요하다. 2000년대 초기에 지방의 중소대학들이 신입생 모집이 어려워지자 평생교육을 수입원의 하나로 하여 평생교육기관을 설립하였다. 이를 통하여 지역사회 주민의 건강과 취미 그리고 직업교육까지 담당한 바가 있다. 이제는 그런 변형된 평생교육이 아니라 분야에 따라서 전문화된 교육을 실시하여야 할 것이다. 평생교육을 받으려고 하는 학생들은 기존의 정규 교육뿐만 아니라 다른 교육도 많이 받은 사람들이다. 때문에 평생교육의 수준이 높아야만 성공할 수 있다. 뿐만 아니라 평생교육이 수입원이 된다는 생각보다는 사회와 국가 발전에 기여하며 삶의 질을 증진시킨다는 고귀한 목적에 충실하여야 한다. 평생교육을 통하여 많은 수익을 창출할 수 있다고 생각하는 것은 오산일 수 있다. 평생교육을 선택하는 사람들은 은퇴를 앞두었거나 은퇴를 한 사람들이 대부분이어서 지출이 제한될 수밖에 없다. 최근 들어 평생교육도 사이버교육으로 전환하는 경향이 늘고 있다. 고령자들도 정보화에 익숙해지면서 시공을 초월하는 편리성과 효율성, 경제성을 추구하기 때문이다.

보다 바람직한 복지국가를 지향한다면 평생교육도 국가 차원에서 지원할 수 있기를 바라는데, 이는 아직은 기대일 뿐이다. 그러나 종국적으로는 이를 지향하여야 한다.

교육학

교육이란 무엇인가에 대하여 이미 간단히 정리하였다. 그러면 교육학이란 교육을 하는 학문이라 간단히 말할 수 있다. 교육은 학생이 지니고 있는 것을 밖으로 꺼내는 일, 어린이에게 방향을 제시하는 작업, 사랑으로 안고 효를 가르치는 것이라 하였으니 교육학 중에 가장 중요한 것은 잘 가르치고 배우게 하는 것이라고 말하지 않을 수 없다. 그렇다면 교수·학습 이론이 중요할 것이고, 그 내용이 되는 교과 과목과 관련된 지식인 학문도 중요할 것이다. 가르치고자 하는 내용과 그것을 어떻게 잘 가르치고 배우게 할 것인가와 알고 있는 내용을 생활에 얼마나 잘 적용하며 새로운 사실을 발견하고 창의적인 활동을 하는가도 분석하여야 한다. 이에 동의한다면 내용학을 중심으로 교과서나 교재·교구를 어떻게 구성할 것인가를 고민하는 교육과정이, 그리고 교육과정에 의하여 제대로 가르치고 배우게 하는 교수·학습 원리가 중요할 것이고, 그 교수·학습 행위가 제대로 이루어졌는지를 평가하여야 한다. 평가를 통하여 교육과정을 재구성하든가 교재·교구를 교체하든가 아니면 교수·학습 방법을 개선하든가 하는 순환 과정이 반복되어야 한다. 따라서 교육학 제 분야에서 가장 중요한 것이 교육과정과 교수·학습 이론 그리고 교육평가라 아니할 수 없다. 이 세 분야는 학생들과 교사들 사이에서 일어나는 행위를 중요시하며 학습을 극대화하기 위하여 절대적으로 필요한 영역이다.

교육학도 교육철학, 교육과정, 교육심리, 교육평가, 교육행정, 교육사회, 교육공학, 상담, 평생교육 혹은 사회교육 등 많은 분야가 있다. 교육철학은 교육을 하기 위한 철학적 밑바탕을 그려 준다고 할 수 있으며, 교육공학은 교수·학습 활동을 보다 원활히 하기 위하여 IT 등의 신기술을 보다 교육적으로 활용할 수 있는 이론이나 방법을 제공하는 학문 분야라 할 수 있다. 교육행정은 말 그대로 학교경영이나 행정 그리고 조직 운영을 위하여 필요한 분야라 할 수 있다. 그런 관계로 교육행정은 평교사보다는 일반적으로 행정 사무를 담당하는 교장이나 교감 그리고 장학관이나 장학사들에게 필요한 내용을 다룬다. 평교사가 꼭 알아야 할 필수 내용이라고 보기는 어렵다. 1970년대 등장한 교육사회학은 사회를 떠나서 학교를 생각할 수 없기 때문에 사회학 이론이 교육학과 접맥되면서 나타난 분야다. 강대국과 약소국에서의 교육의 지배 구조 혹은 계층이론에 의한 교육의 갈등 문제 등을 제기하면서 '학교는 죽었다.' '탈학교 사회' 등을 주제로 논의가 되기 시작하였다. 일반적으로 교육사회학은 비판적 시각이 다수이며, 젊은 교육학도에게 매력적인 문제를 제기하고 사회 문제뿐만 아니라 교육 문제에 대하여 의식을 고취하고 있음은 부인하지 않는다. 그러나 이런 교육사회학이 학교에서 교사들이 가르치고 학생들이 배우는 데 도움을 주는지에 대해서는 긍정적이지 않다. 로크(John Locke)는 학생들을 타블라 라사(Tabula rasa)인 백지 상태로 보기 때문에 어떤 교육을 행하여야 하는가가 중요하다고 하였다. 그러므로 학생들의 사고를 편협하게 하거나 한 방향으로 유도하는 것은 바람직하지 않다.

교수·학습 이론, 교육공학과 교육평가 분야는 나날이 새로운 방법을 제시하며 보다 체계적이고 과학적으로 발전을 하고 있다. 평가 분야에서 시험 문제를 출제할 때도 단순하게 맞히느냐 틀리느냐에 중점을 두는 게 아니라 어떤 문제를 해결하기 위하여 필요한 인지 요소가 무엇이며, 문제를 해결하기 위하여 어떤 단계의 문제 해결 능력을 인지하여야 하는지를 고려하여 문항을 출제한다. 그리고 응답한 결과를 체계적으로 분석하여 잘못된 인지 구조와 문제 해결 전략을 수정하는 이론까지 등장하고 있다. 국내에서는 이런 이론들이 아직은 활발히 적용되지 못하고 있는 것이 현실이나 빠른 시일 내에 이런 이론들이 학교 현장에 보급되어 평가를 위한 평가가 아니라 학습을 위한 평가 그리고 학생을 위한 평가로 발전하여야 할 것이다.

제2부
학교교육과
교육정책

제2부
학교교육과
교육정책

3. 교육 개혁과 자율화

교육 개혁

세계의 모든 국가가 교육의 중요성을 강조하고 있다. 특히 새로운 정부가 들어설 때마다 전 정권의 교육에 대하여 비판하고 개선하고자 노력한다. 미국의 클린턴(Bill Clinton) 대통령이 그랬고, 부시(George Bush) 대통령도 그랬으며, 오바마(Barack Obama) 대통령도 그랬다. 영국, 독일, 프랑스의 모든 대통령이 정부를 출범시킬 때, 경우에 따라서 국정 운영 과정에서도 굵직한 교육 정책을 발표한다. 선진국뿐 아니라 개발도상국에서도 국가의 여력에 따라 교육의 질을 높여 학력을 신장시키고자 노력한다.

우리나라에서도 매 정부가 출범할 때마다 교육의 변화를 이루기 위하여 부단히 노력하여 왔다. 근래의 상황을 정리하면 김영삼 대통령은 5·31 교육 개혁을 주창하면서 교육의 변화를 주장하였고, 김대중 대통령은 교육 혁신, 노무현 대통령은 교육 개혁, 그리고 이명박 대통령은 교육 선진화를 슬로건으로 내세우며 정책을 입안하였다. 이런 슬로건 아래 교육정책을 명시하고 세부 사안을 제시하였다. 대표적인 세부 사안이 사교육비 경감, 학교 평준화, 대학입시 제도, 교육 복지 등이다.

새 정부의 교육정책 슬로건이 개혁이든, 혁신이든, 선진화든 그 명칭이 중요한 것이 아니라 정책의 목표가 중요하다. 새로운 정부가 출범하면서 세우는 정강 정책에 따라 세부 정책 기조가 다를 수 있지만, 최소한 교육목표에 대한 일관성은 유지하여야 한다. 여기서 언급하는 교육목표라는 것은 국가의 장래 그리고 자라나는 후손을 위한 교육의 비전과 목표를 말한다. 이런 관점에서 본다면 평등과 공정성이 매 정부 때마다 논쟁이 되는 주제로서 해석이 각기 다르다.

잘났든 못났든 동일한 시험을 보아 점수에 따라서 일정하게 보상하여 주는 것이 공정하다는 주장이 있는 반면, 먹고 살기 힘들어 노동을 하는 학생은 시간이 없어 불리하므로 부유한 가정에서 공부에만 전념한 학생보다는 보상을 더 많이 주는 것이 공정하다는 주장도 있다. 빵을 나누어 줄 때, 가난한 사람에게 더 많이, 부자에게는 적게 나누어 주는 것이 공정한 사회라는 주장도 설득력이 있다. 그러나 가정 형편이 어렵다고 해서 그 학생들이 낮은 점수를 얻었는데도 더 많은 보상을 받게 되면, 이것은 불평등하다고 하는 주장도 일리가 있다. 이 논의는 매우 복잡하여 더 확장하면 이념 논쟁이 불가피해지고 국정 운영의 방향 설정에도 영향을 준다. 그렇다면 국가의 교육정책은 두 집단 모두를 위한 정책으로 이어가야 한다. 그리고 정책 과제에 따라 공정성과 배려를 우선하는 공정성이 조화롭게 적용되어야 한다.

국가의 일원인 모든 국민을 위한 교육정책은 양면의 공정성과 평등을 조화롭게 유지하여야 한다. 그렇지 못하고 한 면만을 강조하여 교육정책이 집단의 갈등을 조성하고 이념 논쟁을 유발한 경향도 없지 않다. 1980년대와 1990년대는 정치적 이념과 그 밑에 자리한 사상적 이념에 따른 사회 분열, 집단 간 갈등으로 사회가 불안하였으며, 2000년에 접어들면서는 사회적 신분에 따른 배분의 문제로 교육이 곤혹을 치루고 있다. 이런 국민 간의 갈등을 유발하는 요인을 안고 시작하는 교육의 변화는 그 명칭이 개혁이든, 혁신이든, 선진화든 국가 발전의 원동력이 되지 못한다. 그리고 '개혁' '혁신' 이런 단어는 교육에 적합하지도 않고 지속적인 변화를 추구하는 교육을 위해서도 바람직하지 않기에 사용하지 말아야 할 단어다. 교육의 개혁이나 혁신은 혁명과 관련이 있는 단어로서 지금까지 진행되어 온 교육을 한순간에 뒤집어 엎을 수 있다는 개연성을 지니고 있다. 이해 집단이 다양하고 그 집단을 대상으로 하는 교육을 어떻게 그렇게 할 수 있다고 생각하는지 의아할 따름이다. 지금까지 그런 용어를 사용하면서 실시한 교육정책은 거의 실패하였다고 보아도 과언이 아니고, 그런 정책일수록 실패하는 경향이 높다고 본다.

교육은 인간의 행동을 변화시키는 작업이다. 행동의 변화는 하루아침에 이루어지기 어려운 것이고, 당장 실시하는 것도 가능하지 않다. 그러므로 혁신이나 개혁보다는 점진적 발전과 변화가 바람직하다. 물론 정치인들은 변화나 개선이란 단어가 너무 밋밋하여 무엇을 하는지 모르기 때문에 보다 과격한 단어를 사용하기를 원한다. 현행 교육과 관련된 기존의 구성원에게 정책을 집행하기도 전에 혁신이니 개혁이니 하는 단어를 사용하여 거부감을 불러일으켜 저항에 부딪히는 것보다는 진솔하고 편안하며 진정성 있는 용어나 단어를 사용하여 정책과 관련된 모든 사람에게 이해를 구하고, 조용히 합심하여 하나의 목표를 향해 전진하는 것이 국가 발전을 위한 효과적인 전략일 것이다. 옛 속담에 '빈 깡통이 요란하다.'라는 말이 있듯이 교육의 발전을 위하여 빈 깡통처럼 요란을 떠는 교육정책은 그때뿐이지 오래가지는 못한다.

국민 모두가 이해하고 동의하고 합심할 수 있는 교육정책을 심사 숙고하고, 다시 말하면 모든 국민 한 사람 한 사람을 배려하는 정책을 수립하고, 슬로건은 국민이 편안하게 받아들일 수 있는 용어를 사용하는 것이 바람직하다. 교육의 변화를 위한 정책을 수립할 때 자연스러운 단어가 더욱 좋다는 생각이다.

교육의 중앙집권과 지방분권

교육과 관련된 사안마다 중앙집권이 바람직하냐 아니면 지방분권이 바람직하냐는 논쟁이 항상 따른다. 교육의 지방 자치와 자율권을 보장하기 위해서는 분권을 주장하고, 교육이 국가 발전의 원동력으로 아주 중요하기 때문에 중앙정부에서 관장하여야 한다고 주장한다. 이 논쟁을 하기 전에 몇 가지 관점에서 분석한다면 갈등이 크게 일어나지 않고 합리적으로 결정될 것이다.

첫째, 교육을 받는 수혜자인 학생과 학부모 입장에서 보는 것이다. 정책이든 사업이든 그것의 수혜자에게 지방분권으로 하는 것이 도움이 되는지 아니면 중앙집권으로 집행하는 것이 바람직한지를 분석하는 것이다. 둘째, 그 권한에 따른 책임을 누가 어떻게 질 것이냐 하는 관점에서 보는 것이다. 결과에 대한 책임을 마땅히 지겠다고 하는 곳에서 정책이나 사업을 추진하는 것이 바람직하다. 왜냐하면 책임질 각오로 최선을 다할 것이기 때문이다. 셋째, 사업이나 정책을 시행한 결과, 그 결과가 해당 지역에 미치는 영향이 큰지 아니면 국가에 주는 영향이 큰지를 분석하는 것이다. 해당 지역에만 영향을 주고 다른 시도에 영향을 주지 않는 사안이라면 지방분권이 합당하나, 국가 발전에 중요한 영향을 준다면 중앙에서 집행하는 것이 타당하다. 넷째, 재원 조달도 결정 요인이 될 수 있다는 생각이다. 최소한 이 네 가지 관점에서 분석한다면 보다 합리적인 결정에 도달할 것이라는 생각을 한다. 그런 결정이 용이하지 않다면 그 정책을 집행할 시기에 어떻게 하는 것이 용이할 것인가를 논의하면 될 것이다.

미국의 경우도 교육의 중요 사안에 대하여 중앙정부가 집행하다가 주정부로 이양하고, 그리고 중앙정부가 다시 찾아와서 국가수준에서 이행하는 일들이 자주 있었다. 제2차 세계대전의 승전국이 된후 정치, 경제, 군사, 문화, 교육에서 세계 최고의 나라라 자부하면서 교육에 자유주의 철학을 도입하고 다양한 연구와 정책을 유도하며 교육에 관한 권한을 주정부에 이관하였다. 그 당시 국가적으로 예산과 자원이 풍부하였고, 지역 특성과 주의 구성원이 다소 다르므로 주정부의 특색을 살려 지방교육을 활성화하고자 하는 목적이 있었다.

1957년 소련이 달나라에 무인 인공위성인 스푸트니크(Sputnik) 호를 쏘아올림으로써 미국 국민의 자존심은 땅에 떨어졌다. 소련에 뒤진 것은 연방정부가 과학교육을 중요시하지 않았기 때문이라는 비난과 함께 연방정부에 책임을 추궁했다. 연방정부의 교육부는 주정부에 내려 준 권한을 되가져 와서 과학과 수학 교육과정을 전면 개편하고 평가를 강화한 적이 있었다.

21세기 들어 미국 학생들의 학업성취도가 높지 않으며 날로 하락하는 것을 걱정한 부시 대통령은, 공화당은 물론 민주당 상하위원을 어렵게 설득하여 「낙오학생방지법(No Child Left Behind Act: NCLB)」을 실시하기로 하고 이 정책을 집행하였다. 그런 과정에서 주정부는 각 주마다 교육과정과 교육 내용이 다소 다르다는 이유로 주정부에서 책임을 지고 각 주별로 정책을 이행하였다. 50여 개가 넘는 주가 검사를 개발하고 기준 설정도 주에 따라 다양한 방법을 사용하였다. 자율적으로 다양하게 실시하여 일정한 수준에 모두를 도달하게 하는 이 정책은 주마다 적지 않은 비용을 지불함에도 불구하고 오히려 주마다 설정한 목표 수준이 다양할 뿐 아니라 수준을 일부러 낮추어 많은 학생이 일정 수준에 도달한 것으로 보고하는 사례 등 적지 않은 부작용이 발생하였다.

이에 오바마 정부가 들어서서 학생들의 학업 능력을 체계적으로 향상시키기 위하여 국가수준에서 통일된 기준과 내용을 제공하는 강력한 '차세대를 위한 평가정책 2.0(Assessment 2.0 for Next Generation)'을 제시하면서 연방정부에서 그 정책을 주도하고 있다. 연방정부 차원에서 추진하는 평가 방법인 만큼 최신 이론을 이용하고 막대한 예산을 투입하여 강력하게 추진하고 있다. 주정부마다 각각 다른 검사를 제작하고 다른 준거를 설정하여 사후 조치를 취함으로써 주마다 비용이 들어가서 전체 비용은 연방정부에서 사용하는 비용보다 더 소요되며 정책 효과도 별로 없다고 판단했던 것이다. 그러므로 연방정부가 국가수준에서 실시하면 그보다 적은 비용으로 더 큰 효과를 낼 수 있다는 것이다.

미국은 너무 큰 나라이고 50개가 넘는 주 중 우리나라보다 땅덩어리가 크고 인구 수가 많은 주도 있다. 그러기에 연방정부의 교육부에서 지도와 통제가 어려울 수도 있다. 그에 비하면 우리나라는 지역적으로나 교육과정, 교수·학습 방법, 교사나 학생, 그리고 학부모가 아직까지는 동질적이라 할 수 있다. 우리나라에서 실시하고 있는 대학수학능력시험이나 국가수준 학업성취도 평가 등을 본 후 외국의 교육 관료나 학자들은 어떻게 그렇게 할 수 있느냐고 놀란다. 한국 교육과정평가원 원장 재임 시 영국, 프랑스, 호주, 뉴질랜드, 태국, 베트남에 있는 연구기관과 협력을 맺는 과정에서 우리나라 교육 시스템을 소개하면 모두 놀라면서 한국 교육의 세계적 위상을 부러워한다. 어떻게 그렇게 할 수 있냐는 질문에 대답은 간단했다. 'Small but Strong!'

목표가 설정되면 나라가 작기 때문에 추진이 용이하고, 그로 인해 목표 달성도 가능하다고 설명하였다. 정책이 좋든 아니든 강하게 추진할 수 있는 것이 우리나라 교육의 장점일 수 있다. 그러면 중앙집권이 좋은지 아닌지는 앞에서 언급한 네 가지 관점에서 논의하여 보면 보다 쉽게 결정될 것이다. 예를 들어, 교사선발권과 임용권은 시·도 교육감이 지역 교육 발전을 위하여 집행하고 싶어 한다. 그렇다면 선발도 시·도 교육청에서 하면 될 것이다. 교사 선발 시험도 관장하고 교사임용권 및 교사평가에 대한 모든 권한을 시도 교육감이 갖고, 교사를 지방공무원으로 하여 임금도 시·도별로 다양화하는 자유경쟁체제를 도입함으로써 지역 교사의 질을 높이고 교육을 활성화할 수 있을 것이다. 그런데 교사들은 국가공무원이어야 한다는 것이다. 모순이 아닌가. 교과서 인증도 지역 교육의 전문성을 살리기 위하여 지역별로 인증하고자 하였다면 그렇게 하고 책임을 지면 된다고 생각한다.

권한은 꼭 책임이 따른다는 기본 원칙을 지켜야 한다. 그렇게 하면 지방분권 혹은 중앙집권 중 무엇이 옳고 바람직한지를 쉽게 판단할 수 있을 것이라고 생각한다. 아무리 복잡한 사안이라도 집행하고자 하면 집행할 능력을 가져야 하고 그에 따른 책임을 철저히 질 수 있다면 그렇게 하는 것이 바람직하다. 권한은 행사하고 책임은 피하려 한다면 그런 지방분권은 지역의 교육을 망치는 결과를 초래하여, 다시 국가가 교육을 담당하게 된다. 번복하는 과정에서 혼란과 예산 낭비가 심하다 할 수 있다. 미국의 예가 이를 보여 준다.

교육감 선거

교육감 선거만 되면 출마하는 사람에 대한 정보가 부족하여 당황스럽다. 선거 벽보에 게시된 경력을 한참 들여다보면 알 것 같기도 하고 모를 것 같기도 하다. 그리고 교육과 전혀 관련이 없는 생뚱맞은 사람이 후보자로 나서기도 한다. 필자가 교육행정이나 교육법 전공자도 아니지만 서울시 교육감 선거에 세 번 투표한 유권자의 입장에서 의견을 피력한다.

　세 번 모두 교육감에 출마하는 분들의 일면에 대하여 아는 분도 있고 그렇지 않은 분도 있었다. 투표인이 출마하는 분들을 모두 알아야 하고, 아는 분들만 출마할 수 없는 것이 민주주의가 아니겠냐마는 이렇게 하는 것보다 개선을 하여야 한다는 생각이 깊다. 특히 교육위원은 더하다. 들은 바조차 전혀 없는 분들이 출마하니 투표하는 날에 그분들의 약력을 대충 보고 투표하든가 아니면 지지하는 교육감 후보의 성향과 유사한 분에게 표를 던진다. 이렇게라도 선출을 하여야 교육의 민주화가 이루어지는 것인지 의문스럽다. 특히 이념적으로 진보와 보수로 양분되어 개인의 전문적 지식과 경력 그리고 행적에 관계없이 성향으로 교육감이나 교육위원을 선출하는 것은 초등학생들이 회장을 선출하는 것이 더 낫다는 생각까지 든다. 그렇다고 출마자들이 세부적인 교육 공약을 제시하는 것도 아니고 그런 전문 지식이 있는 것 같지도 않다.

　당선되고 나면 지금까지 교육정책이 어떻게 진행되어 왔고 그 정책들이 어떤 영향을 주어 앞으로 어떻게 개선해야겠다는 설명 없이 다른 정책을 집행하려 한다. 그렇게 하면 지금까지 그 정책을 따라왔던 학생과 학부모, 교사들은 어떻게 하라는 것인지 정말 안타깝다. 이런 일을 용감하다고 하여야 하는지 아니면 대단하다고 하여야 하는지 모르겠다. 교육은 혁명이나 혁신으로는 성공할 수 없다고 주장한 바 있다. 왜냐하면 이는 대상이 있는 것이고, 그 대상 중에 가장 중요한 대상은 앞으로 우리나라를 짊어지고 나아갈 학생이기 때문이다. 의지가 강한 교육감이 선출되어 개인이 선호하는 방향으로 교육정책을 집행한 후 다행히도 연임되면 모르나 다른 성향의 교육감이 등장하여 또 다른 정책을 집행한다면 학생들은 어떻게 될지 답답한 마음이다.

선거는 정치적이기에 교육감이나 교육위원 선거는 다른 차원에서 검토하여 개선할 필요가 있다. 교육을 위하여 지방분권이 좋은지 아니면 중앙집권이 좋은지 판단이 서지 않는 상황에서 교육감과 교육위원을 선출하게 되니 이런 문제가 동시에 나타난다. 차제에 지방분권과 중앙집권을 같이 논의하여 교육감이나 교육위원 선거도 미래지향적으로 개선하는 것이 바람직하다. 이 논의가 제대로 진행된다면 지방분권에 대한 권한과 책임을 부여할 수 있으며, 그에 부합하는 교육감을 직접 선거를 하든 추대를 하든, 아니면 간접 선거를 하든 합리적 절차를 찾을 수 있을 것이다. 교육이야말로 정치적으로 중립적이어야 한다. 이에 반하여 현재 우리나라의 교육감 선거가 매우 정치적이라는 데 문제를 제기한다.

4. 교육과정과 교과서

교육과정의 질

'교육과정의 질'이란 용어와 '교육 내용의 질'이란 용어를 혼동하는 경우가 많다. 교육과정이란 교육을 어떻게 구성하는가에 대한 논의로서 교육과정이 교육의 방향과 길을 제공한다고 주장한다. 그런 의미에서 교육과정의 질이 향상되어야 한다. 그렇다면 교육과정 분야에서 어떤 작업을 하여야 하고, 그 작업과 종류에 따라 어떤 부분을 더 향상시켜야 하는지에 대한 구체적 방안이 제시되어야 한다.

교육과정을 제시할 때 교육과정이 생활 중심이 되어야 한다거나 진보주의 혹은 항건주의에 의하여 구성되어야 한다는 등의 철학적 주장이 지배적이었다. 그러나 최근에 와서는 철학적·이념적 배경이 학교 현장 교육을 주도하거나 변화하는 데 얼마나 영향을 주었는지에 대한 답을 주지 못하고 있다. 그 이야기는 교육과정을 구성하기 위한 철학적 배경이 교육과정의 변화에 부합하는 철학적 명제를 제공하는 데 어려움이 있다고 보는 것이다. 시대 변화와 요구가 더디게 진행된다면 여러 상황이나 시대적 요구 그리고 학습자의 욕구 등에 대한 분석을 통하여 가능하나, 현대사회에서 교육과정은 알게 모르게 변화에 대해 강요를 받고 변화하지 않으면 변화되게 만드는 기제를 지니고 있다. 이는 교육이 사회, 정치, 경제, 문화 등의 변화를 주도하는 사회에서 교육 이외의 주변 학문, 경제와 정치가 교육을 변화시키고 있기 때문이다.

우리나라의 경우 교육과정이 차지하는 비중이 매우 컸던 것은 해방 후 미국 교육의 유입 때문이었다. 1930~1940년대 당시 미국에서 주장하였던 특정 이념에 의하여 구성된 교육과정이론이 그대로 우리에게 전수되면서 이념과 주의(ism)가 중시된 경향이 지금까지 이어지고 있다. 그러나 미국의 경우 다양한 민족과 문화 그리고 테크놀로지의 변화로 이런 이론이 작동하지 않고 있으며, 특히 컴퓨터가 발전하면서 교육의 혁신적인 변화로 보다 실용적인 교육이 전개되어 왔다. 이런 과정에서 교육과정이론은 쇠퇴하고 각 교과별로 교과 내용의 구성이라든가 전개 등에 관심을 갖게 됨으로써 현재는 교육과정 전공 분야에서 이런 논의가 거의 사라지고 교과별 교육과정이론이 발전하고 있다. 과학과의 예를 들면, 예전에는 특정 교육과정이론에 의하여 과학 교과과정이 구성되고, 구성된 교육과정에 의하여 과학교육 전공자들이 세부 내용을 담는 형태로 진행되었다. 그러나 외국에서는 과학교육이 중시되며 역사가 오래되었기에 과학교육 전공자들이 물리, 화학, 생물 등과 같이 교과별로 교과 교육과정을 직접 구상하게 되었다. 과학교육은 물론 수학교육 전공자 중에 해당 교과의 교육과정을 전공하는 전문가들이 많아 그들이 전문 지식과 이론에 의하여, 그리고 학문의 흐름에 맞추어 교육과정을 연구하고 구안하게 되었다. 미국의 경우 교육학의 전문 분야로 교육과정 전공 영역은 발전이 더디고 교과교육 교육과정 영역은 발전하고 있다. 우리나라도 그런 경향으로 전개되고 있다.

현 정부에서는 문과와 이과 통합교육과정을 만들고 있다. 그러나 문과와 이과라는 용어 자체가 예전에 없어진 용어이며, 대학에서는 학생들을 계열별로 선발하고, 제7차 교육과정부터 수준별 교육과정이나 수준별 학습, 그리고 선택 중심의 교육과정을 강조하여 다양성, 자율성을 강조해 왔다. 그럼에도 문과와 이과라는 용어를 사용하여 교육과정 개정의 당위성을 찾으려는 묘수를 쓰고 있는 듯하다.

대학들이 계열별로 계열 전공에 맞는 학생을 선발하여 전공에 따라 다른 교육을 시키고 있는 상황에서 대학교육과 연계되지 않는 고등학교의 교육과정 개정은 성공하기도 어렵고 혼란을 초래할 것이다. 설령 교육과정을 개편한다 할지라도 학업을 수행한 학생들이 대학에 입학하여 수업을 듣기가 어렵다면 대학 수업은 부실해지거나 보충학습을 실시하여야 한다. 그러므로 현재 진행되고 있는 일명 '문과·이과 통합교육과정'은 대학입학전형과 대학교육과 연계되어 논의되어야 한다. 물론 대학수학능력시험과 연계되어야 하는 것은 말할 것도 없다.

핵심 역량

미국의 교육목표는 일곱 가지로 열거되어 있다. 건강, 직업, 시민정신, 가족애 등이 있으며, 특히 쓰기, 읽기, 말하기는 필수적으로 가르쳐야 한다고 명시되어 있다. 인간으로서 생활을 영위하려면 이세 가지 기본 능력을 어느 누구나 갖춰야 한다. 최근 들어 학생들이 가져야 할 기본 핵심 능력에 대한 연구와 논의가 활발히 진행되고 있다. 예전에는 일반적으로 지적 능력에 주안점을 두었으나 최근에 와서는 지적 능력 이외에 인성 등의 정의적 특성을 보다 강조하고 있다.

학교급에 따라 초등학생, 중학생, 고등학생, 대학생이 갖추어야 할 핵심 능력에 대한 연구가 발표되고 있다. 교과 내용에 대한 지식은 물론이지만, 그 능력을 넘어서서 여러 능력을 제시하고 있다. 창의력, 문제 해결 능력, 의사소통 능력, 정보처리 능력, 대인관계 능력, 자기 관리 능력, 시민의식, 세계 사회문화에 대한 이해력, 진로개발 능력 등이 그것이다. 최근에는 핵심 기본 능력이란 용어보다 핵심 역량(core competency)이란 용어를 사용하고 있다. 핵심 역량이란 다양한 종류의 역량 중에 가장 필요한 역량이라고 정의할 수 있다. OECD에서는 개인의 성공적인 생활과 행복한 사회를 유지하기 위하여 삶의 여러 영역 중에 공통적으로 적용될 뿐 아니라 개인 누구에게나 중요한 역량을 핵심 역량이라 말한다. 그러므로 핵심 역량이란 개인에게 요구되는 지식, 의식, 인식, 기능, 태도의 총체를 말한다.

이런 핵심 역량을 어느 교과에 녹여서 가르칠 것인가가 관건이된다. 교과에 따라 양성하여야 할 역량이 구체적으로 다르다고 판단할 수 없으나 그래도 핵심 역량의 개발이라는 관점에서 학습 내용을 선별하고 구성하여야 한다. 최근에 학교폭력이 노출되면서 학생들에게 필요한 능력으로 남을 배려하는 마음, 도덕성, 협동심 등이 강조되고 있다. 뿐만 아니라 현대사회를 건전하게 유지, 발전시키기 위해서는 정의감이 필수 핵심 역량이 되고 있어 정의에 대한 관심이 높아지고 있다.

핵심 역량을 강조하는 이유는 핵심 역량이 개인으로서 혹은 사회인으로서 성공적이고 행복한 삶을 유지하기 위하여 갖추어야 할 보편적인 능력이기 때문이다. 그러므로 미래 사회가 요구하는 핵심 역량이 무엇인지 대한 논의가 끊이지 않고 지속적으로 제기된다. 이에 대한 지속적인 논의와 연구 결과는 이근호와 곽영순(2013)에 정리되어 있다. 연구자들은 크게 인성 역량, 지적 역량, 사회적 역량으로 구분하였다. 인성 역량으로서 정서, 덕성, 심미적 소양 등을 언급하고 있으며, 자아존중과 수용, 자기통제와 조절 능력, 타인과의 관계 등을 열거하며 인간의 개발 목적은 인성과 덕성의 함양이라 주장하고 있다.

지적 역량이란 학습 역량과 창의적 사고 능력을 포함하는 것으로 문제를 해결하고 그 과정에서 비판적·창의적 사고를 발휘하는 데 필요한 능력이라고 정의하고 있다(이광우 외, 2009). 창의적 사고 능력에는 창의력, 혁신 능력, 비판적 사고력, 문제 해결력, 의사 결정력, 자기주도적 학습 능력, 정보 활용 능력이 포함되고 학습 역량에는 문해력, 수리력, ICT 소양, 문제 해결, 의사소통이 포함되어 있다. 나아가 평생학습 능력, 자기주도적 학습 능력, 종합적 사고력, 복합적 감각 능력, 비판적 사고력도 포함된다고 주장한다(이근호, 곽영순, 2013).

사회적 역량은 사회에서의 생존 능력 및 지역이나 글로벌 공동체 등 각종 공동체 내에서 사회생활을 영위하기 위한 역량으로서 사회적 소통을 중시하고 참여를 통해 문제를 인식하며 사회생활 속에서 자신의 위치나 진로를 개척해 나가는 데 필요한 능력이라 정의한다. 예를 들면, 직무 수행 역량, 인간관계 능력, 의사소통 능력, 중재와 화해 능력 등을 들 수 있다. 이런 능력을 함양하기 위하여 초등학교와 중학교, 고등학교 나아가 대학교에서 어떤 핵심 능력을 함양하여야 하는지는 국가 교육의 관건이다. 이를 바탕으로 교육과정을 구성하여야 하고 교육 내용에 이런 능력을 함양시키는 내용을 포함하여야 한다.

이근호와 곽영순(2013)은 2009 개정 교육과정에서 학교급별로 제시된 핵심 역량을 〈표 2-1〉과 같이 제시하고 있다.

초등학교의 경우 기초 학업 능력으로 문제 해결 능력과 의사소통 능력에 초점을 두었다면 중학교에서는 진로 탐색 능력, 창의적 사고력과 민주시민의식을, 고등학교에서는 진로 개척 능력, 비판적

〈표 2-1〉 2009 개정 교육과정의 학교급별 핵심 역량

초등학교 교육목표에서 명시된 역량	중학교 교육목표에서 명시된 역량	고등학교 교육목표에서 명시된 역량
• 문제 해결 능력 • 의사소통 능력 • 협동 능력	• 진로 탐색 능력 • 기초 능력 • 문제 해결 능력 • 창의적 사고력 • 의사소통 능력 • 민주시민의식	• 지식 • 진로 개척 능력 • 자주적 (평생)학습 능력 • 비판적 사고력 • 창의적 사고력 • 사회적 책임의식

출처: 이근호, 곽영순(2013). 학습자의 핵심 역량 함양을 위한 교육과정 구성.

사고력, 사회적 책임의식을 추가하고 있다.

학생들의 핵심 역량이 중요한 것은 교육에서 이런 능력을 배양하여야 하기 때문이다. 그러므로 교육과정을 개정할 때 학교급에 따라 길러 주어야 할 핵심 역량이 무엇이고 그 역량을 어느 교과를 통하여 배양할 것인가가 논의되어야 한다. 핵심 역량은 시대가 변하면서 변화하기 때문에 교육과정 개정 시 필히 참고하고 반영하여야 한다.

교육과정 개정

교육은 인간을 대상으로 하고, 그 인간은 살아가는 시대가 각기 다르다. 따라서 살아가는 시대가 다르므로 교육과정의 개정은 필연적이다. 그래서 시대가 변화하는 시기에 교육과정을 개정한다. 특히 우리나라에서는 정부가 교체될 때마다 의도적으로 교육과정을 개정하는 시도가 있었다고 볼 수 있다. 예를 들면, 고등학교 교육과정에 교련을 포함한다든지, 체육 교과가 강화된다든지, 특정 교과를 필수로 하는 등의 교육과정의 변화도 있어 왔다. 교육과정을 개정할 때는 변화되는 교육과정이 학생들에게 필요한 것인지, 그들이 미래 사회를 살아가는 데 유익한 것인지를 가장 중시하여 우선적으로 고려하여야 한다. 그렇지 않을 경우에는 논쟁이 될 수 있고 교사나 학부형 나아가 학생들의 반발을 살 수 있으며 교육의 발전을 저해할 수도 있다. 물론 모든 집단의 합의를 도출하여 교육과정을 변화시키는 것이 불가능할지라도 최대한 합의를 도출하여야만 교육이 학교 현장에서 온전히 이행될 수 있다.

사회나 학교 현장의 변화가 더딘 경우에는 주기적으로 교육과정을 개정할 수 있고 때로는 주기를 설정하여 5년 혹은 10년마다 교육과정을 변화시킬 수 있으나 급변하는 사회 안에서 교육과정의 개정주기를 설정하는 것은 불필요하다. 개정한 교육과정이 단시간 내에 시대 낙오적 사안이 될 수 있으며 새로운 이론이나 지식이 발견되면 이 또한 무용지물이 되며, 나아가 교육을 하는 데 오히려 방해가 되는 경우도 자주 발생한다. 그렇기 때문에 토플러(Alvin Toffler, 2013)는 『제3의 물결』에서 교육과 행정이 오히려 사회와 교육의 발전을 저해한다고 비판하고 있다. 자연스럽게 변화하고 발전할 수 있음에도 기존의 교육 제도나 잘못 개정한 교육과정이 교육 발전을 저해하고 있다는 주장이다. 행정은 규제하는 역할을 가지고 있어 조직이나 제도의 발전에 걸림돌이 된다는 뜻이다. 특히 디지털 시대에서의 교육은 새로운 이론의 등장뿐 아니라 예측이 불가능하기 때문에 교육과정 개정 주기를 정할 필요가 없다고 할 수 있다.

이런 부분을 인지하여 교육부에서는 교육과정을 수시로 개정하도록 하고 있으며 필요에 따라서 교과 내용의 전반을 수정하지 않더라도 일부분을 보정하는 체제로 전환하고 있다. 이는 사회 변화가 심한 현대사회의 특징을 반영한 조치라고 보며 특히 디지털 시대에 적극적으로 대응하는 것이라 볼 수 있다. 이런데도 간혹 의도적으로 교육과정을 개편하여 교육의 흐름을 막거나 과거로 돌이키는 일이 있어 왔다. 이 목적이 정권을 유지하기 위한 방편이든, 특정 집단에게 유리하게 하기 위함이든 이 모두는 학생이나 학부형 그리고 선생님들에게 갈등을 유발하고 국가 발전을 저해하는 행위다. 교육과정의 개편은 우리 후세들이 미래의 사회를 준비하고 인류의 평화와 행복 그리고 국가발전에 이바지할 수 있는 인간 중심의 교육이 되도록 하여야 한다.

새로운 정부가 들어설 때마다 정당의 이념이나 목표에 따라 교육과정이 개정된다면 동일 정당이 정권을 지속적으로 유지하지 않는 한 매번 교육과정이 개편되고, 그에 따라 교육목표와 교육 내용이 변화되는 등 학교 현장의 혼란을 초래하지 않을 수 없다. 심지어는 사회·경제적 계층 간, 지역 간, 그리고 세대 간 갈등이 확대되어 사회 통합에도 큰 어려움이 있을 수 있다. 그러므로 교육과정의 개정은 정치적·독립적으로 이루어져야 하며 미래지향적이어야 한다.

교육과정과 교과서 검정의 통합

교육은 종합적 행위다. 지적 능력뿐 아니라 정의적 특성 그리고 신체발달도 같이 고려하여야 한다. 지적 능력도 조화롭게 발전시켜야 한다. 그러므로 교육과정을 구성할 때 앞에서 언급한 세 영역에 대하여 보다 종합적이며 균형적인 발달을 전제로 하여야 한다. 그러므로 주지교육과 더불어 인성교육을 강화하여야 하고 건강한 육체를 갖도록 하여야 한다.

국어만 잘하는 학생, 음악만 잘하는 학생, 수학만 잘하는 학생, 그런 학생보다는 수학도 잘하며 음악도 잘하는 학생, 나아가서는 다른 교과도 보편적으로 잘하며 특별한 재능이 있는 학생을 만들고자 하는 것이 교육이다. 그래서 꿈과 끼를 키우는 것이 이번 정부의 교육목표다. '끼'라는 추상적인 단어는 그냥 그대로 이해한다면 뭔가 남다른 구석이 있다는 말일 것이다. 원래는 긍정적 내용보다는 부정적 내용을 담고 있는 단어이기는 하지만, 어떤 재능이 있다는 말일 것이다. 끼가 선천적이든 후천적이든 이를 바탕으로 꿈을 갖게 한다는 것은 바람직하다. 끼를 바탕으로 꿈을 키웠을 때 그 학생이 꿈을 이루기 위해서는 끼만 발휘해서는 부족하다. 그래서 끼와 연관되는 능력도 배양하여야 한다. 그런 의미에서 교육과정과 교과서는 한 교과만 독립적으로 개발할 수 있는 것이 아니라 다른 교과와 관련하여 개발하여야 한다는 생각이다.

우리나라의 교육과정은 7차까지 개정되어 왔고 최근에는 수시 개정으로 진행되고 있다. 지난 정부부터 과학의 중요성이 강조되면서 수학과 과학은 한국창의재단에서 관장하고 있다. 수학과 과학의 교육과정과 내용은 수학 전공자와 과학 전공자들이 주로 논의하고 개발하고 있다고 한다. 그 결과, 과학과 수학의 교육 내용이 어려워지고 있다는 주장이 대두되고 있다. 그들이 수학이나 과학의 교육 수준을 높이고 많은 내용을 포함하고자 하는 의욕을 이해하지 못하는 바는 아니다. 그러나 학습에는 위계가 있고, 서로 다른 교과 내용과 관련이 있는 것이다. 과학의 학습 내용이 수학의 원리에 기초할 수 있고, 사회현상을 설명할 수도 있다. 수학은 수학 따로, 과학은 과학 따로, 사회는 사회 따로 교육과정과 내용을 개발하는 것이 바람직하지 않다는 주장이다.

경제 과목은 한국개발원에서 교육과정을 개발하고 있다. 경제학자들이 경제 교과서를 쓰면 더 잘 쓸 수 있다 하더라도 경제교육과 관련한 교육과정과 교수·학습 그리고 교육평가이론을 적용할 필요가 없다는 것인가? 경제학 전공자 중에 경제교육이나 경제교육과정 등을 전공한 분들이 많은지에 대한 질문을 아니할 수 없다.

현재 역사 교과서에 대한 교육과정 개발과 교과서 검정은 역사편찬위원회에서 진행하고 있다. 최근에 교과서 검정과 관련하여 국회는 물론 사회적으로 큰 홍역을 치렀다. 진보와 보수로 나뉜 학자 집단과 출판사 등은 자신의 입장을 가지고 서로 강하게 맞섰다. 학생들은 이 논쟁에 흥미가 없다. 그들이 원하는 것은 미래 사회를 준비하고 세계로 뻗어 나가기 위한 기본적인 역사적 사실에 대한 지식이지, 이념이나 역사관은 아니라고 본다. 정쟁이 되는 역사관을 교과서에 담을 필요가 있는지 의문이고, 이런 수준은 대학에 들어가서, 아니 대학원에서 배우게 하면 될 것이다. 그렇다면 역사에 대한 교육과정과 교과서 검정을 굳이 역사편찬위원회에서 할 필요가 없다고 본다.

차제에 초·중등교육을 위한 교육과정과 교과서 관련 내용은 교육과정 전문연구기관인 한국교육과정평가원으로 통합하는 것이 그래도 가장 합리적인 방안이라 생각한다. 수학과 과학의 전문지식이나 경제이론 그리고 역사적 사건에 대한 새로운 사실이 발견되면 그에 관련한 전문가들이 교육과정을 구성하거나 교과서의 내용을 논의할 때 협력하여 주는 것이 더욱 효율적이고 효과적이라 생각한다.

교과서 검·인정

교수·학습의 매체는 교과서다. 그렇기에 교과서는 매우 중요하고, 그 안에 무엇이 실리느냐는 초미의 관심이다. 교육의 다양성과 자율성이 강조되면서 국가에서 만드는 교과서에 대한 검정은 국정에서, 국가에서 인정하는 검정으로, 그리고 교육 자치로 인해 지자체에서 인정하는 인정으로 변해 가는 추세다. 국정도서는 교육부가 저작권을 가진 교과용 도서를 의미하고, 검정도서는 교육부 장관이 검정하는 교과서이며, 인정도서는 국정도서와 검정도서가 없는 경우 또는 사용하기가 곤란하거나 보충할 필요가 있을 경우에 사용하기 위하여 교육부 장관이 인정을 하는 교재를 의미한다.

획일적인 교과서는 사고의 폭을 좁힐 뿐 아니라 지역 특성이나 교육의 이념을 반영하기가 어렵다는 문제점이 있을 수 있다. 때로는 교사가 만들어서 수업을 할 수 있는 교사 중심의 교과서를 주장하는 의견도 있다. 이렇게 다양한 의견이 제안되어 자율성이라는 미명 아래 교과서가 임의로 제작된다면 이는 교육의 왜곡과 교육목적의 상실을 초래할 수 있다는 주장도 있다. 그래서 교과서와 관련된 모든 사안은 대통령령으로 규정되어 있고, 교과서 심사와 관련된 모든 절차는 교육부 장관이 한국교육과정평가원에 위탁하게 하였다.

교과서가 지녀야 할 특징은 정치적으로 중립적이어야 하며 심의 과정에서는 어떤 영향도 받지 않아야 한다는 것이다. 정치적 중립성은 교과서를 통하여 특정 이념이나 종교, 문화 등을 전파하는 수단으로 사용하여서는 아니 됨을 의미한다. 그러므로 교과서에 게재되는 내용은 어떤 편견이나 비방, 그리고 옹호가 있어서도 안 되고 객관적 사실에 기인하여야 한다. 또한 교과서와 관련하여 출판사나 저자의 경제적인 측면에서 이권이 개입될 소지도 적지 않기 때문에 심사나 교재 채택에 부정이 개입되어도 안 된다. 국어, 영어, 수학 교과서의 경우 한 학년이 60만 명이고 교과서 한 권의 값이 만 원이라 가정할 때, 한 학기 교재 판매 총액은 60억이 되고, 3개 학년 모두를 포함할 때 180억이며, 두 학기를 고려하면 총 금액은 360억이 된다. 교재를 5년 동안 판매한다면 총 1,800억의 시장이 되는 셈이다. 그러므로 출판사는 보다 훌륭한 저자를 섭외하려 하고 교과서 심사에서 합격하여 일선 학교가 해당 출판사의 책을 교재로 채택하도록 노력할 것은 자명하다.

교과서 내용의 정치적 중립성과 합격 여부에 대한 심의의 독립성, 자율성, 그리고 전문성을 확보하기란 용이하지 않다. 특히 역사 교과서는 사관이 다른 경우 게재될 내용에 대한 심의가 논란이 될 수 있으며, 현존하는 인물이 게재될 경우 간단하지 않다. 또한 인물들의 작품이나 행위 등에 대한 가치 판단은 시대에 따라 변화되고, 그 작품을 발표하였을 때는 순수하였다 하여도 그 후 해당 인물들의 직업이나 지위 그리고 행위가 정치나 이념과 연관된다면 그들의 작품이나 행위는 평가의 대상이 될 수밖에 없다. 이런 문제를 해결하기 위하여 절대적 기준을 설정하면 문제가 되지 않을 수 있다고 주장할 수 있다. 그러나 절대적 심의 기준을 제시한다는 것이 가능하지 않기 때문에 위원회나 규정을 만들어 심의 기준을 제시하고 있다.

현재 교과서 검정 기준은 공통 기준과 교과 검정 기준으로 분류하여 심의하고 있다. 공통 기준은 헌법 정신과의 일치, 교육의 중립성 유지, 그리고 지적 재산권의 존중으로 구분하여 세 개 영역의 아홉 개 기준을 제시하고 있다. 공통기준은 〈표 2-2〉와 같다.

〈표 2-2〉 교과서 검정 기준 중 공통기준의 3개 영역 9개 기준

심사 영역	심사 관점
I. 헌법정신 과의 일치	1. 대한민국 임시 정부의 법통을 계승한 대한민국의 정통성을 부정하거나 왜곡·비방하는 내용이 있는가?
	2. 대한민국의 자유민주적 기본 질서와 이에 입각한 평화 통일 정책을 부정하거나 왜곡·비방하는 내용이 있는가?
	3. 대한민국의 국가 체제인 민주공화국을 부정하거나 왜곡·비방하는 내용이 있는가?
	4. 대한민국의 영토가 한반도와 그 부속 도서임을 부정하거나 왜곡·비방하는 내용이 있으며, 특별한 이유 없이 '독도' 표시와 '동해' 용어 표기가 되어 있지 않은 내용이 있는가?
	5. 태극기를 부정하거나 왜곡·비방하는 내용이 있으며, 특히 태극기를 바르지 않게 제시한 내용이 있는가?
	6. 성별·종교 또는 사회적 신분에 의하여 정치적·경제적·사회적·문화적 생활의 모든 영역에 있어서 차별을 조장하는 내용이 있는가?
	7. 특정 국가, 인종, 민족에 대해 부당하게 선전·우대하거나 왜곡·비방하는 내용이 있는가?
II. 교육의 중 립성 유지	8. 정치적·파당적·개인적 편견을 전파하거나, 특정 종교 교육을 위한 방편으로 이용된 내용이 있는가?
III. 지적재산 권의 존중	9. 타인의 공표되지 아니한 저작물을 표절 또는 모작하거나, 타인의 공표된 저작물을 현저하게 표절 또는 모작한 내용이 있는가?

교과검정에서는 교육의 중립성 유지 여부, 교육과정의 준수 여부, 내용의 선정 및 조직의 적절성, 내용의 정확성 및 공정성 등을 심사하고 있으나 이와 관련된 심사 항목을 보다 구조화할 필요가 있다.

심의 규정은 현재의 정치인의 경우 사진이나 작품은 게재하지 않는 것을 원칙으로 하고 있다. 그와 관련된 사건이나 기사의 내용도 게재할 수 없게 되어 있고, 이는 교과서 심의위원회에서 검토하며, 이 외의 사안에 대하여는 교과서 심의위원회 위원장의 독립적 운영 아래 심의위원의 2/3 이상 합의에 의하여 게재 여부를 결정하고, 수정 보완도 요구하도록 되어 있다. 또한 대한민국의 헌법이나 국가의 이념에 위반되는지의 여부도 심의위원회의 심의를 거치도록 되어 있으며, 다양한 분야의 전문가로 구성된 자문위원회에 자문을 의뢰하여 자문 결과를 심의위원회에서 재검토하는 과정을 거치고 있다. 거의 많은 부분이 심의위원회의 심의와 자문위원회의 자문을 거쳐 위반되는 사안들이 수정되고 있다. 다만 저자들이 의도적으로 어떤 영향을 주기 위하여 특정한 이념이나 역사적 사실을 왜곡하는 경우도 없지 않다. 이런 사안에 대하여는 관련 학회나 연구소를 통하여 사실을 규명하여 결정할 수 있다고 생각하며, 논쟁이 되거나 불확실한 사실에 대해서는 교과서에 포함하지 않도록 하는 것이 바람직하다고 생각한다.

교과서 검정은 일반적으로 교수나 교사들에 의하여 이루어지고 있다. 물론 해당 전공 분야의 전문성을 확보할 수 있고 심의 연수와 합숙에 협조적이라는 장점 때문에 대부분의 심사위원이 교육계 종사자들로 구성되어 있으나, 다원화 그리고 다분화되고 있는 시대의 흐름에 맞추어 심의위원을 다양화할 필요가 있다. 언론계, 문화계, 산업계, 법조계, 종교계 등 다양한 인사를 심의위원으로 구성하여 심의 기준을 설정하는 단계부터 심의까지 참여하게 하는 것도 바람직할 것이다. 다양한 구성원으로 심의를 하기가 어렵다면 심의위원회에서 심의한 내용을 확정하는 위원회라도 구성하여 문제점을 여과하는 장치를 두는 것이 바람직할 것이다.

현존하는 인물의 작품이나 행위를 게재하는 경우에는 사회적 합의가 필요하다. 현존하는 인물이 학생들에게 미칠 영향이 적지 않음을 볼 때, 게재 여부를 인물별로 결정하기도 어렵거니와 사회에 미칠 영향에 대한 예측도 분분할 수밖에 없으므로 이에 대한 심층적 논의가 이루어져야 할 것이다.

시·도 교육청에서 인정하는 교과서에 대한 인증 방법과 절차에 대한 개선이 시급하다. 원래 취지는 지역 교육의 특성화와 활성화를 추구하기 위하여 시작된 제도다. 지역의 교사들이나 교수들이 교과서를 집필할 수 있으며 지역 출판사들도 교과서를 제작하면 지역 교육의 전문화와 지역 산업과 경제를 활성화할 수 있다고 판단한 것 같다. 지역사회에서 개발하여 시·도 교육청이 인정한 교과서를 학교가 채택하게 하자는 아이디어로서, 중학교의 경우 국어와 사회 교과는 검정으로 하되 나머지 과목은 모두 인정으로 하고 있다. 수학, 영어, 과학, 기술·가정, 음악, 미술, 체육, 선택 과목 모두 인정 교과서다. 고등학교의 경우도 국어와 사회는 국정으로 총 19종이고, 나머지 교과는 모두 인정으로, 전문 교과까지 포함하여

451종에 이른다.

이 아이디어를 적용하자면 각 시·도 교육청이 이런 교과서를 인정하는 시스템을 시·도별로 구축하여야 하나 현실적으로 불가능할 수밖에 없다. 그래서 편법으로 특정 교육청이 특정 교과서를 맡아서 배분하여 인정하는 형태를 취하고 있다. 예를 들어, 수학 교과서는 인천 교육청에서, 영어 교과서는 경기도 교육청에서 하는 방식이다. 그리고 다음 인정 시에는 각 시·도가 다른 교과를 담당할 수도 있다. 이렇게 운영되고 있는 시·도 교육청 인정 교과서의 경우 인증 절차나 방법 그리고 기준이 달라 체계적이지 못하고 인정 수준도 높지 않다고 교과서 제작자들은 지적하고 있다. 이상을 실현하지 못하는 현실이라면 이에 대한 체계적 분석과 논의를 통하여 제도를 개선하는 것이 바람직할 것이다.

디지털 교과서

컴퓨터가 보급되면서 그리고 통신이 발달하면서 시공을 초월한 교육이 진행되고 있다. 붓으로 쓰던 글씨를 연필로, 그리고 만년필과 볼펜으로, 컴퓨터의 키보드로 입력하다 전자펜으로 작성하고 있다. 종이로 만들어진 교과서는 소리와 영상을 포함하지 못하는 한계가 있으므로 전자 매체로 된 디지털 교과서가 대세가 될 것이다. 디지털 교과서는 스마트 교육을 운영하기 위한 가장 필수적인 자료로서 서책형 교과서를 그대로 전자 파일로 만들어 CD로 제공하는 수준을 넘어서야 한다. 종전에는 e-book이라 하여 학교에서 사용하는 서책을 그대로 컴퓨터 모니터로 볼 수 있도록 하였으나, 이는 컴퓨터의 장점을 살리지 못한 문제를 지니고 있다.

　디지털 교과서라 하면 각 교과의 구성에서부터 시공을 초월하여 수많은 자료를 찾고 학생들이 학습이 용이하도록 구성하여야 하며, 학생들의 필요에 따라 다양하게 자료를 이용할 수 있도록 구성하여야 한다. 화산에 대한 단원을 예로 들면, 서책에서는 단순히 화산의 원리를 설명하고 화산의 예를 제시하는 수준에 머물렀을 것이다. 디지털 교과서에서는 화산이 일어나는 원리와 지형의 변화, 화산이 폭발하는 과정 그리고 지형의 특성 등을 설명하고 여러 화산을 클릭하여 각 화산들을 개별적으로 탐색할 수 있도록 하여야 할 것이고, 용암이 흘러나오는 동영상을 보거나 소리도 들을 수 있도록 구성하여야 한다. 이를 위해서는 클라우드 환경에서 산재해 있는 정보를 찾아갈 수 있도록 하거나 교과서에 특별한 내용이 삽입될 수 있도록 하여야 한다. 그렇게 된다면 실시간으로 특정 화산의 활동에 대하여 조사도 할 수 있다. 연기가 나온다든지 용암이 흘러나온다든지 현재의 상황을 알 수 있을 것이다.

　교과서의 내용과 구성도 다양하여야 하고, 그 내용을 학생들이 자기주도적으로 학습할 수 있도록 해 주면 좋을 것이며, 교사들도 불필요한 교구나 교재를 만들 필요 없이 손쉽게 자료를 찾아 가르칠 수 있도록 구성하여야 한다. 디지털 교과서에서는 교수와 학습의 정도를 평가할 수 있는 스마트 평가 체제도 구축하여야 한다. 서책의 각 장마다 연습 문제를 제시하여 답을 고르게 하거나 몇 문장으로 답을 하게 하는 것이 아니라 디지털 교과서에서 배운 내용을 가지고 실제 수행해 봄으로써 배운 사실을 적용하거나 나아가 새로운 자기의 생각을 펼칠 수 있도록 평가의 방향을 구안하여야 한다. 여러 가지 사실과 이론을 종합하여 보다 창의적인 생각을 하여 문제를 해결하고 자기만의 사고를 할 수 있도록 한다면 디지털 교과서의 기능을 극대화할 수 있을 것이다. 컴퓨터를 이용하여 모의 상황을 만들어 시뮬레이션을 한다든가 다소 다른 상황에 대처하는 능력을 기른다든가 하는 방법으로 전개한다면 그리고 평가 결과를 바로 송환한다면 학생이 무엇을 얼마만큼 알고 있고 얼마만큼 할 수 있는지를 알게 될 것이다. 이런 과정을 통하여 학생들은 자기주도적 학습을 원활히 할 수 있으며 다양한 자료에 근거하여 창의적인 사고를 할 수 있다고 본다.

디지털 교과서는 미래의 교육을 위하여 절대적으로 필요한 도구임을 다시 한 번 강조한다. 그러므로 디지털 교과서를 제작하기 위해서는 현재 교육공학자들이나 컴퓨터 전문가들이 IT 기술만을 강조하는 수준을 벗어나서 교과 전문가, 교육과정 전문가, 교육평가 전문가, 교수·학습 전문가, 그리고 IT 전문가들이 협력하여야 한다. 특히 미래 과학자와 정보 전문가들도 참여하여 그들의 전문지식을 추가하여야 미래를 위한 디지털 교재가 된다. 그러므로 많은 예산이 들어가는 것은 당연하다. 예산이 많이 들어가기 때문에 해당 교과 전문가만이 작업을 한다면 서책 수준을 벗어나지 못할 것이며, IT 전문가만 참여한다면 이는 컴퓨터 게임이나 프로그램 수준을 벗어나지 못할 것이다. 디지털 교과서는 정말 무궁무진한 정보를 제공하고 이를 학생 수준에 맞추어 학습을 할 수 있도록 구성하여야 하며 배운 내용을 어떻게 적용하고 분석할 수 있는지 그리고 새로운 아이디어나 문제를 제기할 수 있는지 등에 대한 고민도 하여야 한다.

최근까지 디지털 교과서라 표명하면서 출시된 자료가 이런 수준에 이르지 못한 것은 사실이다. 그렇기 때문에 예산만 낭비한다고 해서 디지털 교과서 사업을 중단한다면 이는 우매한 결정이라 할 수 있다. 언젠가는 가야 할 길이기에 늦더라도 한 발 한 발 나가야 한다. 그러므로 디지털 교과서 제작을 위해서는 정부의 각별한 관심과 지원이 필요하다.

스마트 교육

지난 정부에서는 인재대국을 향한 교실 혁명으로 스마트 교육을 도입하는 정책을 수립하였다. 이는 소셜네트워크, 클라우드 컴퓨팅 IT 기술 발전과 스마트 기기 확산 등으로, 특히 국제적으로 디지털 사회에 대비하는 교육이 강조되기 때문에 이 정책을 수립한 것이라 생각한다. 주요 추진 과제로서 디지털 교과서 개발 및 적용, 온라인 수업 활성화, 온라인을 통한 학습 진단·처방 체제 구축, 교원의 스마트 교육 실천 역량 강화, 클라우드 교육 서비스 기반 조성 등을 제시하였다(교육과학기술부, 2011).

스마트 교육에 대한 정의가 매우 다양할 수 있으나, 고전적 교육이 아니라는 부분은 서로 공유하고 동의한다. 스마트 교육은 책상과 칠판으로 학생들에게 일방적으로 제공하는 교수법에 의하여 학생들이 얼마만큼 알고 있느냐를 평가하는 일방적 교육보다는, 다양한 매체를 통하여 다양한 교수법으로 양방, 때로는 자기주도학습도 병행하면서 학습을 하고 수행평가 등의 다양한 평가 방법을 통하여 학생들이 알고 있는 지식을 수행할 수 있게 하고자 하는 방향의 교육을 말한다고 할 수 있다.

디지털 교과서에서 설명한 바와 같이 교과서의 형태가 다르고 교수·학습 방법도 다르며 학생평가 방법도 스마트하여야 스마트 교육이라 할 수 있다. 그러므로 교육과정의 새로운 접근, 혁신적인 방법의 교재 구성, 다양한 교수법 그리고 새로운 평가 방법과 평가 결과가 피드백이 되어 학습 교정뿐 아니라 학습 결손까지 해결하고, 나아가 학생이 지닌 인지 구조의 문제점이라든가 주의결핍이나 과잉행동 등의 문제도 해결할 수 있는 구도로 가야 할 것이다. 더 첨언한다면 디지털화되어 다소 비인간화될 수 있는 부분도 충분히 정의적 행동 특성의 변화를 유도하여 인간 중심의 인성 교육이 될 수 있도록 하여야 할 것이다. 일반적으로 아날로그라 하면 보다 감성적이며 인본주의적 냄새를 풍기고, 디지털이라 하면 기계적이고 탈인간적 냄새를 풍기는 것으로 인식하고 있으나, 디지털도 구성하기에 따라 얼마든지 내용적인 측면에서 감성을 강조하여 인성 교육을 유도할 수 있다고 본다.

스마트 교육의 본질은 제한되어 있는 교육 내용의 범위를 무제한으로 확대하여 원하는 내용의 교육을 무한히 추구하는 것이다. 시·공간의 제한 때문에 그리고 학생과 교사의 상호 관계 부족 때문에 제한되는 것이 아니라 이 때문에 교육의 내용이 더 충실해지고 더 효과적으로 학습이 이루어지며, 교사도 스마트 교육을 통하여 더 많은 지식과 경험을 축적할 수 있어야 한다. 그러므로 스마트 교육은 특정 전공집단이나 전문가에 의하여 진행되는 것이 아니라 모두가 구성하고 진행하여야만 성과를 얻을 수 있다.

5. 교원 양성

교원 정책

교원 양성의 문제는 간단하지 않다. 교원에 대한 종합적 대책 수립이 시급한 과제다. 학령인구의 감소와 미래교육과정 변화에 따라 과목별 혹은 분야별로 필요한 교원, 그리고 정년이나 이직으로 인한 교원 충원 등의 문제를 예측하기가 쉽지 않다. 자연 감소로 인한 교원 충원은 간단할 수 있으나 미래 사회를 대비하는 교원의 양성이나 수급은 간단하지 않다. 이를 예측하고 교원에 대한 정책을 종합적으로 수립하기 위해서는 국가 차원의 교원 정책 전반에 대한 컨트롤 타워가 있어야 한다. 현재는 교육부 학교정책실의 교원 정책과에서 교원 관련 행정 업무를 담당하고 있다. 교원 정책은 교원과 직결된 문제로서 교육과정 못지않게 중요한 현안이고, 이에 따라 교원 양성과 선발 그리고 임용이 이루어져야 한다. 뿐만 아니라 교원의 인권, 복지, 건강 그리고 이직에 대한 지원도 있어야 한다.

교원 정책에 대한 연구는 교육행정 분야로서 교원교육이란 세부 전공에서 다루어지는 과제라고 생각하나, 이보다 더 상위 수준에서 국가의 교육정책과 연동되어야 한다. 그러므로 이에 대한 장기적인 계획은 한국교육개발원에서 연구를 진행하고 담당하거나 전문가 집단에 의하여 주도되어야 할 것이다. 교원과 관련된 모든 정책은 이해 당사자가 많은 관계로 의사결정이 간단하지 않기 때문에 이를 떠안으려는 기관이 없거나 주저하는 것은 이해가 된다. 그러나 어디서든 이 난제를 해결하지 않고는 우리나라 교육의 발전을 촉진하기가 불가능하다 해도 과언이 아니다. 교원 정책에 따른 교원 양성 기관, 교사 양성을 위한 교육과정, 교원의 수요 공급 정책, 교원의 선발, 임용 절차와 방법, 교원에 대한 처우, 교원에 대한 평가, 교사들의 재교육 등 엄청나게 많은 일이 산적해 있다.

다시 강조하지만 이렇게 중요한 과제들을 종합적으로 연구하고 시행하여 교원 정책 전반에 대한 장기적 종합 계획을 한국교육개발원이 수립하거나 다른 기관이나 전문가 집단이 책임을 지고 이 업무를 수행해야 할 것이다. 교원 정책 전반도 중요하지만 교원 수급이라도 예측할 수 있게 하여야 한다. 임용시험 선발 인원은 각 시·도 교육청에서 결원 교원이나 신생 학교 등 신임 교원 요구 조사를 하여 교육부에서 해당 교과와 인원을 종합하여 산정한다. 교사들은 국가공무원이기 때문에 안전행정부의 승인을 받아 충원 교원 수를 결정한다. 한국교육과정평가원에서 임용시험을 제작하여 1차 시험을 치르게 한 후 일정 인원을 선발하고, 2차 시험과 각 시·도 교육청이 선발 기준에 의하여 필요로 하는 교원을 선발한다. 이런 절차 때문에 충원 교원이 없을 경우에는 임용시험을 준비한 학생들이 시험을 응시하지도 못하는 일이 일어난다. 그래서 교원임용시험을 준비하는 입장에서는 해당 교과별로 충원 교원 수를 사전에 공지하여 달라는 요청을 계속하고 있다.

교원의 수급이 정부 정책에 의하여 갑자기 공지되고 선발하는 경우도 있었다. 2012년도에 학교폭력이 사회 문제로 부각되어 전문상담교사 임용시험을 7월에 치러 253명을 선발하였고, 2013년도에 유치원 교사 임용시험을 실시하여 398명을, 그리고 국립특수교육원에서 특수교사 임용시험을 실시하여 495명을 선발하였다. 2014년에는 체육교육의 강화로 체육교사 임용시험을 통해 466명을 합격시켰다. 적체된 임용시험 준비생들에게는 매우 반가운 일일지라도 교사의 질을 보장하기 어렵거니와 그들이 은퇴할 시기에나 교사를 충원해야 하는 문제가 야기될 수 있다.

최근에 와서 공무원과 교원의 연금을 삭감하려는 정부의 계획이 발표되면서 종전보다 두 배 이상의 교원이 명예퇴직을 신청하였다고 한다. 퇴직금이 확보되지 못하여 신청을 전부 받아들일 수 없어 문제가 되고 있다. 그보다 더 큰 문제는 앞으로 교사가 부족하여 학교 현장에서 정상적인 수업이 이루어지지 않을 때는 어떻게 할 것인지에 있다. 그러므로 이런 예기치 않은 상황이 일어나도 대처할 수 있는 정책이나 혹은 다른 정책을 제안하였을 경우 나타나는 문제까지 고려하여 정책을 수립할 수 있는 교원 정책에 대한 전문연구기관이 필요하다는 것을 강조한다.

교원임용시험

'교육은 교사의 질을 능가하지 못한다'는 말이 있다. 이는 교육에서 교사의 중요성을 단적으로 표현한 것으로 교사의 중요성을 고려할 때 현재의 교원 선발제도가 미래지향적인가를 묻고 싶다. 일반적으로 초등교사는 교육대학에서 그리고 중등교사는 사범대학과 교직과목 수강자 중에서 임용시험을 통하여 선발한다. 임용시험이란 교사로 임용되기 위하여 필수적으로 거쳐야 하는 시험이다. 초등교사가 되기 위해서는 초등교원임용시험을, 중등교사가 되기 위해서는 중등교원임용시험을 보아야 한다.

교원의 선발과 임용은 교원임용법에 의하여 시·도 교육감 권한으로 되어 있다. 시·도가 주관하는 시험에 의하여 선발하고, 결원이 발생하는 학교나 신설학교에 교사를 발령하여야 한다. 교원의 선발과 임용을 시·도 교육감 권한으로 이관한 것은 지방자치제의 정신에 맞는 교원을 선발하여 지방 교육의 발전에 이바지함에 목적이 있다. 그렇다면 교원은 시·도 교육공무원으로 하여 시·도마다 경쟁적으로 우대하여 주는 것이 합리적이나 중앙정부, 즉 국가공무원이라 규정하여 주기를 원하고 있다. 이렇게 불일치하는 관계 법령과 규정 때문에 명목적인 교원 선발 권한은 시·도 교육청에 그리고 실질적인 책임은 중앙정부인 교육부에 있다.

1990년에 초등교원임용시험은 서울시 교육청이 주관하였고, 중등교원임용시험은 한국교육개발원에서 출제와 채점을 하였다. 그러다 출제와 채점 오류가 발생하면서 시험 전문기관인 한국교육과정평가원에서 지난 10여 년간 수행하여 오고 있다. 임용시험 관련 사업은 시·도 교육청 협의체인 교원임용시험 시·도 공동관리위원회와 한국교육과정평가원이 협약서에 의하여 매년 시행하고 있는 실정이다. 시·도 공동관리위원회도 장기적으로 사업을 담당하기에 부담이 되므로 매년 교대하면서 초등교원임용시험 담당 시·도와 중등교원임용시험 담당 시·도를 달리 정해서 진행하고 있다. 임용시험 시·도 공동관리위원회 위원장은 해당 담당 시·도 장학관이되며, 이들 장학관과 한국교육과정평가원 원장이 계약서에 의하여 1년 단위로 사업을 수행하고 있는 것이다. 말하자면 한국교육과정평가원이 임용시험을 시·도 공동관리위원회로부터 위탁을 받아 사업을 시행하고, 잉여금은 결산잉여금으로 충당하여 성과급을 지급하는 것이다. 평균적으로 220억 원의 예산에서 대략 20억 원의 잉여금이 발생하며, 일부 금액은 시·도 교육청에 반납한다.

교원 임용시험 시·도 공동관리위원회에서 매년 결원 교원을 파악하고 다음 연도에 충원할 교원과 국가 예산을 고려하여 출제 과목과 선발 인원을 결정한다. 이에 따라 한국교육과정평가원에서는 세부 절차에 따라 출제위원과 검토위원을 선정하고, 시험 출제 범위와 내용에 따라 합숙 작업을 통하여 임용시험을 제작한다. 제작된 임용시험은 각 시·도 교육청에 배부되어 시·도 교육청 관리하에 시험이 실시되고 평가원에서 채점을 대행한다. 출제는 평가원에서 책임을 지고 정답 시비나 복수 정답 등이 나타날 경우 이의제기 심의위원회를 구성하여 출제 전반에 대한 책임을 진다.

2012년도에는 초등 및 중등 교원 임용시험의 1차 시험은 교육학과 교직과목에서 선다형 문항이 출제되었다. 초등 교원 임용시험의 경우 교사 지망생은 두 개 지역을 복수로 지원할 수 있다. 일반적으로 1차 시험에서는 서울과 울산을 제외하고는 2:1의 경쟁률을 나타내어 시험에 응시한 학생의 대부분이 합격함에도 불구하고 많은 출제위원과 검토위원이 참여하여 출제하고 채점하는 소모적 절차를 거쳤으며, 선다형 기출 문항을 피하기 위하여 특이한 문항도 출제되었다. 1차 임용시험을 준비하기 위해서 사설 임용시험 준비 학원이 몰려 있는 노량진으로 등교를 하는 웃지 못할 일들도 벌어졌다. 교육대학생들은 3학년 1학기만 되면 학교보다는 노량진 학원으로 등교하고 수험 준비를 한다고 한다. 그렇게 출제를 하다 보니 정답 논란에 따른 소송, 출제위원으로 선발된 대학교수가 해당 대학에서 사전에 가르친 문항이라고 주장하는 소송 등 소송 건도 몇 건에 달한다. 학생들의 장래와 직결된 사안이기에 수험생 몇십 명이 뜻을 같이해서 변호사를 선임하는 경우도 있다.

미래 사회를 준비하고 새로운 교육을 주관할 교사를 선다형 문항에 의하여 선발한다는 제도 자체가 우수 교사 양성을 제한하고, 대학교육을 황폐화시키며, 많은 문제를 안고 있기에 2013년부터는 선다형 문항의 시험을 논술형으로 전환하였다. 그로 인해 문제 출제 후 정답 시비나 소송 문제는 줄어드는 경향을 보이고 있다. 문제는 선다형의 임용시험을 출제하든 논술형의 시험을 출제하든 이런 형태로 매년 단발적으로 시험에 의하여 교사를 선발하는 자체가 미래지향적이지 못하고 교원임용제도 자체에 대한 개선을 할 수 없게 한다는 것이다. 특히 한국교육과정평가원의 시험 문제 출제의 전문성만 가지고 임용시험을 출제한다는 자체에 문제가 있다.

한국교육과정평가원의 설립 목적은 우리나라 초·중등학교의 교육과정, 교수·학습 그리고 교육평가와 관련된 전문적 연구를 통하여 국가 발전에 기여함에 있다. 임용시험은 몇 가지 이유에서 한국교육과정평가원에서 출제하는 것은 적합하지 않다고 할 수 있다. 첫째, 한국교육과정평가원의 설립 목적에 부합하지 않는 사업이다. 둘째, 임용시험 시행 관계로 대학수학능력시험 시행에 막대한 지장을 준다는 것이다. 출제와 채점이 매년 연말에 실시되므로 대학수학능력시험 진행에 차질을 빚을 우려가 있다. 셋째, 연구기관의 연구력을 저하시키고 있다. 임용시험을 출제하고 시행하는 시기는 정부출연 연구기관들이 연구 보고서를 제출하는 기간으로서 연구 보고서를 마무리하는 작업에 열중할 시기다.

이런 여러 이유에서 당시 한국교육과정평가원에서는 기관의 연구 전문성을 고양하고 국가의 고부담 사업에 전념하기 위하여, 또한 교원 관련 제도 전반의 개선을 위하여 교원임용시험을 다른 기관에 이관하거나 시·도 교육청이 관계 법규에 따라 전담할 수 있도록 요청하였다. 이를 해결하기 위하여 시·도 교육청이 연합으로 구성한 교육공무원 관련 조합을 만들어 임용시험뿐 아니라 교육 고위직 공무원 선발 시험, 장학사 선발 시험 등을 총괄하는 계획을 수립한 바 있다. 대안적 방법으로는 교원임용시험을 대행해 줄 기관을 공모하여 지속적이고 전문적으로 실시하는 방안도 구상한 바 있다. 그러나 교원임용시험을 주관하여야 할 시·도 교육감들은 출제와 채점에 따르는 부담 때문에 한국교육과정평가원에서 이를 수행하여 줄 것을 요구하였다.

차제에 교원선발과 임용에 대한 법규를 개정하든가 아니면 그 법규에 따라 시행하여야 할 것이다. 이것이 정리되거나 개선되지 않으면 우리나라 교육의 장래는 없다. 그냥 현재의 상태로 안일하게 교원을 선발한다면 인성교육, 창조교육은 멀어질 수밖에 없고, 특히 문제가 되는 학교폭력이나 인성교육은 실패할 것으로 본다. 교원 수급, 양성, 선발, 임용에 대한 전문연구기관에서 종합적으로 계획을 수립하고 이에 따라 진행할 수 있도록 하여야 우리나라 교육의 미래가 있다.

상담교사 선발

상담교사는 일반 교사와 업무의 성격이나 자격이 분명히 다르다. 이명박 정부에서 학교폭력과 가정교육이나 인성교육 등의 문제점을 직시하고 상담교사를 선발하기로 하였다. 우리나라 역사에서 한 번에 이렇게 많은 250여 명의 상담교사를 선발한 예는 흔하지 않다. 이런 특수 목적을 지닌 상담교사는 일반교사를 선발하는 임용시험과 다른 전형 방법을 구안할 필요가 있다.

사회가 복잡해질수록 학교 현장의 교육도 복잡해지며, 전문적 도움을 필요로 하는 학생들이 늘어나고 있다. 상황이 그렇다 보니 상담교사도 분야별로 전문성이 확보되어야 하지 일반 상담으로는 문제 학생들의 문제를 해결하기가 쉽지 않다. 최근에 늘어나는 주의결핍이나 과잉행동, 우울증, 자폐뿐 아니라 다른 형태의 특수한 경우에 대한 상담도 필요하다. 그러므로 상담의 특수성에 비추어 전문성을 확보한 상담교사를 양성하여야 하고 선발하여야 한다.

저자는 상담교사의 역할과 중요성을 1997년에 역설한 바 있다. 1997년은 IMF로 인한 국가의 경제파탄으로 국가 존립의 중대한 위기였으며 많은 가정에서 경제적 문제로 가정이 파괴되는 사례가 흔하였다. 강남 소재 모 대학 부속 중·고등학교의 경우 한 반 학생의 반수 이상이 전학하였고, 부모의 사업 도산과 이혼 등으로 어려움을 겪는 학생이 증가하였다. 가장 감수성이 예민하고 정서적으로 불안한 질풍노도기의 중·고등학생이 이러한 어려움을 극복할 수 있도록 도와주는 상담이 필요하였고, 이를 위하여 상담교사를 학교에 배치하여 상담을 실시하여 줄 것을 주장한 바 있다. 뿐만 아니라 철모르고 생활하던 초등학생들의 경우 이유와 영문도 모른 채 이사하거나 부모님이 헤어지고 때로는 아버지가 경제사범으로 구속되고 가정이 파탄되는 경험을 한 경우도 적지 않았다. 중·고등학생이라면 IMF가 무엇이고 어떤 이유로 발생하였으며 그래서 본인이 그런 힘든 시간을 가진 것을 나름대로 이해할 수 있으나, 초등학생의 경우 그렇지 못한 경우가 적지 않았다.

국가적 경제위기로 인해 상담교원 확보를 위한 예산 문제 등으로 이를 생각해 볼 여유가 없었던 것으로 안다. 그랬기에 상담이 필요하였던 초·중·고등학생에게 적시에 도움을 주지 못하였다. 그 당시 경제 문제를 해결하려고만 노력하였지 그 문제로 인해 상처를 받고 그 상처가 학생들의 성장에 어떤 영향을 줄 것이며 그것이 미래에 어떤 문제로 확대될 것이라고 생각한 사람은 많지 않았다. 필자는 2010년대 나타난 학교폭력이 그때의 세대들과 연관되어 있다고 주장한 바 있다. 1997년 초등학교 1학년 학생이라면 그들이 고등학생인 해는 2006년이 된다. 그런 세대부터 현실에 대한 부정과 자본주의에 대한 회의가 학교폭력뿐 아니라 사회의 문제를 야기하였다고 본다.

IMF를 극복하고 경제적으로는 어느 정도 안정이 되었다고 하나, 한국 사회의 다양한 변화에 따른 사회 및 교육의 문제로 인해 그 어느 때보다 학생들에게 상담이 필요하게 되었다. 특히 사교육비 부담과 부동산 문제 등은 우리를 세계 1위의 저출산국으로 이끌었고, 이는 소인 가족으로 인한 가정교육의 부실, 조손 가족의 문제 등을 야기하고 있다. 그 외에도 최근 들어 증가하고 있는 다문화 가정, 그리고 탈북 학생 등 해결하여야 할 문제가 산적해 있다. 지식 위주의 대학입시는 학생들을 유치원생부터 대학 진학을 준비하도록 하므로, 이에 따르는 정서적 문제, 주의집중력 결핍, 과잉 충동 등을 해결하기 위하여 이를 전문으로 하는 상담교사가 필요하다. 다문화 가정의 학생들이 겪는 어려움, 그리고 탈북 학생들을 도와줄 전문 상담도 필요하다. 일반적인 상담전공자라도 해당 전문 분야를 선택하여 전문화하고, 이론적인 것보다는 현장 중심의 상담 전문가를 국가 차원에서 양성하여 대한민국을 짊어질 후세대의 정신건강을 지키도록 최선을 다하여야 한다.

교원평가

교원을 왜 평가하는 것인가? 섣부른 답변을 내놓기 전에 곰곰이 생각해 보자. 가장 중요한 목적이 무엇인가? 선생님의 봉급을 올리기 위하여? 좋은 학교를 지정하기 위하여? 어느 학교 선생님들이 우수한가를 평가하기 위하여? 천만의 말씀이다. 선생님을 평가하는 것은 학생에게 도움이 되게 하기 위해서다. 학생의 발달을 위하여

하는 것이다. 그 발달의 대상이 지적 능력일 수 있고, 정의적 특성과 심동적 특성이 포함되면 더욱 좋다. 그런데 왜 이를 반대하는 것인가? 순수하고 가장 중요한 목적으로 사용되지 않거나 악용될 개연성이 높기 때문에 반대하는 것이다.

미국으로 유학 간 첫 학기였던 1983년, 마지막 강의를 한 주 앞두고 교수님 대신 어떤 분이 강의 시간 15분 전에 들어와서 파란색과 초록색 질문지를 돌렸다. 들여다보니 학과목 TA와 담당 교수에 대한 평가였다. 20문항 정도로 구성되어 있었으며, 네 개 영역으로 나뉘어 수업 준비도, 강의의 성실성, 과제 및 성적 부여의 타당성, 강의의 유익성과 추천 정도 등을 '매우 만족'부터 '매우 불만족'까지 5단계 척도로 만든 질문지였다. 한국에서 경험하지 못한 신선한 충격이어서 정성스럽게 질문에 응답하고 나니 그 뒷면에 TA나 교수를 위한 조언을 적는 면도 있었다. '아, 어떻게 이런 평가를 할 수 있을까? 역시 미국이구나, 그렇기에 교수나 TA는 수업을 충실히 할 수밖에 없으며 수업 개선을 위한 자료로 사용하겠구나.' 하는 생각을 하였다. 학생들이 응답을 완료한 후 모두 수거하여 가고 나서 교수님이 들어오셔서 자연스럽게 수업이 진행되었다.

한 학기 지나 여름 학기부터 교육통계 수업을 담당하는 TA가 되었을 때, 지도교수가 주의를 준 내용이 교원평가와 관련된 부탁이었다. TA를 하면 수업료가 면제되고, 의료보험 그리고 일정액의 봉급이 지급되는데, 학기말 TA 평가에서 평가 결과가 좋지 않으면 다음 학기에 TA를 하기 어려우니 열심히 하라는 부탁이었다. 그 말은 학생들에게 얼마나 잘해 주었는가를 평가하여 TA를 연장시킬 것인지를 결정한다는 이야기였다. 교수나 TA의 평가가 이렇게 진행되는 것은 여러 목적이 있겠으나 수업의 질을 향상시키는 것임을 알게 되었다. 3년간 TA를 하면서 돌려받은 평가 결과는 무엇이 나의 장점이고 단점인지를 알 수 있게 하여 수업 준비와 학생 지도에 많은 도움을 주었고 경험하지 못한 많은 것을 경험하게 하였다. 특히 리커트 척도(Likert Scales)에 의한 평가 결과보다 강의에 대한 만족도를 서술하는 내용은 많은 용기와 격려를 주기도 하고 때로는 마음에 상처를 주기도 하였다.

영어가 서툴러서 천천히 그리고 아주 쉽게, 예를 들어 통계를 가르칠 때, 한 자리 숫자를 가지고 설명하고 당연하고 쉬운 질문을 해도 차분히 설명하여 주었더니 어떤 학생은 다음과 같이 감동적인 평가를 해 주었다.

> "태제는 이 과목의 수천만 불짜리 보물이다. 너무 쉽고 당연한 문제를 질문해도 정말 천천히 잘 가르쳐 준다. 대단한 인내심을 지니고 있으며 온화해서 학생들이 매우 좋아한다. 이 조교가 계속해서 이 강의를 담당하면 좋겠다. 태제가 건강하고 잘되기를 기대한다."

이런 조언은 정말 힘든 중에 힘을 얻게 해 주었다. 솔직히 TA를 못하게 되면 공부하는 데 경제적으로 어려움을 겪게 되므로 업무를 성실히 수행하여야 했지만, 이런 조언 덕에 기분이 매우 좋았고 지속적으로 수업을 개선하여 나갔다.

반대로 기분이 좋지 않고 인종차별 같은 느낌을 받게 한 학생의 조언에는 다음과 같은 내용이 있었다.

"앞으로 TA는 중서부(midwestern) 영어를 사용하는 원어민(native speaker)을 채용하라."

동부나 남부도 되지 않고 중서부의 영어를 사용하는 미국인을 TA로 하라는 요청이었다. 담당 교수가 아시고는 별의별 내용이 다 있으니 개의치 말라 위로를 하여 주셨다. 그러고는 너의 자세가 중요하니 택할 것은 택해서 고치고, 잊을 것은 잊으라는 조언을 주셨다.

1989년 귀국을 하니 그때 한참 교사평가, 특히 초반에는 교사평가보다 교수평가에 대한 논쟁이 일고 있었다. 저명하신 원로 교수께서는 방송에 출연하여 동방예의지국에서 선생님을 평가한다는 것은 도덕적으로 용납되지 않는다는 주장을 굽히지 않음을 듣고, '아! 한국은 이렇구나.' 하고 현실을 알게 되었다. 1989년 이화여자대학교 교육학과에 취업하여 첫 학기부터 내 개인을 위한 수업평가서를 만들어, 강의를 마치기 1주일 전에 자발적으로 실시하였다. 그렇게 한 것은 고국에서 강의를 한 것이 두 번째 학기이나 여대생들만 대상으로 강의하는 것은 처음이기에 학생들에게 피드백을 받아 수업을 개선하기 위함이었다. 한 학기 지난 다음 모 원로 여 교수님이 커피를 하자고 하시며 부르셔서 찾아뵈었더니 강의평가에 대하여 부정적 입장에서 말씀을 하셨다. 다 듣고 간단히 말씀을 드렸다. "제가 여학생들만 대상으로 강의를 처음해서 수업을 개선하는 데 도움을 받으려고 하였습니다. 잘 알겠습니다." 하고 나오면서 속으로 '교수님, 한국도 3년 안에는 수업평가를 받게 될 것입니다.'라고 되뇌었다.

강의평가를 포함한 교원평가는 교원의 능력을 향상시켜서 학생들에게 도움이 되도록 하여야 한다. 이런 숭고한 목적을 지니고 있어야 할 교원평가가 행정적 관점에서 이용되거나 때로는 악용이 되기 때문에 반대와 부작용이 나타나는 것이다. 그러므로 교원평가를 수업평가로 국한할 것인지 아니면 다른 능력까지도 평가할 것인지를 구조화하여야 하고 평가의 목적을 분명히 명시하여 학생들을 위한 평가가 되도록 하는 것이 바람직하다. 불필요하게 많은 영역을 포함하여 교사를 구속하거나 퇴출하는 도구로는 사용하지 말아야 한다. 선생님들이 평가 결과를 받아서 본인이 행동을 수정할 수 있는 환경이어야 수업 효과를 극대화할 수 있다.

누가 평가하느냐도 심각하게 검토되어야 한다. 선생님을 모르는 대상이나 제대로 평가하지 못하는 대상이 평가의 주체가 되는 것은 평가의 기본을 지키지 않는 것이다. 주장하고자 하는 것은 학생 지도에 도움이 되는 교원평가는 학생과 학부형 그리고 교사 본인에게도 매우 필요하고 학교에도 당연히 필요하기 때문에, 교원평가의 내용은 평가 결과가 미치는 영향까지 고려하여 구성하고 실시하여야 한다는 것이다. 교원평가의 목적은 행정적 기능을 강조하기보다 교수적 기능을 강화하는 방향에 초점을 두어야 부작용도 최소화하고 교사들의 반대도 줄일 수 있다. 교원평가를 실시할 경우 교사들의 반대가 있으면 반대하는 이유에 대하여 경청하고 개선하여야 한다. 교사들이 수용하는 정도가 높을수록 교원평가의 영향을 긍정적으로 변화시킬 수 있다.

교원 양성기관 평가

교원 양성기관의 설립은 보다 우수한 교사를 양성하여 질 높은 교육을 하는 데 있다. 그러므로 교원 양성기관은 명확한 목적이 있어야 한다. 일본이 한국을 점령한 후 교육의 목적을 더욱 명확히 하고 의도적인 교육을 위하여 경성사범을 만들었다. 황국신민이나 내선일체 등을 강화하려면 의도적이고 조직적인 교육이 필요하게 되었고 이를 위하여 매우 구조화된 목적을 지닌 교육기관이 필요하였기 때문에 지역별로 전주사범학교, 공주사범학교, 진주사범학교 등을 설립하였다. 그 당시 사범학교를 졸업하면 높은 보수를 받게 되고 사회에서 존경받는 직업을 갖게 되어서 우수한 인재들이 지원하였다. 해방 후 교육에 대한 중요성과 교육열로 인하여 초등학교를 진학하고자 하는 학생들이 현저하게 증가하면서 사범학교를 지역별로 설립하였고, 현재는 각 시·도별로 교육대학이 설립되어 있다.

해방 후 일부 단과대학들이 합쳐져서 종합대학으로 발전하였으며 경성사범학교는 서울대학교 사범대학으로 개편되었고, 다른 종합대학들은 사범대학을 신설하였다. 사범대학들은 이화여자대학교 초등교육학과를 제외하고 중등교사를 양성하는 기관이다. 부존 자원이 없는 우리나라에서 교육이 국가를 발전시킨다는 일념으로 특히 교사교육을 강조하였다.

교육대학이나 사범대학에서 교사를 양성하고자 하는 이유는 보다 특성화된 교사 양성 프로그램을 개발하여 우수한 예비교사를 양성하고자 함에 목적이 있다. 교사가 부족한 시기에는 고등학교 졸업자들에게 특정 기간 교육을 시켜 교사로 발령한 적도 있다. 부존자원이 거의 없는 나라에서 교육이 국가 발전의 원동력임을 강조하고 교육을 강조하였음을 알 수 있다.

교육의 중요성을 강조하는 국가일수록, 특히 특정한 이념을 강조하는 사회주의 국가일수록 교사 양성은 매우 중요하기 때문에 교원양성기관을 전문화하여 의도한 교육과정을 강화하고 우수한 학생을 선발한다. 마치 육군이나 공군 그리고 해군사관학교처럼 교육의 목적을 뚜렷하게 하고 그 목적에 따라 조직적으로 학교를 운영하려 노력한다고 할 수 있다.

교원 양성기관에 대한 평가는 목적이 뚜렷하므로 그 목적에 부합하게 평가가 이루어져야 하고, 평가 편람이나 방법 그리고 절차 진행도 그렇게 되어야 한다. 일반 대학평가처럼 설립 목적, 재정, 시설 등도 중요하지만 교사 양성을 위한 교육과정이 미래의 교사로서 역량을 갖추게 하는 교육과정과 교과목으로 구성되어 있는지와 이 교과들에 대한 수업이 제대로 진행되어 이 수업을 수강한 예비교사들이 학교 현장에서 교사로서 역량을 얼마나 잘 발휘할 수 있는지에 중점을 두어야 할 것이다. 교사의 덕목으로서 인성과 덕성, 책임감, 희생 정신과 박애 정신 등도 평가에 반영할 수 있으며 이런 특성을 함양할 수 있는 프로그램이 있는지도 평가의 대상이 될 수 있다. 또한 해당 대학을 졸업한 학생들이 어디서 무엇을 하고 있느냐 하는 부분도 중요한 평가 항목이 될 수 있다. 간단하게는 취업률로 평가할 수 있으나 그보다 더 중요하고 가치 있는 평가는 해당 학교 졸업생들이 우리나라 교육 발전에 얼마나 공헌하는가를 평가하는 것이다. 우수한 선생님이라든가, 수석교사 수라든가, 우수한 졸업생도 학교 평가의 자료로 활용될 수 있다. 졸업생의 다수가 취업을 못하거나 다른 직종에 종사한다면 대학의 설립이나 운영 목적을 벗어나므로 대학이 존재할 필요가 없기 때문에 이와 관련된 평가도 바람직하다. 기관평가 요소가 기관의 발전 방향을 유도하므로 교원 양성기관에 대한 평가는 미래 사회가 요구하는 교사상과 교사의 자질 그리고 능력을 함양하는가에 역점을 두어야 하고, 이를 달성하기 위한 지원 체제에 대한 요인들을 평가하여야 한다.

현재까지 실시한 교육대학이나 사범대학의 평가 편람을 보면 일반 대학의 평가 내용에 일부분만 교원 양성기관 평가를 위한 평가 요소를 추가하고 있다. 그리고 주기별로 평가하는 평가편람을 보면 유사한 내용을 주기별로 다르게 조합을 만들어 영역을 재구성하는 수준을 벗어나지 못하고 있다. 평가를 받는 기관에서는 예전의 평가편람을 그냥 그대로 사용한다면 보고서 작성도 용이할 뿐 아니라 대학의 현황을 지속적으로 분석하여 발전 정도를 평가할 수 있을 텐데, 평가의 요소나 지수의 계산 방식 등을 조금씩 수정하여 번거롭고 혼란을 야기한다는 불만도 적지 않다. 그러므로 평가 영역이나 요소 등을 구성할 때에는 많은 연구와 논의 그리고 평가를 받는 기관들의 의견을 수렴하여 평가편람을 작성하는 것이 필요하다.

최근에 와서 중등 교사 임용률이 현저하게 낮아짐에 따라 사범대학생들의 취업률이 낮아 사범대학이 실업자를 양산한다는 지적도 일고 있다. 국가 인력 양성과 배치 차원에서 사범대학의 존립에 대한 논의도 일고 있다. 그러나 이에 대한 검토는 신중히 진행되어야 한다. 단지 취업률과 사범대학 존치 여부가 논의의 초점이 아니라 사범대학 졸업생이 다른 대학의 졸업생보다 더 우수한 교사가 될 수 있는 교육을 받고 있느냐가 검토되어야 하고 미래의 교사상에 대한 논의도 있어야 할 것이다.

제3부
학생평가와
선발제도

제3부
학생평가와
선발제도

6. 학생평가

상대비교평가

몇 년 전 일이다. 학교 운동장에서 혼자 배드민턴 셔틀콕을 떨어뜨리지 않고 열심히 치고 있는 중학생을 보고 왜 친구랑 같이 치지 않느냐고 물었다. 그 학생은 자기도 그러고 싶은데 학교에서 떨어뜨리지 않고 친 횟수로 체육 점수를 주고 등수를 부여하기 때문이라고 대답하였다.

잘못되어도 한참 잘못되었다는 생각을 하였다. 배드민턴을 치는 실력을 그렇게 평가한다면 학생의 오른 팔은 굵어지고 다리는 허약해질 수 있어 신체 발달에 지장을 주지 않을까? 그리고 그 학생은 배드민턴을 즐기지 못하여 지겨운 운동이라 생각할 것이라는 생각이 들었다. 친구와 자연스럽게 배드민턴을 치면 전신 운동도 되고 즐거워 다른 일도 같이할 텐데 어쩌다 이렇게 되었는지 곰곰이 생각하니 한심하였다. 학교에서 학생들의 능력을 상대비교평가로 하기 때문이다. 서열을 매기기 위하여 평가의 객관성을 보장하여야 하니 셔틀콕을 떨어뜨리지 않고 치는 횟수가 측정 내용이 되었다.

공정하고 정확하게 평가하기 위하여 이런 형태로 학생들의 운동 능력을 평가한다면 평가가 학생들의 운동 방법이나 목적을 벗어나고 신체 발달까지 저해하는 것이다. 이런 상대비교평가로 인한 문제점을 해결하기 위하여 현재는 중학교에서 절대평가를 실시하고 있다.

그러나 고등학교에서는 모든 능력을 상대비교평가에 의하여 서열 중심으로 평가하고 있다. 평가의 객관성을 보장하기 위하여 지적 능력은 선택형 문항에 의하여 평가하고, 심동적 영역까지 앞에서 설명한 예처럼 평가하고 있다. 이런 현상은 학생들의 창의성을 고양하는 데 제한적일 수밖에 없으며 건전한 신체 발달과 정의적 행동 발달을 저해하게 된다. 친구와의 상호 경쟁이 우선한 나머지, 협력하여 새로운 것을 찾아내는 것은 뒷전으로 밀리고 배려하는 마음과 협동심은 안중에도 없으며 수단과 방법을 가리지 않고 오로지 나만 남보다 앞서는 데 최선을 다할 것이다. 학교에서 일어나는 왕따 문제 그리고 학교폭력 등이 이런 상대비교평가에 의하여 훈련된 학생들의 행동이라 아니할 수 없다. 상대비교평가가 주는 폐단은 눈에 보이게 나타나는 문제보다 눈에 보이지 않게 학생들의 정의적 행동 특성에 주는 영향이 크다.

김대중 정부 시절에 학교 현장에서 절대평가를 적용한 적이 있었다. 15등급, 10등급으로 분류하던 상대비교평가를 폐지하고 학생들의 평가를 수, 우, 미, 양, 가의 5단계로 분류하였다. 홍익인간의 교육목적을 달성하려는 취지는 좋았으나, 준비 없이 실시한 절대평가는 고등학교에서 학생들의 대학 진학을 위하여 학생들의 능력을 과대평가하였고, 과대평가한 고교내신을 입학전형 자료로 사용하기 어렵기 때문에 일부 대학에서는 학교별로 가중치 등을 부여하기도 하였다. 이를 언론에서 '학교 성적 부풀리기'와 '고교 등급제'라 하여 여러 문제점을 지적하고 사회 문제화하였다. 그러자 그 근본적인 문제점을 해결하려는 노력은 하지 않고 바로 '고교내신 9등급제'라는 과거 방식으로 회귀하였다. 이때가 노무현 정부 때의 일이다.

절대평가에서 상대비교평가로 다시 전환하는 결정을 하는 순간에 고등학교에서 어떤 평가 방법을 통하여 어떻게 학생들을 평가하였는지에 대한 분석을 간과하고, 학교마다 가르친 내용과 평가 방법이 다를 경우 이를 공개하여야 하고 대학들이 공개된 내용을 분석하여 입학전형 자료로 적용할 수 있도록 하여야 한다는 기본 원칙에 대한 고민이 없었다. 특히 절대평가에서 상대비교평가로 전환하였을 경우 학생들의 정의적 행동 특성에 미치는 영향과 평가의 국제적 동향을 전혀 고려하지 않았음을 지적하지 않을 수 없다. 그 이후로 현재까지 고등학교에서는 학생들의 내신 성적을 상대비교평가를 통해 부여하고 있다.

상대비교평가는 학생들의 능력에 대한 상대적 위치를 쉽게 파악할 수 있는 장점이 있으나 무엇을 얼마만큼 알고 있는지를 모른다. 그렇기 때문에 교수·학습 이론에 적합하지 않아 학생의 학습 곤란을 해결하거나 문제 해결 능력을 향상시키는 데 근본적인 정보를 제공하지 못한다. 또한 경쟁을 교육의 당연한 윤리로 받아들여 협동 학습을 저해하며, 이기심으로 인한 불안, 배려심 부족, 협동심 결여 등 정서 발달에 지장을 줄 수 있다. 상대적 우위를 차지하기 위하여 암기 위주의 교육을 조장하는 측면은 고등정신을 함양하는 데 지장을 주어 새로운 사고를 하게 하기 어렵다고 할 수 있다. 이런 문제점 때문에 선진국에서는 상대비교평가를 학교 현장에서 사용하지 않는다.

그러므로 고교내신 평가 방식도 상대비교평가에서 절대평가로 전환하여야 한다. 학교에서 교사들이 절대평가에 의하여 성적을 부여하는 방법이 익숙하지 않아 어려움이 있을 수 있으나 연수를 진행하면서 절대평가를 실시하여야 창의인성교육과 행복교육이 실현되어 창조경제를 이룰 수 있다고 주장한다.

성취평가: 절대평가

성취평가란 용어가 생소할 것이다. 왜냐하면 우리나라에서 만들어 낸 용어이기 때문이다. 성취평가의 원래 학문적 용어는 준거참조평가이며, 일반적 용어는 절대평가다. 절대평가와 대립되는 용어는 상대비교평가다. 상대비교평가란 학생이 획득한 점수의 상대적 서열에 의하여 평가하는 방법으로 석차, Z점수, T점수, 수능의 9등급 점수 등을 예로 들 수 있다. 상대비교평가는 학생들의 서열을 쉽게 알 수 있다. 하지만 서열도 집단이 달라지면 변화되고, 특히 그들이 무엇을 얼마만큼 알고 있는지 알 수가 없다. 그래서 상대비교평가가 교수·학습 이론에 부적합하다는 학문적 비판과 함께 경쟁을 교육의 당연한 윤리로 받아들여 인성 함양을 저해하는 원인이 된다는 것이 더욱 심각한 것으로 부각되고 있다. 가장 가까운 친구가 경쟁의 대상이 됨으로써 협력하여 과제를 하거나 모르는 것을 가르쳐 주는 배려심이나 협동심이 발현되지 않는다. 친구가 실수로 틀리거나 나보다 낮은 점수를 얻기를 원하는 등 홍익인간 구현을 방해한다. 뿐만 아니라 학생 개인에게도 극도의 긴장으로 인한 불안, 시기와 질투 등을 유발해 학생들의 정신건강에 나쁜 영향을 준다.

상대비교평가가 주는 정서적 피해보다는 교육의 근본 목적에 부합하지 않고 교수·학습 이론을 적용하기에도 적합하지 않으므로 선진국에서는 상대비교평가를 폐지하고 절대평가로 전환한 지 오래되었다. 미국의 예를 들면 다음과 같다. 미국이 제2차 세계대전의 승전국으로 국민들의 자존심이 한창 높아져 진보주의 교육관에 입각한 교육, 그리고 주정부의 교육 권한을 존중하여 위임하고 자유주의 교육을 즐기고 있던 1957년에, 소련이 무인인공위성 스푸트니크 호를 달나라에 쏘아 올렸다. 이 일로 미국 정부뿐 아니라 국민 전체가 충격에 빠지고, 국민들은 국가에게 교육에 대한 책임을 강력하게 추궁한다. 소련에 비하여 뒤처진 것은 학생들을 너무 자유롭게 하고 기초과학 교육을 경시한 결과이기에 물리, 화학, 생물 등 과학 교과목의 교육과정을 강화하고, 주정부에 주었던 교육의 권한을 연방정부가 가져와서 학업성취도 평가를 실시하게 된다. 수학과 과학 시험을 치러 학교별로, 학군별로 결과를 발표하고 상대적 서열에 따라 포상하면서 학생들의 능력은 향상되었다. 10년 정도 상대비교평가를 이용하여 학생들의 능력을 향상시켰으나 교육의 본질을 잃고 있다는 비판으로서 '교육은 승마경기가 아니다.'라는 주장이 일어난다. 그래서 1960년대 후반에 상대비교평가에서 절대평가로 전환한다.

절대평가란 학생들이 성취하여야 할 절대 성취 목표를 설정하여 놓고 그 목표에 도달하였는지 여부에 따라 평가하는 것이다. 절대평가는 집단의 특성에 관계없이 절대적 성취 목표인 절대 준거나 혹은 기준에 비추어 평가하는 장점이 있다. 그 절대 기준에 따라서 그 기준을 넘으면 완전 학습자, 모자라면 불완전 학습자로 분류한다. 때로는 통과(pass)와 미도달(fail)로도 분류한다. 분류 단계를 더 확장하면 우수(advanced), 숙달(proficient), 적합(moderate), 기초(basic) 수준과 기초 수준 미달(below basic) 등이 있다.

절대평가는 성취수준에 도달한 정도에 따라 2단계 혹은 3단계, 5단계, 혹은 7단계로 성취수준을 설정하여 평가하기 때문에 평가 결과가 서열이나 상대적 위치가 아니라는 특징을 지니고 있다. 그러므로 학생이 속한 집단의 특성에 따라 점수를 얻는 것이 아니다. 절대 기준에 따라 성취한 정도를 미리 기술한 성취수준에 의해 성적을 부여받기 때문에 어떤 학생이 특정 수준에 도달하였다면 해당 수준에서 필요로 하는 능력을 갖추었다는 것이다.

성취수준과 해당 성취수준에서 필요로 하는 능력에 대하여 기술한 예는 〈표 3-1〉과 같다.

<표 3-1> 사회문화 교과의 성취수준과 성취수준 기술

성취수준	학기단위 성취수준 기술
A	사회문화 현상의 특성에 따른 연구 방법, 자료 수집 방법을 이해하고, 사회문화 현상에 대한 다양한 이론적 관점을 정확하게 평가하고 분석할 수 있다. 이 수준의 학생은 사회문화 현상에 대한 구체적인 사례, 통계, 도표 등을 연구 방법이나 관련 개념, 이론과 정확하게 연계하여 개인적인 측면과 사회 구조적인 측면에서 사회제도와 관련된 현상을 엄밀하게 분석하고 평가할 수 있다. 또 이 수준의 학생은 사회문화 현상과 관련된 구체적 사례를 들어 개념을 적용하고, 문제 양상의 원인을 분석하고 그에 대한 대처 방안을 다각적이고 구체적으로 설명할 수 있다.
B	사회문화 현상의 특성에 따른 연구 방법, 자료 수집 방법을 이해하고, 사회문화 현상에 대한 다양한 이론적 관점을 개괄적으로 비교하고 적용할 수 있다. 이 수준의 학생은 사회문화 현상에 대한 다양한 자료를 활용하여 사회제도와 관련된 현상을 다각도에서 바라보고, 자신의 관점에서도 이를 설명할 수 있다. 또 이 수준의 학생은 자신의 주변에서 일어나는 사회제도 관련 문제들에 대해 자신의 관점에서 그에 대한 대처 방안을 다각적이고 구체적으로 설명할 수 있다.
C	사회문화 현상을 이해하기 위한 연구 방법론, 개인과 사회 구조 및 사회제도를 이해하기 위해 필요한 주요 개념을 이해할 수 있으며, 각 주제와 관련된 다양한 이론의 의미와 특성을 구분할 수 있다. 이 수준의 학생은 자신에게 설명을 요구하는 구체적 사례를 접했을 때 자신이 이해한 개념과의 관련성을 파악하고, 이를 활용하여 설명할 수 있다.
D	사회문화 현상을 이해하기 위한 연구 방법론, 개인과 사회 구조 및 사회제도를 이해하기 위해 필요한 주요 개념을 대강 이해하고 있다. 이 수준의 학생은 자신에게 설명을 요구하는 구체적 사례를 접했을 때 자신이 이해한 개념과의 관련성을 대략적이고 추상적인 수준에서 설명할 수 있다.
E	사회문화 현상을 이해하기 위한 연구 방법론, 개인과 사회 구조 및 사회제도를 이해하기 위해 필요한 주요 개념을 부분적으로 이해하고 있다. 이 수준의 학생은 자신에게 설명을 요구하는 구체적 사례를 접했을 때 자신이 이해한 개념에 비추어 매우 제한적으로 인식할 수 있다.

출처: 성경희 외(2014). 성취평가제 적용, 이렇게 하세요(고등학교 보통교과용—사회과).

한 학생이 사회과목에서 B를 얻었다면 〈표 3-1〉에서 기술한 성취수준의 능력을 지녔다는 것이다. 그는 사회문화 현상의 이해와 비교 그리고 적용 능력이 우수하고 본인의 관점에서도 설명할 수 있으며 사회제도 관련 문제들에 대한 대처 방안도 가지고 있음을 알 수 있다.

절대평가는 일단 상대적 비교를 적나라하게 하지 않고 성취 목표와 성취 기준에 따른 절대적 평가로서 학생과 학생을 비교하는 것이 아니라 성취수준과 그에 따라 학생이 성취한 정도를 비교하여 그 결과를 미리 기술된 성취수준으로 부여하는 것이다. 그러므로 상호경쟁으로 인한 부작용과 그에 따른 인성교육의 폐해를 줄일 수 있다. 성취 목표를 달성하기 위하여 서로 가르쳐 주고 배우며 협력하고 타인을 이해하고 존중하는 마음을 키울 수 있다. 이런 부차적인 장점 이외에 학생들이 무엇을 얼마만큼 아는지를 알 수 있으므로 평가 결과를 교수·학습에 적용하고 교육과정의 개정이나 교과서 개편 등에 직접적인 정보를 제공할 수 있다. 이런 교육적 장점 때문에 스웨덴이나 핀란드 등에서는 절대평가를 강화하고 있다.

우리나라의 경우 오랜 연구 끝에 2011년에 절대평가로 전환하기로 하고 예전에 실패했던 절대평가 경험을 토대로 평가의 의미를 제대로 전달하기 위하여 '성취평가'라 명명하였다. 성취평가는 학생의 성취 정도가 성취수준에 비추어 무엇을 알고 무엇을 모르는가와 무엇을 행하고 행하지 못하는지에 대한 의미를 강조한다. 현재에도 대학 입학이 상대비교에 의하여 이루어지기 때문에 앞으로 시행할 고등학교에서의 성취평가제도 예전의 문제가 재현될 가능성이 있다. 중학교에서는 성취평가를 이미 실시하고 있으며, 고등학교의 경우 특성화 고등학교에서 먼저 실시하고 일반계 고등학교에서는 2014년부터 시범적으로 적용하기로 하였다. 이명박 정부에서 이런 계획을 세운 것은 노무현 정부 때처럼 대학 입학이 대학수학능력시험 점수나 논술 시험 점수에 의존하는 것보다 입학사정관제를 운영하면서 대학들이 고등학교에 대한 정보를 가지고 있기 때문에 성취평가를 적용하는 것이 가능하다고 판단한 것이다. 즉, 미국과 같이 다양한 고등학교에서 적용하는 절대평가와 대학들이 가지고 있는 고등학교의 내신평가 정보 그리고 입학사정관들이 학생들의 자료를 통하여 평가할 수 있기 때문에 성취평가제를 점진적으로 적용하는 것이 미래지향적이라 판단하였던 것이다.

그러나 박근혜 정부가 들어서면서 2004년도에 발생하였던 학교 성적 부풀리기와 고등학교 등급제 현상이 재현될 것이라는 우려와 성취평가제가 일반계 고등학교 학생들에게 불리하게 작용하여 일반계 고등학교의 존립도 어렵다는 비판이 일게 되었다. 특히 고등학교 교장들은 절대평가로 성적을 부여하였을 때의 성적 부여의 객관성 그리고 학생과 학부형의 항의 등의 문제를 열거하면서 찬성보다는 반대 의견을 더 많이 제시하였다. 거기에 더하여 당시 교육부 장관은 노무현 정부 때 고교내신 부풀리기와 고교등급제를 경험하였기에 이 정책에 대하여 매우 회의적인 시각을 가지고 있었다. 그런 연유로 교육부는 절대평가에 의한 학교 성적은 학교 생활기록부에 기록은 하되 대학입학전형 자료로 제공하지 않기로 하였다. 그러면서 모든 학교의 고교내신 성취평가 결과를 언제 사용할 것인지는 2017년에 결정하는 것으로 미루었다.

학생들의 교수·학습 방법과 평가 방법은 시대가 변하면서 발전하여야 한다. 한 학급이 60명 이상이며 교사들이 학생들을 돌볼 여유가 없을 때는 동일한 시험으로 평가하는 게 가장 쉬웠다. 그러나 미래를 창조하는 행복교육을 추구한다고 하면서 예전의 방법을 그대로 고수하거나 과거로 회귀하는 것은 한국의 미래를 어둡게 한다. 새로 시도하는 정책이나 과제들이 어렵더라도 그 문제를 해결하면서 앞으로 나아가야 한다. 이제는 학생을 평가함에 있어 개인을 존중하는 평가, 다면적 평가, 다양한 평가를 통하여 학생을 평가하고 그 결과를 반영하여 상급 학교에 진학하게 하여야 한다. 문제가 발생하고 사회 여론이 악화된다고 하여 과거로 돌아가거나 없애는 교육정책은 현재는 무난히 지나갈 수 있어도 미래가 없다. 늦긴했지만 이제야말로 절대평가를 실시할 때다. 현재 초등학교와 중학교에서 실시하고 있고, 고등학교에서도 실시하여야 한다. 2017년에 시행 여부를 결정한다 해도 2020년에 가서야 실시하게 된다. 그러면 너무 늦다는 것을 다시 한 번 강조한다.

절대평가에 대한 필요성이 수능시험에서도 대두되고 있다. 역사교육에 대한 논란으로 국사 교과를 대학수학능력시험에 추가하기로 하였다. 기본 취지는 우리나라 학생들이 한국의 역사에 대하여 너무 모르니 역사교육이 필요하다는 주장이다. 역사교육을 모두 하게 하려면 가장 강력한 방법이 시험을 보게 하는 것이고, 그러자면 대학수학능력시험이 절대적 영향을 주기 때문에 이를 이용하자는 주장이다. 한국사 교육을 제대로 하기 위하여 교과서와 교육과정을 어떻게 구성하는가가 중요하지만 시험을 보자고 하였으니 점수 체제에 대한 논의도 중요하다. 그러나 연구나 논의 없이 간단히 국사 과목도 9등급제로 하기로 하였다가 2017학년도부터 절대평가를 한다고 하니 다행이다. 상대비교평가에 의하여 점수를 부여한다면 한국사 교육은 그 중요성이 강조되기보다 무한 경쟁으로 인해 시험 준비에 매몰되고 시험 준비를 위한 사교육이 번성할 것이다.

모든 시험에서 1점, 그리고 등수 하나를 올리기 위하여 날밤을 새면서까지 매달리게 하는 현재의 평가 방법으로는 행복교육을 실현할 수 없으며, 창조 능력을 함양하는 것은 더욱 어려울 수밖에 없다. 창조경제를 구현하고 행복교육을 하려면 하루라도 빨리 절대평가를 시행하여야 한다.

수행평가

교육은 인간의 인지적, 정의적, 심동적 행동 특성을 변화시키는 것이라고 하였다. 행동 특성이라면 심동적 행동 특성만이 해당되는 것으로 해석할 수 있다. 인지적 행동 특성이란 용어를 간혹 사용하는데 이 용어는 타당하지 않다고 말할 수 있다. 인지는 머리로 하기 때문이라 주장할 수 있다. 그러나 알고 하는 행동과 모르고 하는 행동이 다르다. 어른들은 '알았으면 그렇게 해라.' '배웠으면 배운 대로 행동해라.'라고 말하곤 한다. 예전에 대학 졸업자들이 많지 않은 시절에, 어른들이 하시는 말씀 중에 '대학 나왔다는 놈이 저 모양이냐.' '어른도 몰라보고 집안도 안 돌보고 버르장머리도 없다.'라는 나무람이나 '글 잘하는 자식보다 말 잘하는 자식을 낳으라.'라는 속담도 있다. 이런 나무람이나 속담은 수행을 강조한다.

수행평가란 배운 내용을 실제 생활에서 얼마나 수행하고 있는 지를 평가하는 작업이다. 체육 같은 교과에서는 거의 대부분의 교육이 수행평가를 통하여 이루어진다. 예를 들어, 공을 찰 때 어떻게 차면 멀리 나가느냐에 대하여 학습을 하게 된다. 발등과 다리의 각도, 지면으로부터의 발의 높이, 그리고 공의 위치 등……. 그리고 나서 공을 얼마나 멀리 보냈느냐는 공이 날아가서 떨어진 지점까지의 거리를 측정하여 평가한다. 더불어 공을 차는 자세도 같이 평가할 수 있다. 이런 평가를 수행평가라 한다. 수행평가는 체육과 음악 그리고 과학의 실험·실습이나 다른 과목의 실기에서 주로 사용되는 평가 방법이다.

실기평가가 어려울 경우에는 지필평가로 대체될 수 있다. 말하자면 공을 멀리 차기 위해서는 공을 어느 정도의 각도로 차야 하는지를 질문하고 답은 선다형 문항으로 구성하거나 몇 도인지 적게 만드는 방법이다. 실기평가가 번거롭고 평가의 대상이 많을 경우 이런 지필평가로 대체하는 경우가 있다. 그러나 이런 형태의 평가는 진정한 수행 능력을 평가하지 못하며 수행을 위한 인지 정도를 평가한다.

평가의 편의성을 강조하고 객관성이 강조되다 보니 교육은 지식만 주입하고 실제로 행동을 강조하지 않는 문제점이 미국에서 1980년도 후반기에 지적되었다. 많이 알고 있는데 만드는 제품의 질은 좋지 않고, 그러다 보니 미국의 경제가 다른 나라에 뒤처지게 됨을 인식하고 교육의 변화를 요구하게 되었다. 국제사회에서 선도

국이 되기 위해서는 생산품의 질을 높여야 하고, 그러기 위해서는 배운 것을 행할 수 있어야 한다는 주장에 따라 그 당시 널리 사용되고 있던 지필평가를 혹독하게 비판하면서 수행평가로 전환할 것을 요구하였다. 수행평가가 1990년대에 미국에서 부각되면서 많은 교과에 적용하기 시작하였다. 이런 경향에 따라 수행평가 전공자도 늘었고 논문도 다수 발표되었다.

수행평가는 '알고 있는 지식이나 기술을 실제 상황에서 얼마나 잘 수행하는지를 평가하는 작업이고 실제 상황이 아닐 경우 어떻게 할 것이라고 서술, 면접 등의 방법을 통하여 평가하는 것'(성태제, 2014)이라 정의한다. 수행평가는 앞에서 설명한 것처럼 새로운 것이 아니고 예전부터 있었으며 발전되어 온 것이다. 그런데 이것이 새로운 방법이어서 모든 교과목에 적용시키면 학생들의 능력이 향상될 것이라는 잘못된 주장이 있었다.

수행평가는 일단 평가도구를 만드는 것이 어렵고, 평가하는 절차와 방법이 번거로우며, 평가 자체도 용이하지 않다. 특히 평가 결과에 대한 이의 제기가 있을 경우 이에 대한 답변이 쉽지 않을 수 있다. 수행평가의 아킬레스건은 채점이다. 여러 가지 어려움이 많이 따르기 때문에 교사에게 부담이 될 수 있고, 일이 많아 이 평가를 실시할 수 없을 수도 있다. 그러나 가장 큰 장점은 학생들이 알고 있는 것을 할 수 있게 한다는 것이다. 그러므로 수행이 필요한 교과에서는 수행평가를 실시하여야 하는 것이 맞다.

수행평가 역시 김대중 정부 말에 실시한 적이 있다. 그러나 학교 현장의 환경이 수행평가를 수행하기에 어려워 교사들의 반발, 평가 결과에 대한 이의 제기 등으로 본질적인 수행평가를 실시하지 못하고, 변형적으로 실시하기 위하여 객관식 이외의 평가를 수행평가라 정의하고 적용한 적이 있었다. 그 당시 수행평가의 정의와 목적, 특징과 절차, 한계와 장단점 등에 대한 연수나 체계적 절차 없이 학교 현장에 적용하려는 정책적 과욕을 부렸다고 할 수 있다. 이런 정의 때문에 괄호형이나 단답형도 수행평가라는 오해를 하게 되었다.

수행하는 것이 교과의 목표라면 수행평가를 통해 수행 정도를 평가하는 것이 맞다. 만약 여건이 갖추어지지 않았다면 여건을 만들고 수행평가를 제대로 실시하여야 한다. 수행평가를 수행하기 위해서는 평가자의 전문지식을 바탕으로 제대로 된 수행평가 도구를 만들어야 하고, 절차와 방법도 체계화하여야 하며, 채점 방법도 구조화하여 객관성을 최대한 유지하여야 한다. 또한 평가 결과를 공개하고, 공개하기 전에 평가자 간 신뢰도와 평가자 내 신뢰도를 검증하여야 한다. 평가 결과에 대한 이의 제기 제도도 만들어 평가 결과에 대하여 학생들이 이해를 하게 하여야 한다. 이를 통하여 학생들은 부족한 능력을 향상하기 위하여 노력을 경주할 것이다.

창의인성교육이나 행복교육을 위해서는 학습한 내용을 체험해 보고 수행해 보는 교육이 필수적으로 이루어져야 한다고 생각한다. 책상에서 배운 내용만을 지필검사로 평가하는 수준을 넘어 실제 행해 보고 느끼고 때로는 여러 학생들이 힘을 합쳐 이루어 보고, 그런 과정에서 나타난 문제점은 토론과 논의를 통해 해결하고 새로운 것을 찾아 가는 교육이 실행되어야 한다고 생각한다. 이를 통해 창의성을 함양하여 창조경제를 이룰 수 있으며, 학생들이 즐겁게 행할 때 행복교육도 가능하다. 이를 이루기 위하여 교사나 학부형 모두 이런 방향으로 교육이 진행되도록 유도하여야 하고, 아무리 어려움이 따른다 하여도 이를 극복하는 것이 바른 교육을 실현할 수 있다고 주장한다.

학업성취도 평가

학업성취도 평가란 학업을 얼마나 성취하였느냐를 평가하는 것이다. 그러므로 교육의 목적적 행위 후에 그 목적의 달성 여부를 판단하는 것은 당연한 것이다. 한 학기 동안 특정 내용을 어떤 대상에게 가르치고 배우게 하였다면 그 대상들이 얼마만큼 잘 알고 있느냐를 확인하는 작업은 필히 수행되어야 한다. 이런 마지막 작업이 수행되지 않고는 다음 단계의 교육이 제대로 진행되기가 어렵다.

원래 교육이 제대로 이루어지기 위해서는 교수와 학습이 이루어지기 전에 학생들이 얼마만큼의 지식과 마음의 준비가 되어 있는지를 알기 위하여 진단평가를 실시하여야 하고, 이를 바탕으로 교구, 교재 그리고 교수 방법을 선택해야 한다. 이런 준비를 통하여 교수와 학습이 진행되며 이 진행 과정에서도 수업이 제대로 진행되고 있는지를 확인하는 형성평가가 실시된다. 형성평가 결과 학생들의 성취수준이 낮으면 교수방법을 변화시킨다든가 아니면 보다 쉬운 교재로 교체한다든가, 특별히 이해하지 못하는 단원에 대하여는 보정학습을 한다든가 하는 작업을 하게 된다. 교수·학습이 완전히 끝난 후에는 교육목표의 달성 여부를 확인하는 작업을 하며 이를 총괄평가라 한다. 진단평가, 형성평가, 그리고 총합평가가 원만히 진행되어야 교육의 한 과정이 완료된다고 할 수 있다. 마지막으로 실시한 총합평가 결과에 의하여 다음 단계의 교육 행위가 시작된다.

예를 들어, 초등학생의 경우 덧셈과 뺄셈에 대한 이해와 적용이 교육목표라 할 때, 우선 학생들이 수에 대한 개념을 이해하고 있는지를 먼저 확인하고, 그에 맞는 교구와 교재를 선택하여 학생들의 수준에 부합하는 교육을 진행하여야 한다. 교수·학습이 종료된 뒤에 덧셈에 대한 이해와 적용 정도를 종합적으로 판단하여야 한다. 이에 근거하여 다음 단계의 수업인 곱셈과 나눗셈으로 진행할 수 있다. 만약에 어떤 학생이 덧셈과 뺄셈을 이해하지 못하였다면 그 다음 단계 수업인 곱셈과 나눗셈은 어려울 뿐 아니라 학생을 고통스럽게 만들어 나중에는 수학에 대한 두려움으로 부정적 자아 개념을 만들게 한다. 이렇게 하지 않고 이 학생에게 덧셈과 뺄셈에 대하여 완전히 이해할 수 있도록 보정학습이나 보충학습을 한다면 이를 바탕으로 곱셈과 나눗셈을 할 수 있게 되고 수학에 대한 긍정적인 자아 개념을 형성하게 될 것이다.

이런 기본 취지에서 출발한 국가수준 학업성취도 평가에 대하여 일부의 반대가 있었고, 특히 최근에 당선된 다수의 진보교육감들이 국가수준 학업성취도 평가에 대하여 반대하는 것 같다. 반대가 심한 이유는 학업성취도 평가의 교수적 기능보다는 행정적 기능에 대한 부담이 크기 때문이다. 학습 부진 학생이 많은 학교는 교장에게 책무성을 부여하고 학교에 재정 지원이 작아진다는 등의 두려움에 기인한다. 나아가서는 학업성취도 평가 결과를 가지고 학교를 서열화하는 데 대한 거부감과 두려움이 있다. 거부감과 두려움을 고조시키는 행정적 기능이 점점 커진다면 학업성취도 평가에 대한 반대는 고조될 수밖에 없다. 그러나 학업성취도 평가의 근본 취지에 동감한다면 거부의 대상도 두려움의 대상도 아니다. 학생들에 대한 평가 결과를 그대로 받아들이고 부진한 학생이 많은 학교는 빨리 기초학력 미달에서 벗어나게 해서 정상 수업을 진행할 수 있도록 하고, 우수한 학생들은 더욱 우수한 학생으로 발전할 수 있도록 하는 것이 바람직하기 때문이다.

미국도 부시 대통령이 2002년에 미국 학생들의 학력이 너무 떨어지기 때문에 민주당과 공화당 국회의원들을 설득하여 「낙오학생방지법(No Child Left Behind Act: NCLB)」 정책을 53개 주에서 과감하게 실행하였다. 이 정책을 실행하는 과정에서 교육적으로 바람직하지 않은 행동과 문제점이 나타났으나 지속적으로 진행하였다. 학생들이 내내 시험 준비를 한다는 비난, 학생들의 점수를 올리기 위하여 인센티브로 교사들에게 현금을 주는 일, 공부를 잘하는 학생이 전학을 가지 못하게 하는 일 등 여러 문제가 나타났고, 가장 문제가 된 것은 공부에 관심이 없는 학생들은 아예 학교를 자퇴하는 것이었다. 그리고 각 주마다 독자적으로 실시함으로써 기초 미달의 수준이라든가 검사의 내용이 다양하였는데, 오바마 대통령은 이런 문제점을 보완하고 강화하여 '차세대 평가 2.0(Assessment 2.0 for Next Generation)' 정책을 강력하게 추진하고 있다. 각 주에서 실행하였던 「낙오학생방지법」을 국가수준에서 연방정부가 학력 향상을 위한 정책으로 강력하게 추진하고 있는 것이다.

세계적인 추세와 학력 향상의 큰 명제에 비추어 볼 때 국가수준 학업성취도 평가는 지속되어야 한다. 현재 시·도 교육감이 교육의 권한을 갖고 있기에 학생들의 학력 향상에 대한 노력도 그들의 몫이라 할 수 있지만 학력이 떨어지면 국력도 떨어질 수 있다고 보기 때문이다. 2013년부터 현 정부의 주요 교육 정책인 행복교육 추진의 일환으로 학생들의 평가부담을 완화하기 위하여 학업성취도 평가는 실시하지 않고 있으며, 중학교의 경우 전수평가대상교과를 축소하여 3학년 학생들을 대상으로 국어, 수학, 영어는 전수로 그리고 사회와 과학은 표집으로, 실시하고 있다. 한편, 고등학교는 2010년부터 고등학교는 2학년 학생들을 대상으로 국어, 수학, 영어만 실시하고 있다.

2014년 학업성취도 평가 결과 보도자료(교육부, 2014. 11. 28)에 따르면, 기초학력 미달 학생의 비율은 전수평가 원년인 2008년에 비해서는 감소하였으나 2013년과 비교하였을 때 중학교의 경우 국어 1.2%p, 수학 0.5%p, 고등학교의 경우 수학 0.9%p, 영어 3.1%p 증가하여 기초학력 점검 기능 강화의 필요성을 시사하고 있다.

기초학력 미달은 교육의 초기 단계부터 해결하여 주지 않으면 학습 결손이 누적되어 나중에는 학습 보충이 불가능하다. 국가 예산이 부족하다면 고등학교에서의 학업성취도 평가는 없애더라도 초등학교의 국가수준 학업성취도 평가는 실시하는 것이 바람직하다. 고등학교는 많은 학생들이 대학수학능력시험을 준비하기 때문에 기초학력은 어느 정도 갖추어졌을 것이다. 그러나 초등학교의 경우 다문화 가정, 탈북 학생, 소외계층 학생이 늘어나는 추세이므로 그들의 기초학력 소유 여부를 확인하여 보충 학습을 지원하여 주어야 한다.

그렇지 않으면 중학교에서 학습이 불가능하게 되고 추후에는 사회 적응이 쉽지 않아 사회 진출 단계에서부터 불리하게 된다. 그러므로 표집이 아니라 모든 학생에게 평가를 실시하여 부족한 학업 능력을 보충하여 주어야 하고, 인지 구조가 잘못되었다면 교정하여 주어야 하며, 학습 방법이나 태도도 고쳐 주어야 할 것이다.

국가수준 학업성취도 평가에서는 기초학력 미달 학생의 비율을 보고하고 있다. 교육은 행동의 변화를 유도하는 작업이기 때문에 학생들이 그 학교에 들어가서 얼마나 학업 능력이 발전하였느냐의 정도를 파악하는 향상도도 측정하여 발표하고 있다. 사회·경제적 배경이 취약한 학생이 많은 학교일수록 노력하면 오히려 향상도가 높아질 수 있다. 향상도는 교육의 성과로 볼 수 있으며 해당 학교가 학생들의 학업 능력을 높이기 위하여 얼마나 노력하였느냐를 평가하기 때문에 교육적으로 매우 바람직한 지수다.

민주주의든 사회주의든 국가이념이 다른 어떤 나라도 학생들의 학업 능력을 향상시키고자 부단히 노력하고 그 노력의 결과를 학업성취도 평가를 통하여 판단하고자 한다. 이런 노력을 하는 선진국들은 우리나라보다 평가 결과를 더욱 상세히 공개하고 있다. 영국과 미국의 경우 모든 평가 결과를 적나라하게 발표하여 학생들의 능력을 향상시키려고 최대한 노력하고 있다. 이런 작업이 국력을 향상시키고 있다고 믿고 있기 때문이다. 특히 초등학교의 학습 결손 해소와 기초학력 보장 차원에서 초등학생을 위한 학업성취도 평가를 전수 차원에서 실시하는 것이 학생을 위해서도, 국가의 장래를 위해서도 바람직하다고 주장한다.

국제 학업성취도 평가

학력이란 국가의 위상과도 관계가 있어 어느 나라나 학생들의 학력을 고양시키기 위한 노력을 하고 있다. 이는 국가 단위에서의 노력을 넘어 국제적으로 학력을 비교하기 위한 노력으로 이루어지고 있다. 대표적인 예가 OECD의 PISA와 IEA의 TIMSS를 들 수 있다. PISA와 TIMSS의 세부 내용은 〈표 3-2〉와 같다(성태제, 2014).

〈표 3-2〉 PISA와 TIMSS

	PISA	TIMSS
명칭	OECD 학업성취도 국제비교 연구 (Programme for International Student Assessment)	수학·과학 성취도 추이 변화 국제비교연구 (Trends in International Mathematics and Science Study)
주관 국제기구	경제협력개발기구 (Organization for Economic Co-operation and Development: OECD)	국제 교육성취도 평가협회 (International Association for the Evaluation of Educational Achievement: IEA)
평가 대상	만 15세 (OECD 회원국의 평균적인 의무교육 종료 시점)	4, 8학년 (12학년: TIMSS Advanced)
평가 특징	실생활에 필요한 능력인 기본적인 소양을 평가	세계 공통 교육과정에 근거한 평가
평가 영역	읽기, 수학, 과학	수학, 과학
평가 주기	3년(주기별로 주 영역을 둠. PISA 2000 읽기, 2003 수학, 2006 과학, 2009 읽기, 2012 수학, 2015 과학)	4년

참여국	PISA 2012 기준으로 OECD 회원국(34개국), 비회원국 31개국 현재 65개국	TIMSS 2011 기준으로 미국, 영국, 호주, 싱가포르, 일본 등 60여 개국
우리나라 참여 현황	PISA 2000(1주기)~PISA 2012	TIMSS 1995(1주기)~TIMSS 2011(현재)
우리나라 결과	읽기 1~2위, 수학 1위, 과학 2~4위 (PISA 2012 기준/OECD 회원국)	초등학교 4학년: 수학 2위, 과학 1위 중학교 2학년: 수학 1위, 과학 3위 (TIMSS 2011 기준)

국제 학력 비교는 언어와 문화가 다르기 때문에 수학과 과학을 주로 평가 내용으로 하고 있으며 OECD나 IEA에서 다소 다른 시점에 학생들의 학력을 평가하고 있다. 최근에는 지필검사보다는 컴퓨터 검사로 변화하고 있으며 PISA에서는 디지털 읽기 소양 평가(Digital Reading Assessment)를 실시한 바 있다. 이어 정보화 능력과 세계시민 능력 등에 대한 평가도 실시하고 있다. 국제 학력 비교의 목적은 각 국가들의 상대적 서열을 공시하는 것이 주 목적이 아니라 3년 혹은 4년 주기별로 각 국가의 학력의 변화 정도와 학력 수준을 측정함으로써 학생들의 능력 수준을 향상시키고자 하는 데 주요 목적이 있다.

우리나라의 경우 수학과 과학에서 매우 높은 성취수준을 나타내어 다른 나라로부터 부러움의 대상이 되고 있다. 이는 초등학교 교육에서부터 학생들의 학업 성취를 중요시하는 경향과 더불어 학부형들의 높은 교육열 때문이라 할 수 있다. 이런 결과를 가져오는 데 일조하고 있는 것은 국가수준 학업성취도 평가라 할 수 있다.

2009년에 실시한 PISA에 참여한 OECD 국가 중 우리나라가 읽기는 12위, 수학 1~2위, 과학 2~4위를 차지하였다. 2011년 실시한 TIMSS에서는 초등학교 4학년생의 경우 수학 2위, 과학 1위, 중학교 2학년의 경우 수학 1위, 과학 3위를 차지하였다. 이렇게 높은 등위를 차지하는 우수한 학력임에도 불구하고 지속적으로 제기되는 문제는 학생들이 수학과 과학에 대한 정의적 행동 특성으로 흥미와 동기 그리고 자신감 등이 낮은 수준이라는 것이다. 흥미와 동기 부분이 낮은 이유는 교재나 교수법 등이 개인 위주나 맞춤형이 아닌 주입식 위주의 교육에 기인한다고 볼 수 있다. 그래서 정부에서는 창의경영학교 프로그램 등을 투입하여 수학과 과학에서 학생들이 즐겁게 공부할 수 있는 환경을 조성하는 노력을 기울이고 있다. 생활 속에서 즐거움을 느끼는 과학교육이라든가 실생활에 적용하는 수학교육 등을 예로 들 수 있다.

한국의 학생들이 성취 수준은 매우 높은데도 자신감이 낮은 데는 여러 이유가 있다고 본다. 미국의 경우 학생들이 어느 정도만 해도 제일 잘하는 것으로 인식하고 자랑한다. 이는 서로 비교하지 않으며 어느 정도만 성취하면 서슴없이 칭찬하는 문화적 배경 때문이다. 이에 비하여 우리나라 학생들의 경우 어느 정도의 성취 수준에 도달하거나 넘어섰다 하여도 다른 학생에 비하여 낮은 수준이라면 칭찬보다는 질책이 따른다. 미국과 한국의 평가 환경이 전혀 다르고, 동양은 겸양지덕이 미덕이라는 관습과 칭찬이 인색한 문화 풍토 때문이기도 하다.

지난 몇 년간 우리나라의 어린 학생들이 PISA나 TIMSS에서 우수한 평가 결과를 얻어 전 세계가 주목하고 경하를 표함에도 불구하고 정작 우리나라에서는 정치인은 물론 언론도 전혀 칭찬을 해 주지 않는다. 많은 신문에서 "학업성취도는 일등이나 자신감은 꼴찌!"라며 비판하는 기사가 주류였다. 기회만 있으면 한국교육을 부러워하는 오바마 대통령은 미국의 학생들이 수학과 과학에서 5~6위 정도만 해도 백악관에서 싸이의 강남스타일 말춤을 출 것이라는 생각을 해 본다. 국제 학업성취도 평가에서 우수한 성적을 얻을 때마다 학생들을 격려하고 칭찬을 아끼지 말아야 한다. 고래도 칭찬을 해 주면 춤을 춘다는 격언이 있듯이 조금만 잘하면 학생들을 격려하고 칭찬하도록 하는 것이 절대적으로 필요하다.

더욱 중요한 것은 학생들을 상호 비교하여 질책하고 보다 나은 성취를 위하여 심리적 부담을 주는 상대비교평가 체제에서 학생 개인의 성취와 준거를 비교하여 학생들을 격려하고 칭찬할 수 있는 절대평가 체제로 전환하는 것이다. 이런 관점에서, 연기되고 있는 고등학교 내신점수 환산도 절대평가 체제로 전환되어야 하고 대학수학능력시험도 SAT나 TOEFL처럼 절대평가 방법의 점수 체제로 변화되어야 할 것이다.

국가영어능력평가시험(NEAT)

사회가 발전할수록 인간이 지니고 있는 지식만을 측정하여 평가하기보다는 알고 있는 지식이나 기능을 얼마나 잘 활용하느냐에 평가의 초점을 맞춘다. 그래서 수행평가가 등장하게 되었다. 산업계에서도 직원을 채용할 경우 아는 것이 많은 인재의 수준을 넘어서,

아는 것을 적용하거나 활용함으로써 새로운 것을 만들어 기업의 이윤을 창출하는 인재를 채용하고자 한다. 그런 관점에서 우리나라의 영어교육을 볼 때, 일반적으로 문법이나 독해 등 지적 능력을 향상시키는 데 주력했어도 여러 이유에서 말하고 쓰고 하는 데는 노력을 기울이지 않았다. 지금은 국제화와 세계화가 강조되어 학교에서도 외국어의 말하기와 쓰기를 강조하고 있지만, 1980년대 외국 유학을 가는 학생조차도 영어를 유창하게 하는 학생은 거의 없었다. 이명박 정부가 영어 교육의 말하기와 쓰기를 강조하여 국가영어능력평가시험(National English Achievement Test: NEAT)을 개발하였다. 이 시험은 각 고등학교의 시험장에서 동시에 인터넷 통신을 통하여 듣기, 읽기, 말하기, 쓰기를 통합적으로 실시하는 세계 최초의 시험이다.

NEAT는 영어 능력을 종합적으로 평가하여야 한다는 목적에서 시작한 것은 아니다. 2007년 말 TOEFL에 대혼란이 발생하여 ETS에 대한 비난이 제기되면서 TOEFL을 대체할 국가수준의 영어 시험이 필요하다는 공감대가 형성되었다. TOEFL은 외국 대학원에 입학하기 위하여 필수적으로 치르는 시험이기도 하지만, 회사에 입사할 때 영어 능력을 평가하기 위하여, 그리고 일부 대학은 이 시험 점수를 대학입학전형자료로 활용하기 때문에 고등학생, 대학생 그리고 일반인이 시험을 보았으며 응시생 수가 날로 증가하고 있었다. 따라서 많은 비용이 외국으로 나가게 되므로 국내에서도 이런 시험을 제작하자는 제안이 노무현 정부 말기에 있었다.

이런 과정에서 정부가 교체되고 새로운 정부를 준비하는 인수위원회에서 영어 교육을 제대로 실시하여 말하기와 쓰기까지 평가하도록 하여야 한다는 주장이 제기되었다. 이에 따라 NEAT 1급, 2급, 3급으로 구분하여 1급은 성인이, 2급과 3급은 고등학생이 시험을 볼 수 있도록 하며, 2급은 대학에 들어가서 필요한 영어 능력을 평가하고 3급은 실용영어를 평가하게 되었다. NEAT의 내용과 문항 수 등 세부 사항은 〈표 3-3〉과 같다(이문복 외, 2013).

〈표 3-3〉 NEAT의 영역, 문항 유형, 문항 수, 시험 시간

영역	문항 유형	문항 수		시험 시간 (휴식 시간 등 제외)
		2급	3급	
듣기	선다형*	32	32	40분
읽기	선다형*	32	32	50분
말하기	수행형(구성형)	4	4	15분
쓰기	수행형(구성형)	2	4	35분
계	–	70	72	140분

※ 대부분 4지선다형 문항이나, 3지선다형과 드래그&드랍(drag&drop)형 문항 일부 포함

선다형 문항이라 할지라도 지필검사에서 사용되는 제한된 문항 형태가 아니라 제시된 문항을 본문에 끌어다 넣을 수 있는 삽입형 문항과 같이 컴퓨터를 이용한 검사에서 사용할 수 있는 문항이 제시되었고, 말하기와 쓰기는 수행형 문항으로 구성되어 있다.

NEAT는 쓰기와 말하기를 평가하는 것이 큰 특징이며 전국 어디에서도 컴퓨터로 시험을 볼 수 있는 시스템을 갖추었다. 듣기와 읽

기 문항에 응답한 결과뿐 아니라 말하기와 쓰기 문항에 응답하고 작성한 내용이 파일로 만들어져 전송된다. 이를 위하여 통신과 파일 전송 그리고 듣기와 말하기 등을 위한 헤드폰 등의 시설이 필요하고, 말하기를 하는 과정에서 소음을 방지하기 위하여 칸막이 등도 필요하였다.

NEAT가 등장하고 대학수학능력시험의 대체 가능성이 논의되면서 사교육기관들이 모의시험 개발에 많은 투자와 광고를 하였다. 대학수학능력시험의 의존도가 낮아지면서 사교육시장이 쇠퇴하고 있는 차제에 NEAT는 수익을 창출할 수 있는 모델이라 생각하였던 것 같다. 그러나 출제하였던 NEAT 2급과 3급 모두 학교교육으로서 충분히 준비할 수 있는 적절한 수준의 난이도를 유지하고 있으며 정부에서도 영어 교육을 위하여 많은 투자를 하고 있기 때문에, 학교에서 정상적으로 공부한 학생이라면 이 시험을 위하여 별도로 준비할 필요가 없다고 보았다.

NEAT의 경우 원점수나 표준점수를 제공하는 것이 아니라 능력수준을 가늠하는 절대평가를 적용하여 네 가지 수준으로 판정한다. 따라서 1점이라도 더 높은 점수를 얻기 위한 경쟁이 필요하지 않게 되므로 시간을 두고 노력을 하면 원하는 수준에 도달하게 되고, 그 수준에 이르렀으면 과도하게 학습을 할 필요가 없다고 판단하였다.

학교에서 말하기와 쓰기를 강화하는 형태의 영어교육을 할 수 있도록 하는 것이 가장 중요한 관건이기 때문에 한국교육과정평가원에서는 읽기와 듣기는 물론 쓰기와 말하기 중심의 교수·학습 프로그램을 개발하여 선생님들에게 연수를 강화하고 확산하였다. 이렇게 하면 학교에서 선생님들이 가르치고 학생들이 배우는 학교교육의 정상화가 이루어지게 되고, 불필요한 사교육은 크게 발생하지 않을 것이며, 발생해도 줄어들 것이라고 예측하였던 것이다.

그러나 현 정부가 들어오면서 교육부는 이 사업을 중단하였다. 정확한 이유는 알지 못하지만, 짐작하기에 이 과제가 영어 사교육비를 증가시키고 있다는 판단 때문인 것 같다. NEAT를 대학수학능력시험의 영어 시험으로 대체한다는 계획은 불가능하기 때문에 불필요한 예산을 낭비할 필요가 없어 중단하여야 한다는 이유도 있는 것 같다. NEAT 시스템에 대해 상세히 소개할 필요가 있어 설명한다.

NEAT는 VDI(Virtual Desktop Interface)와 클라우드(Cloud) 환경을 사용하여 전국 각지에서 동일 시간에 시험을 실시하고 응답한 결과로서 쓴 내용과 말한 내용까지 전송되어 파일로 저장되는 세계 초유의 사업이다. 이 시스템 안에서 교사나 문항 제작자들이 문항을 작성하여 전송하면 검토와 수정 과정을 거쳐 문제은행에 저장되고 저장된 문항들로 검사를 구성한다. 듣기, 읽기, 말하기, 쓰기로 구성된 검사에 학생들이 응답할 때 어떤 학생이 지금 이 시간에 몇 번 문제를 풀고 있는지 중앙 상황실에서 실시간 모니터링을 할 수 있다. [그림 3-1]은 읽기 영역의 시험을 보는 학생들이 현재 몇 번 문항을 풀고 있는가를 확인할 수 있는 중앙 상황실의 컴퓨터 화면이다(이문복 외, 2013).

[그림 3-1] NEAT의 읽기 영역 수험생 30명의 문제 응답 상황

결시생이나 중도에 퇴장하는 학생 등 응시 현황도 분석되며 분석 결과는 모두 중앙 상황실로 전송된다. 전송된 응답 결과는 객관식 시험인 듣기, 읽기 영역의 경우 바로 채점이 이루어지며 말하기, 쓰기 문제에 대한 채점은 일정한 자격을 갖춘 채점 위원들에 의해 온라인 방식으로 채점이 이루어진다. 현재 한국교육과정평가원에서는 말하기, 쓰기 자동 채점을 위한 연구를 진행하고 있다. 쓰기의 경우 인간 채점자의 채점 결과와 유사하였으며, 말하기의 경우 억양, 톤, 리듬 등의 특성이 있어 더 개발되어야 한다. 쓰기의 경우 자연 언어까지 사용하여 모범답안을 재구성할 수 있어 이 채점기술을 가지고 영어 논술시험이나 학업성취도 평가의 영어의 주관식 문제 채점으로까지 확대할 수 있다.

이런 형태의 시험을 실행하기 위해서는 인터넷 통신이 원활하여야 하고, 학교 현장의 시험장에서 검사를 시행할 수 있는 컴퓨터 기반 인프라가 완벽하게 갖추어져야 하며, 듣기의 경우 음성 전달 시스템이 갖추어져야 한다. 말하기와 쓰기를 하여 생성된 내용이 전송되어 한곳에 모든 자료가 저장되는 시스템, 보안을 위한 칸막이, 그리고 듣기를 위한 헤드폰 등이 갖추어져야 한다. 이 시험은 2시간 반 정도 모든 수험생이 컴퓨터를 동시에 사용하고 있으므로 서버의 용량도 커야 할 뿐 아니라 통신 장애가 발생하지 말아야 한다. 한국교육과정평가원에서는 다년간의 연구와 시행 끝에 이 시험을 거의 완벽하게 수행하였으며 중앙 상황실에서는 어느 고사장의 어느 학생이 현재 몇 번 문제를 풀고 있는지도 확인할 수 있는 시스템을 구현하였다.

이 사업의 성공을 위하여 투자한 국가 예산만 하더라도 500억이 넘으며 지식적 가치는 그 이상이라 말할 수 있다. 왜냐하면 많은 전문가들이 협력하여 만든 시스템으로서, 미국의 ETS나 Pearson 등이 예의 주시하는 과제이며 UNESCO 등도 관심이 많았기 때문이다. NEAT 사업은 창조경제의 산물이라 할 수 있다. 세계 최초의 클라우드 기반 평가 프로그램으로서, 영어교육 전공자, 평가 전공자, 그리고 IT 전공자, 언어과학자, 음성 전문가가 함께한 과제로서, 영어능력을 통합적으로 평가하는 프로그램으로서, 문항 제작부터 시행 그리고 채점 결과 통보까지 한 시스템 안에서 이루어지고 있기 때문이다.

많은 인원과 예산이 투입된 미래지향적 과제가 중단된 것은 국가적으로 큰 손실이 아닐 수 없다. 앞으로 가야 할 길이기 때문에 더욱 그러하다. 분명한 것은 현재 중단된 과제나 영어 교육의 방향과 평가 방법은 지식을 넘어서서 실제로 수행하게 하는 방향으로 전개될 수밖에 없다는 것이다.

7. 학생 선발제도

학생 선발

대학을 구성하는 중요한 인적 구성원 중의 하나가 학생이다. 학생, 교원, 직원 중 교원이 대학의 수준을 판단하는 잣대라고 할 수 있으며 학생도 대학을 평가하는 주요 요인이 된다. 그렇기 때문에 대학들은 보다 우수한 학생을 선발하기 위하여 최대한 노력을 경주하고 있다.

학생은 대학의 교육이념을 펼칠 대상이므로 그에 적합한 학생을 선발할 수 있는 타당하고 신뢰로운 학생 선발제도를 구안하여야 한다. 그러므로 대학마다 다소 다르면서 다양한 선발 방법을 구상할 수 있다. 문제는 우수한 학생에 대한 개념 정립이 명쾌하지 않고 그저 수치로 제시된 자료에 근거하는 경우가 많기 때문에 학생 선발의 문제를 해결하지 못하고 있다는 점이다. 대학의 사명은 교육과 연구다. 그러므로 학생을 가르치는 일에 역점을 두어야 하며, 더욱 중요한 것은 학생이 대학에 입학하여 많이 성장할 수 있도록 하는 것이다. 성장은 지적 성장만이 아니라 정의적 특성과 심체적 특성도 포함하여야 한다. 그러므로 대학들은 재학생들이 전인교육을 할 수 있는 모든 조건을 갖추어 다양하고 많은 경험을 하게 하여야 한다.

이런 목적을 위해서는 우수한 학생들을 선발하는 것은 당연하지만, 그보다 더 중요한 것은 평범한 학생들을 선발하여 비범한 학생으로 성장시켜야 한다는 점이다. 이를 위하여 우수한 교원, 양질의 교육과정, 최고의 시설을 갖추어야 한다. 우수한 대학은 현재는 잘하지 못하거나 어려운 학생들을 찾아 입학시켜 그들이 국가 발전에 기여할 수 있는 인재로 변화시키는 대학이다. 그런 관점에서 성장할 가능성이 있는 학생을 선발할 수 있는 제도를 구안하여야 한다. 미국의 명문대학들도 학업 성적이 우수한 학생들을 선발하지만, 소외계층이나 경제적으로 어려운 학생들을 일부러 선발하는 제도를 만들고 있다. 대학의 설립 목적에 따라 학생을 선발하고 국가 발전에 기여할 수 있는 학생을 선발하고, 나아가 소외계층이나 지역 균형 발전, 또는 다양한 인종과 다양한 특징을 지닌 학생들을 선발하려 한다. 음악이나 미술, 그리고 예술 분야에 탁월한 능력을 지닌 학생, 사회봉사 기여자 등 다양한 학생이 대학에 입학하여 그들이 서로 배우고 나누는 것이 교육적으로 바람직하기 때문에 선진국의 우수한 대학들은 균일하고 유사한 학생들만을 선발하지 않는다. 대학 교육의 수준을 맞추기 위하여 능력이나 계층이 유사한 학생들을 선발하는 것도 중요하지만, 대학에서의 교육이 학생들에게 맞춤 교육이 될 수 있도록 대학의 교육과정을 구성하여 대학에 입학하여 수학할 수 있는 기본 능력을 갖춘 학생을 선발하여야 한다.

학생을 선발할 때 신입생 수를 제한하지 않고 입학 기준에 부합하면 그들을 모두 선발하면 좋을 것이다. 그러나 우리나라의 경우 수도권 인구 증가 억제, 학생 수의 균형 유지, 지방대학 육성 등을 들어 신입생 수를 정부가 철저하게 통제하고 있다. 우수한 학생들이 다수 지원하였다 해도 더 선발할 수 없으며 기준에 미치지 못하면 소수의 학생을 선발하면 되지만, 학교 경영의 어려움 때문에 배정된 학생 수에 맞게 학생을 선발한다. 이렇게 하다 보니 제한된 수의 학생을 상대비교평가에 의하여, 즉 서열에 의하여 선발하고 있다. 그러므로 우수한 대학에 입학하기 위한 경쟁은 치열해지고 누가 지원하느냐에 따라 학생들의 입학 여부가 결정되기 때문에 불확실성이 존재한다. 쉽게 말하면, 나보다 능력이 낮은 학생들이 지원하였다면 해당 대학에 입학할 수 있어도 나보다 능력이 높은 학생들이 지원한다면 대학에 입학할 수 없는 것이다. 대학은 우수한 학생이 있어도 더 이상 선발할 수가 없으며, 우수하지 않은 학생들이 지원하였더라도 할 수 없이 학생을 선발하여야 하는 실체가 한국대학의 학생 선발 구조다. 그러므로 학생들이나 학부형은 원하는 대학에 합격 여부를 예측하기 불가능하고 대학 당국조차 정확한 예측을 하기가 어렵다.

대학의 설립이념과 교육목적을 달성하기 위해서는 대학의 정원은 대학이 결정할 수 있는 미국의 모형을 참고할 필요가 있고, 그런 방향으로 발전해야 할 것이다. 이런 맥락에서 대학의 자율성이 확대되어야 한다는 주장이 일고 있다. 이런 수준으로 발전하기 위해서는 대학당국, 학생과 학부형, 산업계, 사회 분위기, 교육부 모두가 인식을 새롭게 전환해야 하고, 특히 사전 준비와 노력이 필요하다. 문제를 개선하기 위하여 미국이나 선진국의 예를 드는 경우가 흔하다. 그러나 외국과 확연히 다른 사회 구조 속에서 이를 적용하려는 과욕 때문에 새로운 정책들이 성공하지 못하는 것을 직시하여야 한다.

대학들이 대학 정원을 자율적으로 결정할 수 있기 위해서는 일단 한국의 대학들을 다양화하여 서열화하지 말아야 한다. 산업계나 사회에서도 대학들을 서열화하는 것을 지양하여야 한다. 이를 하루라도 빨리 달성하기 위하여 특성화 대학들이 발전하고 지역 대학들이 대학 평준화를 유도할 수 있도록 경주하여야 한다. 그래서 미국이나 선진국 등과 같이 유명한 대학들이 다양하게 그리고 지역적으로 고루 분포해 있어야 한다. 우리나라처럼 유명 대학들이 서울 지역에만 집중적으로 있기 보다는 지역별로 일류 대학이 존재하여야 한다.

또한 대학들이 학생들의 등록금으로 운영하지 않아도 될 정도의 사회적·국가적 지원이 필요하다. 그리고 정부는 필요한 지원을 해주더라도 간섭을 최대한 줄여야 한다. 미국의 사립대학들은 기업이나 재단으로부터 많은 후원금을 지원받으며 대학을 발전시키고, 영국, 프랑스나 스위스 등도 정부에서 재정 지원을 하고 있다. 물론 프랑스나 스위스의 경우 대학 진학률이 낮은 편이기에 재정 지원에 큰 부담을 갖지 않으며, 지원을 하면서도 대학 운영에 간섭을 하지 않는 편이다.

학생 선발을 위하여 종전의 국가 단위 검사의 의존도를 낮추고,

다양한 학생을 선발할 수 있도록 다양한 전형 요소를 반영할 수 있게 하는 정책을 추진하는 노력이 있었다. 그중 하나가 이명박 정부 때 시도한 입학사정관제의 운영이었다. 등록금을 인하하려고 하는 노력도 있었다. 이런 정책들이 지속적으로 사회 변화에 맞추어 진행되어야 한다.

대학입학전형제도

해방 후 대학입시제도는 얼마 되지 않는 지원자를 대학 자율로 선발하는 제도로 출발하였다. 그러다 1953년에는 국어, 수학, 영어 그리고 선택과목에 대한 대학별 단독고사를 실시하여 선발하였고, 이후 대학입학연합고사와 대학별 시험을 병행하였다. 대학입학연합고사는 이승만 정부 시절 대학생들의 학력 수준을 통제한다 하여 그 당시 문교부에서 주관하였으나 시행상의 문제점으로 다시 대학 자율에 의하여 학생을 선발하였다. 1955년부터 1961년까지는 대학별 시험과 무시험으로 학생을 선발하였고, 1962년부터 1963년까지 대학입학자격고사, 그리고 1964년부터 1968년까지 대학별선발고사를 치러 학생을 선발하였다. 이어 1969년부터 1980년까지 대입예비고사를 실시하여 초반부에는 이 시험에 합격한 학생만 대학에 지원할 자격을 부여하다 나중에는 두 개 지역의 대학을 지원할 수 있도록 하였다. 또한 대학본고사를 병행하여 시행하였다. 1981년에는 과외금지 조치와 대학본고사를 폐지하고 대입예비고사와 고교내신 성적을 반영하여 신입생을 선발하도록 하였다.

1982년부터 대입예비고사가 대입학력고사로 변화되었고, 고교내신 성적을 반영하며 폐지한 대학본고사를 대신하여 논술시험을 2년간 실시하다 1988년부터 1993년까지 폐지하였다. 이어 1994년부터는 대학수학능력시험을 개발하여 실시하였고 대학별 면접과 논술을 부활하고 고교내신 성적을 반영하도록 하였으며 이 제도가 2005년까지 이어졌다. 논술을 준비하는 과정에서 사교육비가 증가하고 고등학교 수준에서 답할 수 없는 문제들이 출제됨에 따라 논술고사 심의위원회를 만들어 적합성 여부를 판정한 경우도 있었다. 대학수학능력시험의 과목 수는 지속적으로 증가하였다. 학교교육의 정상화를 위하여 반영한 고교내신은 상대비교평가에 의해 15등급, 10등급으로, 처음에는 총점에 등급을 부여하다 총점에 대한 모순을 인지하고 교과별로 등급을 부여하는 것으로 바뀌었다. 그러다 절대평가에 의하여 교과별로 다섯 개 수준인 수, 우, 미, 양, 가의 점수를 반영하였으나 현재는 교과별로 내신 9등급 점수를 반영하고 있다.

2002년부터 학생들의 특기, 적성, 수상 경력, 봉사활동, 특별활동, 추천 등을 반영한 입학전형제도를 운영하다 2008년도부터 입학사정관제도를 도입하였다. 학생부에 기록한 학생의 특성이나 업적을 입학사정관들이 다양한 방법에 의하여 평가하여 우수한 학생 그리고 잠재 능력이 있는 학생을 선발하고자 하여 이 제도를 도입하였다. 이명박 정부에서는 학업 능력을 측정하는 시험 점수 위주의 입시제도로는 학생들의 다양한 특기와 적성 그리고 잠재된 능력을 개발하기도 어려울 뿐만 아니라 학생들이 학원에서 시험 준비에 매달리는 기현상이 발생하므로, 이를 해결하기 위하여 입학사정관 전형을 확대하려고 노력하였다. 뿐만 아니라 시험 점수의 영향력을 가능한 한 낮추기 위하여 대학수학능력시험의 내용도 EBS 강의와 연계하는 비율을 확대하고 쉽게 출제하도록 노력하였다. 입학사정관제가 지니는 장점에도 불구하고 이 제도는 사교육비를 증가시키고 부유한 계층이나 외국어 고등학교 학생 등의 특목고 학생들에게 유리하다는 판단 아래 입학사정관 전형 비중을 낮추고 학생부 종합전형으로 전환하고 있는 것이 현재의 모습이다.

해방 후 지금까지 대학입학전형 제도의 변화 과정과 내용을 살펴보면 일단 학생을 선발하기 위하여 반영하는 요소는 국가에서 주관하는 시험, 대학별 고사나 논술시험 그리고 고등학교의 내신과 학생부의 내용이다. 즉, 크게 나누어 국가, 대학, 그리고 고등학교가 실시하는 내용에 대한 결과물을 가지고 학생을 선발하여 왔고, 이런 제도의 변화는 정부, 즉 교육부에서 시대의 변화나 여론에 의하여 변경하여 왔다고 해도 과언이 아니다. 교육 개혁이나 혁신이라는 이름 아래 국가 단위 검사를 변화시키고, 과외 금지 조치를 취하였다. 그다음 정부에서는 위헌이라고 과외 금지를 해제하고, 고교 내신을 상대비교평가에서 절대평가로 전환하였다가 다시 상대평가 이론을 적용하고, 논술을 보게 하였다가 사교육이 증가하자 사교육비가 국가와 가정 경제에 미치는 영향이 크다고 이를 폐지하였다. 실업계 고등학생도 시험을 치러서 대학에 입학할 수 있게 하여야 한다고 대학수학능력시험에 직업 탐구 영역을 신설하여 많은 과목을 추가하였으며, 입학사정관제를 도입하여 강력히 추진하다 정부가 바뀌니 시들해지는 등 변화무쌍하였다.

이렇게 해서 입시 경쟁이 낮아지고 사교육비는 경감하였으며, 고등학교 교육은 정상화가 되었다고 주장하는 사람은 한 사람도 없을 것이다. 앞에서 설명하였듯이 대학입학전형제도를 지속적으로 운영하며 변경시키는 과정에서 나타나는 근본적인 문제를 체계적으로 해결하기 위하여 제도를 변화시킨 것이 아니라 정권이 바뀌면 비난을 받고 있는 전형제도의 일부분을 폐지하였다가 부활하는 등의 미봉책을 사용하여 왔기 때문에 입시제도가 악순환을 하고 있는 것이다. 이런 과정을 통해서 우리나라는 대학입학 전형제도로 안해 본 것이 없다.

대학에서 학생을 선발하는 데 있어서 대학으로서는 우수한 학생을 선발하는 것, 고등학교에서는 유명 대학에 학생을 많이 합격시키는 것이 가장 관건이 될 것이다. 학생과 학부형은 원하는 대학에 입학하고자 하고 그 대학이 명문 대학이라면 더욱 좋을 것이다. 정부는 사교육비를 경감하고, 학교교육을 정상화하며, 학생 선발에 부정이 발생하지 않도록 하고, 학생들이 미래지향적으로 개인의 발전을 위하여 노력하도록 유도하여야 할 것이다.

학령인구가 감소하고 대학을 구조 조정하는 차제에 가능하면 대학에 학생 선발에 대한 자율권을 확대할 필요가 있다고 생각한다. 대학은 입학전형제도가 우리나라 교육과 국가 발전에 부합하는 방향으로 제도를 수립하여 집행하고, 국가는 이에 대한 평가를 엄격하게 하여 그 결과를 가지고 대학 지원 여부를 결정하는 방안도 있을 수 있다. 대학입학 전형제도가 국가 발전에 지대한 영향을 주므로 각 대학이 구안하여 실시하고 있는 제도가 국가에, 고등학교에,

그리고 학생과 학부형에게 얼마나 긍정적인 효과를 주는지에 대해 결과타당의 관점에서 평가를 하여야 할 것이다.

대학이 신입생을 잘못 선발하면 그리고 잘 가르치지 못하면 그 대학이 도태되는 시대가 올 것이기에 더욱 그러하다. 학업 성적만 우수한 학생들을 선발하기보다 다양하고 개성 있는 학생 그리고 성장 가능성이 있는 학생을 선발하려고 대학들은 노력할 것이다. 그렇게 선발한 학생들에게 양질의 교육을 제공하여 우수한 인재가 되게 하고 사회로 진출할 수 있도록 할 것이다.

입학 부정을 저지른 대학에는 그에 상응하는 대가를 냉혹할 정도로 치르게 하면 입시의 투명성은 높아질 수 있다. 대학 입시의 투명성은 해당 대학이 자율적으로 높일 수 있는 사안이다. 외부에서 감시·감독이 심할수록 내부적으로 숨겨 더욱 부패할 수 있기 때문이다. 감시·감독과 타율에 의한 공정성과 투명성 보장은 그때 뿐이기에 개별 대학의 자체적인 제도 개선과 투명한 운영을 할 수 있도록 대학의 자율에 맡겨야 한다. 교육부는 각 대학들이 제시한 신입생 선발제도에 따라 학생들을 선발하였는지를 대학들이 공개하도록 하여야 하며, 선발제도도 명확하게 학생과 학부형 그리고 교사들이 이해할 수 있도록 대학이 자체적으로 설명회나 상담을 강화하면 보다 대학입시제도가 안정화되고 발전되리라고 생각한다.

입학사정관제

신입생 선발에서 언급한 입학사정관제는 미국에서 실시한 학생 선발 방법이라 할 수 있다. 미국도 1900년 초에 학업 능력 위주로 학생을 선발하였다. 그러나 보니 1922년에 하버드 대학교의 유대인 학생 입학비율이 21.5%에 이르고, 1918년 컬럼비아 대학교의 유대인 학생 비율이 40%에 이르게 된다. 특정 집단의 학생들이 입학하자 다양성이 결여되는 문제가 발생하게 되어, 1922년 다트머스 대학교에서 학생들의 인성, 운동 그리고 지역 등을 고려하여 학생을 선발하게 되었다. 이러한 과정을 거치면서 1950년과 1960년대에는 대학의 다양성 요구와 소수 인종 우대 정책으로 학생들을 선발하게 되었다. 학업 성취 결과에만 의존하던 학생 선발을 다양한 전형 요소를 통한 다양한 방법으로 학생을 선발함으로써 대학의 특징인 univers를 구현하게 되었다. 이를 위하여 각 대학별로 입학사정관을 채용하여 지원한 학생들이 재학했던 고등학교의 특성이나 교육과정도 참고하고, 학생들의 인성, 적성, 특기 그리고 잠재적 특성까지 고려하는 입학사정관제 전형을 실시하였다.

국어, 수학, 영어 위주의 획일화된 대학 신입생 선발 방법을 보다 선진화하기 위하여 이명박 정부에서는 초기부터 입학사정관제를 강조하고 학업성취도 이외의 다른 특성을 평가하여 학생을 선발할 수 있도록 각 대학에 권장하였다. 입학사정관을 채용하기 위한 재정 지원은 물론 제도 설립을 위한 지원도 적극적으로 하였고, 지원대상 대학을 선발하기 위하여 평가제도를 도입하는 등 다양한 지원 정책을 펼쳤다. 2007학년도에는 10개 대학에 20억을 지원하였으며, 2008학년도에는 40개 대학에 157억, 2009학년도에는 52개 대학에 236억, 그리고 2010학년도에는 60개 대학에 350억을 지원하여 입학사정관제를 정착시키기 위한 노력을 하였다.

단기간에 정책 효과를 보기 위하여 적극적으로 정책을 추진함에 따라 적지 않은 대학에서 수능이나 내신 이외의 다른 전형 요소를 통하여 우수한 학생을 선발하고 이 제도를 대학 나름대로 정착시키는 경향이 증가하였다. 반면에 일부 대학에서는 무늬만 입학사정관제도이지 종전과 다름이 없는 형태로 운영하는 대학도 없지 않았다. 공통적으로 나타나는 문제점은 입학사정관제 전형이 처음 시도되는 제도여서 경우에 따라서는 매년 변화되는 어려움과 일부 입학사정관 전형의 경우 명료하게 제시되지 않아 고등학교 선생님들이나 학부형들이 이해하기 어려운 측면도 없지 않았다는 것이다. 대학마다 대학 고유의 입학사정관제 전형을 실시한다고 하여 매우 다양한 전형제도를 수립한 경향도 있었다.

　대학 입학사정관제가 우리나라 특수 상황에 적용되어 정착되어 가는 과정에서 새로운 정부가 출범하게 되었다. 입학사정관제의 장점도 적지 않으나 전형 방법의 모호성 그리고 다양한 전형 방법에 대한 이해 부족으로 인해 학교 현장이나 학부형들의 혼란을 초래하는 등의 취약점을 크게 부각하여 대학입학사정관 전형제도를 실시하는 것에 대한 부정적 시각이 대두되었다. 대학에서 학생들을 선발하는 과정에서 입학사정관제 전형이란 용어가 사라졌으며 정부 지원도 축소되었다. 그러면서 대학입학전형의 단순화라는 명제 아래 전형제도를 유형화하는 작업을 실행하였다. 정시와 수시를 구분하고 수시전형을 더욱 단순화하여 전형 방법의 수를 축소하고 각 대학에서 전형의 특성이 드러나지 않는 추상적 이름의 전형, 예를 들면, 알베르토 전형이나 마이다스 전형 같은 명칭을 사용하지 말

것을 권유하였다. 입학사정관 전형이란 용어가 학생부 종합 전형으로 대치되었다. 입학사정관 전형이든 학생부 종합 전형이든 학생들이 지니고 있는 특성이나 능력이 다르므로 지필고사 점수에 의존하는 전형보다 다양한 방법으로 학생들을 선발하여야 한다. 전형 방법이나 제도도 명확히 제시하여 교사나 학부형 그리고 학생들이 명쾌하게 이해할 수 있도록 하여야 할 것이다.

대학 진학률

우리나라의 대학 진학률은 세계에서 단연 1위다. OECD는 물론 전 세계에서 가장 높은 비율로 80%를 능가하고 있다. 최근 통계로는 대학등록률을 계산하면 80% 미만이라는 주장도 있으나 어쨌든 가장 높다. 이런 경향은 1960년대 이후 지속적으로 진행되어 온 경향이며 그래서 대학을 우골탑이라고 하기도 하였다. 시골에서 농사지어 학비를 충당하고 경우에 따라서 농사를 짓는 소까지 팔아서 대학 등록금을 대 주었기에 그런 이름이 붙었다. 산업화 과정을 통하여 기업들은 가능하면 대학 졸업자들을 신입사원으로 채용하는 경향이 늘어남에 따라 모든 사람이 대학에 진학하기를 원하였다. 그래서 대학을 졸업하지 못하면 결혼하기도 힘들다는 웃지 못할 이야기까지 나오게 되었다.

대학 졸업생이 많은 것이 국가 발전에 기여하지 못한다는 판단에 대학 입학생의 질을 통제하기 위하여 1962년도에 대학입학 자격시험, 그리고 1969년부터 1982년까지 대입예비고사를 실시하여 대학 입학을 제한한 적도 있었다. 이 두 국가시험은 일정 점수 이상을 획득하지 못하면 대학에 지원할 수 없는 입시제도였다. 그러다 1982년부터는 이런 제도가 국민의 기본권을 제한한다고 하면서 대학입학학력고사로 전환하였다. 이 시험부터는 대학 진학을 허용하는 합격선을 없애면서 원하는 학생은 누구나 대학에 지원할 수 있게 하였다.

높은 대학 진학률이 바람직하지 않다는 것은 아니다. 그러나 대학을 졸업한 후 실업자로 전락하는 대학 졸업자와 산업 인력 수급의 불균형, 산업 현장에 필요한 전문 인력 부족 등은 국가의 장래를 어둡게 하여 대학 진학률에 대한 고민이 1990년 후반부터 제기되었다. 노무현 정부 때부터 국가의 인적 자원 관리 차원에서 교육인적자원부 장관을 부총리로 승격하여 산업계, 노동계 등도 아우를 수 있는 역할을 부여하여 미래 사회 인력 수급 정책까지 맡도록 노력하였으며, 이명박 정부에서는 산업계 전문 인력 양성을 위하여 마이스터 고등학교 프로그램을 강화하고 학교를 확장하는 등 많은 노력을 하였다. 그리고 대학입학도 '선 취업 후 입학'이라는 제도를 도입하여 특성화 고등학교 학생들이 추후에 대학에 입학할 수 있도록 제도화하려는 시도를 하였다. 뿐만 아니라 고등학교 졸업자들의 취업률을 높여 산업 현장에서 산업 역군으로 역할을 하게 함으로써 많은 고등학생이 적성과 특기를 살려 직업을 선택하도록 유도하는 정책을 전개하였다.

이런 노력에도 불구하고 대학 진학률은 매우 높다. 스위스의 경우 20%를 넘지 않는다. 대학을 졸업하지 않더라도 얼마든지 개인의 특기와 적성, 취미 그리고 능력을 발휘하여 행복한 생활을 영위할 수 있는 사회 환경이 뒷받침되기 때문이다. 대학을 졸업하여 교사 생활을 하는 선생님이나 고등학교를 졸업하여 기능직에 종사하는 기능인이나, 단순한 일에 종사하는 사람들 간의 임금격차가 심하지 않고 사회적으로 불평등이나 불이익을 받지 않기 때문이다. 그렇게 되면 공부하기 싫은 사람이 굳이 공부할 필요가 없게 되고, 피 보기를 두려워하며 의료인이 될 필요를 느끼지 않는다. 이런 사회가 된다면 대학의 진학률도 낮아질 것이고 특히 특정 학과나 전공에 대한 쏠림 현상은 줄어들 것으로 생각한다.

대학수학능력시험

대학수학능력시험(이하 수능)은 대학에 입학하여 공부를 성공적으로 이행할 수 있는가를 측정하기 위하여 1994년부터 시행된 시험으로서, 고등정신 능력을 함양하기 위하여 통합교과적 출제를 지향하였다. 그렇기 때문에 대학입학학력고사와 달리 국어를 언어로, 수학을 수리로 그리고 영어를 외국어로 명명하였으며, 과학교과를 과학탐구, 사회교과를 사회탐구로 명명하면서 출발하였다. 특히 사회와 과학은 통합교과적으로 출제하기 위한 노력을 경주하여 과학의 경우 물리, 화학, 생물, 지구과학이 통합적으로 출제되는 문항들이 있었다.

새로운 형태의 수능은 교육과정이 존재하지 않는 측정선행교수(measurement driven instruction)로서 교육과정을 변화시키고자 하는 의지가 있었다. 교육과정에 근거하지 않는 측정이나 검사는 기존의 교육과정을 지지하는 기존 집단이나 교사들의 저항이 있을 수밖에 없어 성공 확률이 매우 낮다. 영국의 수학교육, 벨기에의 과학교육 등에서도 이런 시도가 있었으나 많은 비용을 지불하고도 학교에 정착하지 못하고 실패하는 사례가 있었다. 특히 학교교육이 이를 지원하지 못할 경우에는 학생들은 학교 수업보다는 이를 준비하여 주는 사교육에 의존할 수밖에 없어 고등학교 교육의 정상화를 저해한다. 이렇게 시작된 수능으로 신흥 우수 고등학교가 배출되었으며 학원들이 번성하게 되었다.

교육 의도가 바람직하였다 하여도 수능은 1995년부터 학교 교육과정과 괴리가 있어 인문 계열, 예체능 계열, 자연 계열로 분리하여 시험을 출제하는 우를 범하게 된다. 즉, 수능에 출제되지 않는 과목은 학생들이 공부를 하지 않으니 학교교육이 정상화되지 않아 학교의 반발이 심하였다. 이는 앞에서도 언급한 교육과정과 교육평가가 연계되지 않을 때 교육과정에 의한 교육 내용은 교육평가의 내용으로 대체될 수밖에 없는 것이다. 이런 교육평가의 기본 원리를 무시한 수능은 많은 변화를 가져왔다.

올해로 21년을 맞이하는 수능은 부단히 변화하였다. 특히 미래 교육을 위한 방향에 의해서라기보다 정권이 요구하는 정책방향과 시대 변화에 따른 지엽적인 변화를 가져와서 적어도 열두 번의 변화가 있었다(성태제, 2014). 교육과정에 의한 변화에 따라 과목이 추가되는 경우도 있었으며, 점수의 영향력을 고려하여 문항점수를 소수점으로 하였다가 정수로 전환하였고, 그리고 점수 보고 체제도 원점수에서 백분위, 표준점수, 나아가서는 9등급제로 바꾸는 등 많은 변화를 시도하였다. 그리고 초기에는 고려하지 않았던 특성화 고등학교의 교과목도 직업탐구라는 영역으로 설정되고 추가되었다. 다시 강조하지만, 이런 변화가 우리 후손들이 앞으로 미래 사회를 준비할 학습 역량이나 인성 그리고 진로 선택 등을 도와주는 장기적인 비전과 방향 제시 없이 진행되어 왔으므로 2014년에 실시한 수능은 1994년에 실시한 시험과 아주 다른 형태의 시험이 되었다. 처음 구안되었을 때의 기본 철학을 중요시하여 수능의 성격과 특징을 고수하면서 교육과정을 거기에 맞추어 변화시키고자 하는 노력이 부족하였으며, 수능과 별도로 교육과정이 개편되었다는 것이다. 수능이 구안될 시 앞으로의 교육과정은 어떻게 전개되고 구성되는지에 대한 검토가 없었던 것과 같다. 현재 연구 중인 문이과 통합 교육과정 개정도 똑같은 우를 범하고 있다고 본다.

2009 개정교육과정이 적용되면서 교육과정의 특징은 선택과 집중이라는 명제 아래 학생들이 공부하고 싶은 교과, 그리고 본인의 진로를 위하여 과목을 선택하고 이를 집중적으로 공부할 수 있는 교육 환경을 만들기 위한 방향으로 교육과정이 성안되었다. 교육과정을 개정하면 이에 따라 교수와 학습을 할 수 있는 여건이 만들어지고 이를 바탕으로 수능을 치러야 한다. 그러나 학교 일선에서는 많은 과목을 개설할 재정 지원이나 교사 채용 등이 실질적으로 이루어지지 않아 학교가 개설한 과목 중에서 학생들이 과목을 선택할 수밖에 없어 제한된 범위 내에서의 선택에 그치고 있다.

선택과 집중의 교육과정은 이명박 정부에서 수립한 정책으로, 이를 성공적으로 진행하기 위해서는 수능이 교육과정에 근거하여야 하기에 수준별 수능이 제안되었다. 그리하여 2014년에는 언어, 수리, 외국어가 교육과정에 의한 과목명으로 국어, 수학, 영어로 검사명이 변화되었으며 수준별 교육과정에 의하여 A형과 B형의 문제가 출제되었다. 이런 출제 경향은 선택과 집중에 따라 학생들이 그들의 진로와 적성을 반영하여 국어, 수학, 영어 과목도 수준과 내용이 다른 수업을 선택한다는 것을 전제로 하였다. 자연 계열로 진출할 학생들이 고문이나 어려운 문법을 배우는 것, 그리고 인문 계열의 학생들이 그들에게 필요하지 않은 수학 영역의 어려운 내용을 공부하는 것은 부담이 되기 때문에 그 시간에 장래에 도움이 되는 다른 교과를 더 집중적으로 하라는 배려였다. 교육과정에 근거한 출제를 주장하여 영어도 수준 A, B로 구분하여 A는 실용 영어에 비중을 두고, B는 대학에 진학할 학술 영어로 구분하도록 하였다.

영어의 경우 그 구분이 모호하고 일부 대학에서는 B형을 선택한 학생에게 가산점을 주고, 가산점의 비율이 각 대학마다 달라 유·불리 문제가 일어나면서 박근혜 정부에 들어서는 영어 A형과 B형을 통합하였다. 이 변화 과정은 과학적이고 합리적이기보다는, 즉 교육과정과 어떤 연관을 지어야 하는가에 대한 논의로 이루어지기보다는 여론이나 정부의 간단한 의지에 의하여 바로 결정되었다. 그리고 한국사의 필요성에 의하여 2017학년도부터는 수능의 필수과목으로 도입되게 되었다.

수능은 시대 상황의 요구나 때로는 이익 집단의 요구에 의하여 변화되어 현재는 50개 교과목의 시험을 치루고 있다. 수능의 형태를 변화시키거나 새로운 형태의 국가 단위 시험을 구안한다면 학교 교육의 혼란과 준비가 부족할 경우 사교육비는 증가할 것이다. 그러나 미래를 내다보면서 현재와 같이 50여 개 가까이 되는 과목의 시험을 치르는 것이 바람직한지는 검토하여야 할 것이다. 교육과정을 변화하거나 교과서를 개정할 때 수능에 대한 연구를 병행하면서 학교 현장 교육의 정상화도 고려하여 수능을 개선할 때가 왔다고 생각한다.

대학수학능력시험 난이도

1994년부터 수능이 시행되면서 매년 난이도에 대한 논쟁이 거듭되어 왔다. 이를 증명이라도 하듯 어느 나라에도 없는 조어로서 '물수능' '불수능'이라는 용어를 사용하더니 '물불수능'이라는 단어까지 등장한다. '물수능'이라면 쉽게 출제되어 고득점자가 많아 수능의 영향이 낮아지고, '불수능'이라면 어려운 수능으로 수능을 준비하느라 많은 사교육비를 지불한다는 것이다. 이명박 정부는 국가 발전을 저해하는 가장 중요한 원인으로 사교육비에 주목하고 사교육비 경감을 주요 국정 과제의 하나로 삼았다. 사교육비는 저출산의 원인이 되며 사회계층 간 갈등을 유발하고 국가 경제 발전에 많은 지장을 주고 있다고 판단하였다.

가계에서 지출되는 사교육비가 과다하므로 수능 준비를 위한 학원비 지출 등을 억제하기 위해 EBS 교재 연계 출제와 다수의 만점자 정책을 제시하였다. 수능의 EBS 교재 70% 연계는 학습 내용과 범위를 제시하므로 학생들의 수능 준비가 용이하다는 것이다. EBS 교재 연계 출제는 중위권과 하위권 학생들에게 공부하면 높은 점수를 얻을 수 있다는 희망을 주어 학습동기를 유발하고, 소외 계층과

농산어촌 학생들이 방송을 통하여 양질의 강의를 들을 수 있는 긍정적인 효과를 얻고 있다. 이런 영향으로 사교육기관의 수능 준비반은 줄어들고 있으며, 특정 사교육기관의 주식이 반 토막이 되고 있는 현상이 벌어지고 있으며 많은 학원이 매물로 나오고 있다. 이런 현상을 분석할 때 EBS 연계와 쉬운 수능은 사교육비를 경감하고 있다고 주장할 수 있다.

수능 준비를 위한 과도한 학습보다는 창의체험활동이나 동아리 활동 등이 학생들의 장래를 위하여 더욱 도움이 되기에 입학사정관제 전형이나 수시 전형을 확장하고 있는 추세를 고려할 때 수능은 쉽게 출제되는 것이 바람직하다. 가장 논란이 되는 것은 '쉬운' 수능의 기준을 제시하는 것이다. 2000년에는 평균을 75점으로 제시하였고, 2011년에는 만점자 1% 수준을 제시하였다. 매년 응시과목마다 수험생 집단이 달라지고, 선택과목도 변화가 있으며, 수시 전형 확대로 수능 응시자가 줄어드는 추세에서, 75점이나 1% 수준을 적중하기란 정말 하늘의 별 따기라 할 수 있다. 이런 수치를 제시하는 것도 세계적으로 유일한 것이고, 이를 맞췄다면 이는 대단한 업적이라 아니할 수 없다.

그렇다고 막연히 쉽게 출제한다고 이야기하는 것도 구체적이지 않기 때문에 정책을 집행하는 입장에서는 보다 구체적인 안을 제시하여야 추후에 목표를 달성하였는지를 확인할 수 있을 것이다. '이번 수능은 난이도 관점에서 적중하지 못하였다.'는 비난을 한다. 이는 사실적 관점에서 비판하는 것이지 논리적이나 상식적으로 비판하여야 할 내용이 아닌 것 같다.

검사의 난이도는 수험생들의 능력에 부합하는 적정 난이도를 결정하고 그 난이도를 유지하려고 노력한다. 적정 난이도를 평균 점수나 만점자 비율로 제시하는 것이 아니라 출제하는 문제의 내용이 고등학교 교육과정의 수준에 부합하는지를 기준으로 난이도는 내용 전문가들의 판단에 의존하는 게 바람직하다. 왜냐하면 매년 응시하는 학생 수도 그리고 학생들의 능력도 다르기 때문이다. 지난번 시험 혹은 작년 시험보다 쉬운지 어려운지에 대해서는 시험을 준비한 학생들이 그 문제를 학습할 기회를 가졌다면 쉽다고 할 것이다. 전 세계적으로 치루는 TOEFL, GRE 그리고 SAT 어느 시험도 검사의 난이도를 수치로 제시하지 않고 있음을 참고하여야 한다.

제4부
대학교육과
현안

제4부

대학교육과 현안

8. 대학교육의 실제

대학교육

산업사회로 발전하면서 교육의 수요가 증대되고 보다 높은 수준의 교육이 요구된다. 특히 자본주의 사회에서는 학력과 임금이 비례하면서 필요 이상의 교육을 원하게 된다. 현재 우리나라 대학 진학률은 82%에 달하고 있다. 전 세계에서 가장 높은 대학 진학률은 자랑거리기도 하지만 산업 발전을 저해하는 요인이기도 하다. 양적으로 증대된 대학이 우리나라의 산업화 그리고 현대화에 많은 공헌을 하였음은 부인할 수 없다. 그러나 10여 년 전부터 대학교육이 이런 형태로 유지되어야 하며 이렇게 하는 것이 국가 발전에 공헌할수 있는가 하는 자성의 목소리가 높아지고 있다. 대학을 졸업해도취업할 수 없는 산업 구조, 취업이 되었다 해도 회사에서 재교육을하여야 하는 문제점, 그리고 대학 졸업생들의 높은 임금 기대 수준으로 인한 미취업 등의 문제가 산적해 있다. 대학 전공자 수와 산업계에서 필요한 인력 간의 불균형 그리고 높은 대학 진학률로 인한사교육비 증가, 그에 따른 국가적 경제 손실, 특성화 고등학교 운영의 어려움 등의 문제로 매 정부마다 이를 해결하기 위해 노력해 왔다. 뿐만 아니라 학령 인구의 감소로 앞으로 10년 후면 많은 대학이 신입생을 선발하는 데 어려움이 있을 것으로 예측한다.

이제야말로 대학교육에 대한 진지한 성찰이 필요한 시기라 할 수 있다. 대학 설립자는 물론 대학의 구성원 전체가 대학교육을 현재의 상태 그대로 진행하는 것이 바람직한가에 대한 반성이 있어야 한다. 해방 후 많은 대학이 설립되었고 설립과 동시에 학생을 모집하면 학생들이 지원하고 평범한 교수들의 강의를 받고 학생을 졸업시키는 일련의 교육 행위로 대학교육을 진행하는 것이 앞으로도 유지될 수 있는지에 대한 논의가 대학마다 절실하게 필요하다고 본다.

많은 대학이 대학교육의 질을 담보하지 못하기 때문에 국가에서는 대학평가를 실시하여 대학 지원을 차등으로 하고 있다. 이는 부실 대학은 지원을 중단하겠다는 것이다. 대학에 재정 지원을 하지 않을 경우에 학교 경영이 어려워 자연스럽게 폐쇄되는 대학도 없지 않을 것이다. 대학의 존폐도 매우 중요하지만 대학교육을 받은 사람은 그에 합당한 일을 할 수 있도록 해야 하지 않나 생각을 하게 한다. 대학을 졸업한 것이 앞으로 사회생활을 하는 데 오히려 걸림돌이 된다면 이는 대학교육을 받지 못한 것만 못하다는 결론에 도달한다. 그러므로 대학교육은 분명하게 학문적이든 실용적이든 사회의 발전을 위한 교육이어야 한다. 그러므로 교육과정도 시대 변화에 맞추어 변화되어야 하고 교육 내용은 말할 것도 없이 우수하여야 하며 교수진도 훌륭하여야 할 것이다. 대학교육의 질에 있어서 시설도 중요하지만 그보다 중요한 것은 소프트웨어로서 교육과 정과 교수의 실력이다.

대학도 국제화에 맞추어 많은 것을 개방하려고 하고 있다. 우수한 강의는 서로 공유하려 하고 우수한 강의를 통합하여 더 미래지 향적인 강의를 개설하려는 노력을 하고 있다. 이것의 일환으로 각 대학들은 사이버 강의를 자신 있게 공개한다. 한국에서 MIT 대학의 강의를 인터넷으로 수강할 수 있으며 그런 강의를 대학들이 공유할 수 있다. 대학을 가지 않더라도, 아니 대학이라는 형상물이 없어도 우수한 인터넷 강의를 통하여 얼마든지 본인의 역량을 개발하고 능력을 향상시킬 수 있기에 사이버 강의들이 인기를 끌고 있다. 그 한 예로 Kahn 아카데미를 들 수 있다. 상상이 현실화되면서 훌륭한 내용의 강의를 인터넷을 통하여, 즉 시공을 초월하여 전 세계 시민이 수강할 수 있게 되었다.

이러한 추세에서 대학교육은 명실공히 필요에 의하여 존재하여야 하고, 필요치 않을 경우에는 변화되는 수밖에 없다는 판단이다. 학문의 흐름과 전망이 있기 때문에 미래 사회를 예견하는 프로그램은 성황을 누릴 것이고 그렇지 못한 경우는 쇠퇴할 것이다. 그러므로 대학교육이 현재와 같은 인식을 가지고 운영되어서는 안 된다는 생각이다. 역사와 전통을 자랑하는 대학의 학과나 교육과정은 큰 자랑거리가 아니고 얼마만큼 변화와 발전을 하여 왔는가를 그리고 앞으로 어떻게 변화하여야 할 것인가를 보여 주는 대학교육만이 존재할 수 있을 것이다. 일상적이고 평범한 대학교육은 위기를 맞는다는 인식이 필요하다.

대학 교육과정

대학의 교육과정만큼 변화시키기 어려운 것도 없지 않다. 그 이유는 기존에 해당 교육과정을 운영하고 있는 교수진이나 관계자들이 새로운 변화에 대한 어려움과 때때로 있을 수 있는 불이익 때문에 이를 주저하거나 거부하기 때문이다. 특히 역사와 전통을 자랑하는 학과나 대학의 교육과정은 정말로 고색창연하다. 건물이 고색창연하면 운치가 있으나 교육과정이 고색창연하면 골동품 학생을 양산하는 결과를 낳는다. 박사과정의 세미나 과정이나 새로운 이론을 원로 교수가 맡는다면 그분은 분명 대단한 학자일 것이다. 그러나 대부분의 정년을 앞둔 교수들은 이수 단위가 높은 강의의 경우 원서를 강독하거나 학생들이 요약하여 발표하는 형태로 수업을 진행하는 경우가 많다. 그리고 새로 부임한 교수는 새로운 이론을 접하고도 기초 과목이나 전문 분야와 거리가 있는 교과를 담당한다. 세부 전공 분야의 강의를 개설하고자 해도 개설이 쉽지 않다. 그 이유인즉 새로운 과목이나 교육과정을 개설하고자 하면 개설 과목 수가 제한되어 있기에 다른 교과를 개설할 수 없거나, 신설 과목의 경우도 학과당 과목 수를 제한하기 때문에 다른 전공 분야를 축소하거나 다른 교수가 은퇴하여야 가능하기 때문이다. 이런 상황에서 교육과정을 개정하는 것은 용이하지 않다. 이런 사정이 대학의 특성화나 발전을 저해한다고 볼 수 있다.

미국 대학의 경우 신임교수를 초빙할 때, 어떤 분야나 전공을 발전시키려는 기본 계획에 의한다. 그러므로 전공 분야에서도 세부 전공을 명시하고, 해당 교수가 대학에 와서 가르칠 과목과 연구할 분야 그리고 이를 지원할 시설과 지원책 등이 명시되며, 연봉까지 명시된다. 그렇기 때문에 채용공고에 부합하는 신임교수가 채용되며 그 사람이 교육과정을 구성하거나 기존의 교육과정을 개정할 수 있다.

한국의 경우 이런 관점에 비추어 보면 역사가 길고 원로 교수들이 포진한 대학이나 학과의 교육과정은 고전적이며 시대에 뒤떨어질 수밖에 없다. 오히려 신생 대학의 교육과정이 새롭고 현대사회에서 필요한 교육과정과 내용으로 구성되는 경향이 있다. 오래된 대학이든 신생 대학이든 교육과정은 영원한 것이 아니고 항상 변하는 것이기 때문에 필요에 따라서 교육과정을 개선하여야 한다. 합리적으로 신속하고 보다 자유스럽게 교육과정을 운영하여야 하고, 학생들이 필요로 하는 교과목을 신설하고 교육과정을 운영하여야 한다.

연구 중심과 교육 중심 대학

대학의 특성화를 논의할 때 연구 중심 대학을 추구할 것인지 아니면 교육 중심 대학을 추구할 것인지를 결정하라 한다. 어떤 이유인지 모르나 두부 자르듯 쉽게 이분할 수 있는지 의문이다. 연구를 잘해야 연구 결과를 기반으로 교육에 충실할 수 있지 않는가 하는 의문이 있다. 외국 대학의 설립 목적이나 규모를 보면 연구 중심 대학인지 아니면 교육 중심 대학인지 쉽게 알 수 있다. 주립대학이나 유명 사립대학의 경우 석·박사 과정을 포함하고 있는 큰 대학들은 연구와 교육을 병행한다. 그러나 주립대학이라 하더라도 그 주의 외곽에 있는 대학이거나 소규모의 사립대학은 학부 중심의 대학으로 교육 중심 대학이라 할 수 있다. 예를 들어, 보든 대학(Bowdoin College)나 웨슬리 대학(Wellesley College) 등은 교육 중심 대학이라 할 수 있다.

우리나라의 대학의 경우 연구 중심 대학인지 교육 중심 대학인지를 규명하지 않더라도 일반적으로 분류할 수 있다. 석·박사 과정이 원활히 수행되는 대학은 연구 중심과 교육 중심 대학으로 병행할 수 있다. 석·박사 과정이 있는 지역 국립대학은 연구와 교육을 병행하는 대학이 될 것이고, 석·박사 과정이 운영되지 못하는 대학은 교육 중심으로 갈 수밖에 없다고 본다. 해당 대학이 연구와 교육을 병행하는 대학이 된다 하더라도 전공 분야에 따라 두 기능을 병행하는 학과나 전공이 있을 것이고, 그렇지 못하는 경우는 하나의 기능만 담당할 수밖에 없다. 즉, 시대와 환경에 따라 기능은 변화될 수밖에 없다.

대학이 두 가지 기능을 수행함에 있어 각각의 비중이 다를 수 있다. 때로는 한 기능만 수행할 수도 있다. 두 기능을 모두 수행한다고 해서 명문 대학, 한 가지 기능만 한다 해서 그렇지 않은 대학이라 평가할 수 없는 것이다. 그러므로 대학의 설립 목적이나 목표에 따라 그리고 대학 구성원의 합의에 따라 대학이 변화되고 발전할 수 있는 것이다. 외국의 대학은 각 대학의 실정에 맞게 기능을 극대화하고 있다. 교육 중심 대학은 학부생을 훌륭한 교육과정과 교육내용에 의하여 교육을 실시하고 사회로 배출한다든가 나아가 더 높은 수준의 연구를 하고자 하는 학생들에게는 대학원 진학을 유도하는 등 대학 나름대로의 목적을 수행하고 있다.

9. 대학의 현안

교수 초빙

'교육의 질은 교사의 수준을 능가하지 못한다'는 말은 교사 교육이나 교사 선발과 관련된 내용이 언급될 때마다 인용된다. 교사가 교육의 질을 좌우한다고 보는 것이다. 그렇다면 대학에서 교수 초빙은 어떠한가? 최근에 교육부에서 학령인구 감소로 대학을 구조 조정하겠다는 계획을 조만간 발표한다고 야단법석이다. 학령인구 감소 때문에 각 대학의 대학신입생 수를 줄이는 방향으로 집착하는 경향이 있다. 대학의 진정한 구조 조정은 교육의 질을 담보하여야 하고 교육의 질은 교수의 역량과 관련이 있으므로 이에 초점을 두지 않는다면 성공하기 어렵다. 뿐만 아니라 이런 형태의 구조 조정은 지역 사회, 학교 동문, 학교 구성원과 재단, 이 모두를 둘러싸고 있는 갈등이 노출되어 혼란을 야기할 것으로 예측한다.

우수한 대학이 되기 위해서는 우수한 교수를 초빙하여야 하고, 그들을 통하여 대학의 경쟁력을 높이며 그들에게 배운 학생들이 우수하게 평가받아 기업에 취업하거나 사회 발전에 공헌하게 한다면 그 대학은, 아니 그 전공은 자연스럽게 발전할 수 있다고 본다. 대학들이 정책적으로 특정 학과나 대학을 발전시킨다고 해도 교수진이 훌륭하지 않다면 이는 불가능한 것이다. 그러므로 교수 초빙은 대학의 발전을 위하여 가장 중요한 일이다.

우리나라 대학은 교수 초빙과 관련하여 경쟁적이지 못한 면이 적지 않다. 크게 두 가지 형태로 볼 수 있는데, 첫째는 해당 학과의 교수들이 영향력이 커서 그런 면이 있고, 둘째는 학교 재단이나 본부의 영향력이 큰 것이다. 첫 번째 형태의 경우 일반적으로 역사와 전통이 깊은 대학이 대부분이며 그중에 교수들의 역량이 큰 학과나 대학을 들 수 있다. 이런 경우 기존의 교수들이 보다 열린 자세로 새로운 분야 그리고 능력 있는 교수를 초빙하는 것이 바람직하나, 학연이나 지연에 집착하는 경향이 아직도 남아 있다. 특히 학연에 의하여 동일 대학 출신들이 교수의 다수를 차지하는 대학이 적지 않다. 이를 막기 위하여 교육부에서는 동일 대학 학부 출신과 타교 학부 출신들을 안배하는 규정을 마련하였으나, 이 또한 타율에 의한 규제이기에 얼마든지 피해 갈 수 있어 실효성 있는 규제가 되지 못한다. 그러므로 해당 학과 교수들이 자율과 경쟁으로 신임교수를 선발할 수 있도록 학교 본부에서 자율권을 주고 책임을 부여하여야 한다. 내부 교수들 간의 갈등이 심하다면 그런 학과나 대학은 대학이 발전할 수 있는 기본 토양을 갖추지 못하였기에 신임 교수를 충원하여 줄 필요가 없다. 이분 혹은 삼분되어 있는 학과는 분명 학연이나 지연 혹은 어떤 이익에 의하여 의견을 모을 것이고 타협을 통하여 신임교원을 초빙할 수 있다. 그렇게 초빙된 신임교원은 자유롭게 행동하기 힘들고 지지해 준 집단에 종속적일 수밖에 없어 학과의 의사결정뿐 아니라 학생 지도에도 올바른 판단을 하기 어렵게 된다. 이런 분위기를 학생들이 모를 리 없고, 특히 석·박사 과정 생들은 좋지 않은 경험을 하게 됨으로써 학문적 흥미와 동기보다는 회의와 실망을 경험하게 될 것이다. 때로는 배우고 싶은 과목을 선택하지 못하는 경우도 종종 발생하게 된다. 그러므로 전체 교수들이 동의하여 초빙 분야, 그리고 신임교수가 부임하여 할 역할, 해당 교수가 학생들에게 어떤 영향을 줄 것이며, 재학생들이 졸업 후 노동시장에서 얼마나 경쟁력을 갖출 수 있느냐 하는 부분까지도 논의하여 결정하여야 할 것이다.

두 번째 형태는 재단의 영향력이 큰 대학 중 재단이 교수 초빙에 관여하는 경우다. 그 이유야 다양하겠지만 만약 학생들보다는 학교 재단의 운영을 위하여 교수를 초빙한다면 이는 일반 회사와 다를 게 없다. 그렇게 초빙된 교수가 얼마나 실력이 있는지를 떠나서 동료 교수들과 공감대를 형성하고 학생 지도에 전념할 수 있는지 의문이 앞선다. 이런 측면에서 본다면 두 번째 형태에서 교수 초빙은 해당 대학뿐 아니라 국가 발전에 도움이 되지 않음을 인식하여야 한다. 그러므로 재단은 교수 초빙에 대하여 대학 교수들의 전문성을 존중하여 학과나 대학의 의견을 존중하여야 한다. 때로는 학과 교수들이 올바른 판단을 하지 못하였다면 재단이 이를 견제하고 거부할 수 있는 제도도 필요하다.

어떻게 되었던 교수 초빙은 해당 학과나 대학 발전의 초석이므로 최대한 자율적으로 진행하도록 하되 그에 대한 책임을 전적으로 질 수 있도록 하여야 한다. 잘못된 교수를 초빙한 학과나 대학은 지원을 줄이거나 아니면 지원하지 않는 것도 방법이다. 결국에는 그 대학이나 학과는 도태될 가능성이 높기 때문이다. 그러므로 대학 구조 조정에 교수 초빙 절차와 방법 그리고 최근 몇 년간 초빙한 교수들의 선발 과정을 평가하여 그 결과를 반영하는 것도 바람직하다고 생각한다.

대학평가

대학평가가 다양하게 진행되고 있다. 평가의 목적이 다르면 평가의 형태도 달라진다. 우리나라도 외국의 경우와 마찬가지로 한국대학교육협의회와 한국교육개발원, 언론사에 의한 평가, 협회에 의한 평가 등이 진행되고 있다. 일반적으로 대학을 평가함에 있어 일반적인 평가 요소는 대학의 설립 목적과 비전, 교육과정, 교수와 학생 그리고 직원, 시설과 재정 등을 포함한다. 대학의 특성화에 따라 다른 요소를 포함할 수 있다.

최근에 와서는 일반적인 대학평가보다는 평가의 전문성을 강조하기 위하여 연구 분야를 평가한다든지 아니면 시설을 평가하는 등 평가 분야가 보다 세분화되고 있으며, 그 세분화와 전문화된 평가를 통하여 특정 분야의 변화와 발전을 모색하고 있다. 일반적인 대학평가는 대학들을 균일화하는, 즉 평준화하는 폐해가 나타날 수 있기 때문이다.

우리나라에서 대학평가는 일반적으로 자율적인 평가보다는 타율적인 평가가 주로 진행되었다. 그러므로 제시하는 평가기준은 대학을 운영하기 위하여 요구되는 최소한의 기준으로 명시되어 그 수준 이상이면 더 발전시키지 않으려는 경향 때문에 때로는 이러한 평가가 장애 요인이 될 수 있다. 평가 결과를 등급화하여 최우수, 우수, 보통, 미흡, 매우 미흡으로 분류한다 해도, 최우수 등급을 받게 되면 그 이상 요건을 갖추거나 투자하려 하지 않는다. 그러므로 요건 기준에 맞춘 평준화의 경향마저 보이고 있다.

대학평가를 통하여 대학을 발전시키고자 한다면 이런 획일적인 평가도 중요하지만 보다 전문화되고 개별화된 대학평가가 요구된다. 그러므로 타율적인 평가보다는 자율적인 평가를 통하여 대학 구성원들이 보다 적극적이고 능동적으로 참여하고 평가 결과를 수용하여 자발적으로 대학을 발전시키는 노력을 경주하도록 하여야 한다. 외형적 평가보다는 가능한 한 내용적 평가에 치중하는 것이 바람직하다. 즉, 하드웨어보다는 소프트웨어를 강조하는 것이 대학을 발전시키는 지름길이 된다.

위스콘신 대학교 대학원에서 공부할 때의 경험이다. 내가 전공한 교육측정 분야는 교육심리학과의 한 분야인데 학과 평가를 4년 주기로 하였다. 학과 예산을 집행하여 해당 분야 전문가와 교수들을 동부, 서부 그리고 중부에서 초빙하여 2박 3일 동안 교육과정, 강의계획서, 시험지 검토, 학생과 교수 그리고 직원들과 면담을 하거나 때로는 수업에 참여하는 등 그들의 계획에 의하여 일과 시간에 자연스럽게 평가를 진행하였다. 평가단을 위하여 두꺼운 평가 보고서도 작성하지 않았고 학과 사무실이나 강의실 등의 환경 미화에도 신경을 쓰지 않았으며 그냥 있는 그대로 평가를 받았다. 평가위원들은 그들이 가져온 점검표를 가지고 질문하고 기록하면서 매우 분망하게 일정을 보냈다. 그리고 마지막 날 오후에 학과장과 전체 교수들이 모인 자리에서 평가위원이 평가한 내용을 잘 정리하여 발표하고 홀연히 떠났다. 그들이 평가한 결과는 이제부터 해당 학과 구성원의 몫이 되어 하나하나 점검하면서 반영할 것은 반영하고 장기적인 과제는 논의를 통하여 계획을 수립하는 것을 보고 부러웠다.

귀국하여 이화여자대학교에서 교수로 있으면서 대학평가를 세 번 정도 받은 경험이 있다. 교육부나 한국대학교육협의회로부터 평가편람이 오면 그 평가편람에 맞게 자체평가보고서를 쓰느라 많은 시간을 보냈다. 몇 날 며칠을 두고 수정하고 보완하며 거기다가 편집까지 아름답게 하여야 한다. 왜냐하면 평가위원들이 편하게 볼 수 있게 하여야 보다 좋은 평가 결과를 얻을 수 있기 때문이다. 평소에 가지고 있는 자료를 가지고 평가를 받는 것이 아니라 모든 자료와 현황을 수집하고 분석하는 절차를 거쳐야 한다. 때로는 자료를 조작하거나 은폐하는 경우도 없지 않았다. 평가 결과가 대학의 재정 지원과 연결되기 때문에 많은 대학이 평가를 준비하는 자세나 형태는 유사하다고 본다. 일부 평가를 준비하는 교수들 중에는 이 시간에 연구나 교재 준비를 한다면 더 바람직할 것이라 불평하는 분들도 없지 않았다. 이런 평가가 대학을 발전시키는 계기가 되었음을 부인하지 않는다. 이런 대학평가를 통하여 최소한 대학의 현황과 취약점 등을 파악하는 계기가 된 대학도 있을 것이다. 그 전에는 대학의 현황도 파악하지 못하고 있었던 대학도 있었을 터이니 말이다.

우리나라도 대학평가의 역사가 근 20년을 넘었다. 이제는 평상시에 대학을 운영하는 자연적인 형태에서 평가를 받을 수 있도록 보다 전문화된 평가를 하여야 한다. 이는 항상성을 가지고 대학을 변화시키고 그런 가운데 자연스러운 평가를 하거나 받을 수 있도록 하여야 한다는 것이다. 대학들은 대학의 현황을 쉽게 알 수 있도록 자료를 그때그때 수집·보관하고 열람이 가능하도록 하는 것이 바람직하다. 현황을 분석하거나 자료를 비치하지 않고 있다가 평가를 앞두고 자료를 수집하고 현황을 분석하는 것이 아니라 항상 보유하여야 한다는 의미다. 그리고 보이기 위한 평가, 평가를 위한 평가가 아니라, 학생들을 보다 잘 가르치기 위한 평가로서 자발적으로 학교의 발전을 위한 평가를 하여야 할 것이다. 타의에 의한 평가는 자료를 조작하거나 은폐하는 경우가 많으며 수동적인 자세가 되게 함으로써 대학의 발전을 극대화하기 어렵다.

반면, 대학의 필요에 의한 자발적인 평가는 대학의 필요에 의하여 구성원들이 보다 능동적이며 적극적으로 임할 것이고, 이런 배경에서는 자료를 은폐하거나 조작할 필요도 없으며, 객관적이고 과학적이며 체계적으로 실시한 평가 결과는 피드백하여 학교 발전의 귀중한 자료로 활용할 수 있는 것이다. 평가 결과를 가지고 단기, 중기, 장기로 학교 여건에 부합하는 발전 계획을 수립하여 학교를 변화시키거나 발전시키려고 학교 설립자나 경영자 그리고 교수, 직원, 학생들이 최선을 다할 것이다.

대학 구조 조정

대학의 구조 조정은 간단한 문제가 아니다. 종합대학에서 단과대학이나 학과를 구조 조정을 하는 것조차도 간단하지 않다. 특히 오래된 학과나 대학은 해당 학과나 대학의 교수뿐 아니라 졸업한 동문들 때문에 항상 문제가 된다. 국가 차원에서 대학의 구조 조정 역시 대학을 설립한 설립자가 있기 때문에 학교 부지, 시설 등 재산과 관련된 문제를 간단히 해결하기가 어렵다.

산업화 과정에서 인재 양성을 위하여 국가가 책임지고 대학을 설립하였다면 국립대학으로서 국가 정책에 따라 대학을 쉽게 구조 조정을 할 수 있으나 많은 대학이 사립대학이기 때문에 용이하지 않다. 이런 어려움은 대학 설립을 쉽게 인가하여 준 문교부나 교육부에 책임이 없지 않다고 본다. 대학에 설립 인가를 내주었으면 그 대학들이 발전할 수 있도록 지도·감독에 대한 책임도 져야 한다는 주장도 있고, 너무 쉽게 대학 설립을 인가하여 지금에 이르렀다는 비판도 있다. 혹자는 교육부 관료들이 대학으로 가기 위하여 많은 대학을 설립해 주었고 총장이나 학장으로 가고 있다고 비판하고 있다.

이명박 정부에서 고학력 문제 그리고 대학 신입생 감소로 인한 문제를 해결하기 위하여 과감한 대학 구조 조정 정책을 펼쳤다. 대학 설립 인가 시 준수할 의무사항의 이행 여부, 학교 운영을 위한 기본 요건에 대한 평가 등을 통하여 보다 객관적으로 진행하고자 하였다. 주관적 판단에 의한 문제를 최소화하기 위하여 지표 위주의 정량적 평가로서 취업률 등의 평가 요소를 포함하여 진행하였으나 최종으로 내린 결론은 그냥 시장에 맡기면 자연적으로 부실한 대학은 도태된다는 것이었다. 좋지 않은 대학은 학생들이 지원을 하지 않을 것이고, 그러다 보면 학과를 폐지하거나 전환하고 나중에는 폐교에 이르지 않겠느냐는 생각이었다. 정책적으로 대학을 폐지시킬 경우, 재단이나 학생과 학부형 그리고 지역 주민 등이 반발을 할 것이고, 지역사회를 대표한다는 국회의원도 반대를 불사하는 것이 일반적인 현상이다.

한국대학교육협의회 사무총장으로 일할 때의 경험이다. 동일 재단에서 여러 대학을 소유하여 학원 재벌이라 불리는 재단이 있음을 알았다. 그리 알려지지 않은 대학임에도 불구하고 의과대학과 간호대학 등 학생들이 선호하는 대학을 가지고 있었다. 의아한 것은 의과대 학생이나 간호대 학생들은 실습이 매우 중요한데 실습을 할 수 있는 병원이 없어서 다른 대학에 소속된 대학병원에서 실습을 하는 경우도 있다는 것이다. 그렇기에 학생들은 그 대학에 우선 입학하여 놓고는 나중에 다른 대학으로 편입하든가 한다는 것이다. 그런 대학이 교육과정이나 실습의 문제점 등 많은 문제가 노출되었음에도 불구하고 그 지역의 국회의원은 지역을 대표하기 위하여 대학이 존립하여야 한다는 등 이상한 논리로 대학을 옹호하고 있다는 이야기를 들었다. 그렇다고 치자. 그런데 그 대학에 입학한 학생들의 장래에 대해서는 전혀 고려하지 않는다. 개인적인 부를 축적하기 위하여 학교를 경영한다는 비판도 면치 못할 것이다. 그러므로 이런 대학들은 자연스럽게 도태되도록 지원하지 말아야 한다. 압력이나 청탁을 뿌리치지 못해서 설립이나 학과 신설을 인정하여 주고 신입생 선발 인원을 배정하여 주었으나, 교육의 질을 담보하지 못하고 나중에 발생하는 여러 문제를 해결하지 못하는 교육부도 책임이 있다고 본다.

최근에 와서 교육부에 근무한 공무원들이 퇴직 후 5년간 사립대학 총장이나 부총장, 재단 이사 등 대학 경영에 참여하지 못하게 한 것은 이유가 있다. 교육부 관료들이 대학으로 자리를 옮겨 지원금을 받아 오는 등 오히려 대학 구조 조정에 걸림돌이 되었기 때문이라는 주장을 반박하기 어렵다. 모 지방 대학의 경우 퇴직 관료들을 국장이나 부총장으로 영입하여 대학을 외형적으로 확장시키고 여러 지원을 받은 경우가 적지 않다. 그런 면에서 교육부 퇴직 관료들이 대학 경영에 참여하지 못하게 한 것은 잘한 일이라 할 수 있으나, 반대로 학교 경영에 대한 전문적 행정 경험을 실제로 대학 경영에 공헌할 수 있는 기회를 박탈할 수도 있다는 점을 간과해서는 안 된다. 이런 문제는 대학에 지원할 경우 보다 공정하게 한다면 그런 결과가 나타나지 않을 것이고 오해도 불식할 수 있다. 문제는 부실한 대학일수록 퇴직하는 고위 공무원을 모셔 가려 하고, 그들은 해당 대학이 내적으로 발전하도록 하기보다는 대학을 연명하게 하고 근속 기간을 연장시키려는데만 관심을 쏟는 경향이 있기 때문이다.

결론적으로 대학의 구조 조정이나 개혁은 대학에 맡기고 시장 논리에 의하여 진행되도록 하는 것이 바람직하다. 교수 충원에서부터 교육과정 개선, 시설 투자 등이 학교의 자구책에 의하여 이루어지고, 학생들이 선택하는 대학은 발전하고 그렇지 못한 대학은 도태되도록 하는 것이 합리적이다. 지금 정부에서 추진하고 있는 방향으로 모든 대학에서 일정 비율의 신입생을 줄이는 방법은 대학을 더욱 복잡하게 만들 수밖에 없다. 학생들을 위하여 교육의 질을 높이는 방향으로 구조 조정이 되지 않는다면 아무 소용이 없고, 불필요한 인력을 양산할 뿐이다. 그러므로 교수나 교육과정 그리고 시설 등이 부실한 대학은 도태되고, 우수한 대학에서 많은 학생이 학업에 집중할 수 있도록 하여야 한다. 지역 안배의 특성으로 논한다 해도 모든 지역에 대학이 있을 필요가 없다. 지역 거점 대학이나 지역 특성에 맞는 대학들이 경쟁을 통하여 발전하도록 하여야 한다.

대학 경영이 어려운 사립대학들의 경우 재단으로부터 학교를 매각하거나 폐교하기를 원하는 경우도 없지 않다. 이런 경우에는 사유재산을 처분할 수 있는 퇴출 경로를 합리적 방법으로 구안할 필요가 있다. 교육적 재산이기 때문에 여러 제약을 둘 수 있으나 이를 강조하는 것보다는 명분과 실리를 주어 결단을 내리는 데 장애가 되지 않도록 하는 것이 바람직하다. 부실대학을 퇴출시켜 정원을 줄이는 방법이 대학교육의 질을 향상시키는 것이지 모든 대학의 입학정원을 일률적으로 줄이는 대학 구조 조정은 학령인구 감소로 인한 대학들의 문제점을 소극적으로 대처하는 것이고 결과적으로는 우리나라 대학들을 더욱 부실하게 만드는 미봉책이며 잘못된 정책이라 단언한다. 다시 강조하지만 경쟁력을 갖추지 못한 대학들은 스스로 학교 문을 닫을 수 있게 해 주는 것이 가장 바람직한 방법이다.

대학총장 선거

총장 선거 때마다 홍역을 치르는 것이 대한민국의 대학이다. 총장 선거를 치를 때마다 초등학교 동창, 중·고등학교 동창, 나아가 별 인연이 다 동원되는 것이 사실이다. 이런 과정에서 대학은 사분 오열이 되고 친했던 동료 교수들이 껄끄러운 사이로 변하고 이어 논공행상이 이루어진다. 특히 교수 수가 많지 않은 대학들은 정말 내홍이 만만하지 않다. 이를 피하기 위하여 국립대학들은 총장 간 선제를 실시하고 있다. 사립대학들도 이런 폐단을 방지하기 위하여 대학마다 다양한 방법을 강구하고 있으나 잡음이 끊이지 않고 있다. 이런 문제를 근본적으로 해결하기 위해서는 왜 그런 일이 일어나는지에 대한 원인을 분석하여야 한다. 총장이 되고자 하는 이유는, 첫째, 많은 권한이 부여되기 때문이다. 둘째, 대학 총장에 대한 사회적 대접 때문이다. 그러므로 대학 총장의 권한을 가능한 한 학장이나 학과장에게 위임하여야 하고 대학 경영의 발전을 위한 부분에 대한 책임을 엄격하게 묻는 것이 바람직하다.

대학총장이 갖는 막강한 권한 중 하나는 인사권이다. 그러므로 총장 선거를 치르는 동안 협상용으로 중요 보직 자리가 남용된다고 한다. 우스갯소리로 총장 선거가 끝나면 교무처장 자리 몇 개가 부도가 난다고 한다. 총장 임기는 일반적으로 4년이며 처장 임기는 2년이기 때문에 두 사람 정도만 해당 부처의 처장이 될 수 있다. 만약 7개 단과대학이 있는 대학의 경우 각 단과대학의 교수마다 교무처장을 시켜 줄 터이니 나를 지원해 달라 하였다면, 다섯 명에게 한 약속은 부도가 되는 것이다. 이런 과정에서 신임 총장에 대한 신뢰는 무너지게 될 뿐 아니라 학교 경영에 그들이 오히려 걸림돌이 된다. 총장이 된 후 중요 보직자는 개인적으로 총장이 되는 데 공헌을 한 교수들을 임명하게 될 것이고, 다른 후보자나 그를 지지한 교수들과는 적대 관계로 이어져 소송이나 음해로 얼룩지고 있는 것이 우리나라 총장 선거의 폐해다.

더 문제가 되는 것은 전임 총장과의 관계가 학교 경영의 방향과 발전에 영향을 준다는 것이다. 전임 총장이 지원하여 총장이 된 경우는 전임자의 사업이나 학교 경영 철학을 유지·발전시키지만, 반대의 경우는 전임 총장이 임기 중에 실시한 사업이나 결과를 모두 뒤집거나 변경하는 경우가 허다하고 진행 중인 사업을 중단하는 것이 다반사다. 그렇게 되면 그 피해는 학생들과 교직원에게 돌아갈 수밖에 없다. 이로 인한 손실은 경제적으로는 물론 구성원 간의 유대 관계에서도 학교 발전을 크게 저해한다. 전임 총장의 지원을 받은 후임 총장인 경우라도 전임 총장의 색깔을 지우기 위하여 고의적으로 정책을 수정하거나 비하하는 일들도 있어 대학 총장 선거와 그 후의 일들이 정치권 못지않은 구태를 보이는 경우가 적지 않다.

총장 선거가 끝나고 그 후유증을 앓지 않기 위해서 대학 구성원들은 본연의 임무에 충실하고 미국처럼 총장추천위원회를 구성하여 전문적이고 체계적이며 객관적으로 총장을 선출하여야 한다. 이렇게 한다면 교수들은 연구와 교수에, 그리고 행정직들은 행정에서 전문성을 고양할 수 있다. 대학총장은 우리가 선출하여야 한다는 주인의식, 특별한 집단의식과 이기주의는 대학총장 선거의 많은 문제를 낳는다. 총장선출위원회를 보다 객관적 인사들로 구성해서 그들의 전문적이고 자율적인 의견이 반영되도록 하고, 새로 추대된 총장의 업적을 객관적으로 평가하는 장치를 마련하여 능력 있는 총장을 초빙하고 그들이 자신의 능력을 최대한 발휘하도록 하는 환경을 만들어야 한다. 그리고 발휘한 능력이 공개되고 평가되어 다른 대학에서 초빙할 수 있는지의 여부도 판단할 수 있는 자료로 사용될 수 있도록 하여야 한다. 이런 자료를 근거로 우수한 총장은 더 좋은 대학에서 고액의 연봉으로 초빙할 수 있도록 하고, 기대에 미치지 못하는 총장은 물러나거나 다른 대학으로 가게 하는 그런 순환적 환경을 만드는 것이 바람직할 것이다.

대학총장과 보직자 임기

대학총장의 임기는 일반적으로 4년이고 보직자들의 임기는 2년이다. 대학에 따라서는 보직자들의 임기를 두지 않고 총장이 결정하는 경우도 있다. 임기를 두든 아니면 총장의 권한에 의하든 장단점이 있으나, 보직자들이 교수들이기 때문에 수업과 연구를 하여야 하고 학생들을 위하여 계획을 수립할 수 있도록 임기제를 하는 것이 바람직하다. 검토할 것은 보직자의 임기를 2년으로 하는 데는 여러 가지 문제가 있다는 점이다. 임기 첫해는 업무를 파악하는 데 주안점을 두고 나서 겨우 이해하고 숙지하게 되면 임기를 마치게 된다. 그리고 다른 보직자가 임명되어 그 업무를 인수하고 이해할 즈음 또 임기를 마친다. 즉, 임기 중에 잘못된 것이나 개선할 점에 대한 작업을 하기가 용이하지 않다. 후임자가 부임하여 전임자의 업무를 잘 인수인계한다고 해도 2년 동안 새로 경험하는 업무를 개선하거나 변화시키는 것은 용이하지 않다. 그러므로 보직자 임기를 3년으로 하는 것이 바람직하다. 3년을 할 경우 첫해는 업무를 숙지하고 두 번째 해는 개선하면서 3년 차에 정착시키고 이임을 준비하는 것이 바람직하다 본다. 이렇게 하면 해당 업무에 대한 전문성을 발휘할 수 있고 학교 현안을 해결하고 발전시킬 수 있을 것이다.

보직자의 임기를 3년으로 할 경우 총장의 임기는 6년이 바람직하다. 일반적으로 총장과 보직자의 임기가 연동되어야 하며, 새로운 총장이 그의 경영 철학에 맞는 보직자들과 협력하여 일할 수 있도록 하는 것이 바람직하기 때문에 6년 동안 3년 임기의 보직자들과 함께 일할 수 있고 필요에 따라서는 연임할 수 있도록 하는 것도 바람직하다. 염려되는 것은 교수가 6년을 학교 행정에 임하게 될 때 연구 능력이나 새로운 이론을 접하는 데 어려운 점이 없지 않나 하는 우려가 있다. 그러나 보직자라 하더라도 최소한의 강의를 하고 개인의 학문적 탐구 의욕에 의하여 연구를 병행한다면 그런 문제를 최대한 줄일 수 있다고 본다. 또한 6년 정도의 임기이어야 대학의 장기적 발전 계획을 수립하여 집행하고 그 결과를 분석하여 대학의 변화와 발전에 기여할 수 있다고 본다.

대학 국제화

학문은 지역이나 문화를 초월할 수밖에 없다. 특히 현대화와 세계화를 추구하는 글로벌 시대에서 지역에 국한되고 문화에 구속되는 학문은 그 지역이나 문화에서 번성할 수 있어도 새로운 문화나 경제, 사회 그리고 문학이나 예술을 창조할 수 없다. 그래서 모든 국가는 경제, 사회, 문화, 그리고 교육을 세계화하려고 노력한다. 교육마저도 개방하여 세계를 향한 교육을 추구하고 현지의 교육기관이 이를 수행하기 어려울 경우는 외국의 학교도 수입하자는 주장이 일고 있다.

대학의 국제화는 어제, 오늘의 일이 아니다. 김영삼 정부가 들어서면서부터 국제화를 주창하여 국제 대학원을 설립하는 등 일련의 일들을 실행하였다. 그 영향으로 국제 대학원은 물론 학부에 국제학부를 만들어 신입생을 선발하고 있다. 국제 대학원이나 국제학부가 추구하는 것이 무엇인가에 따라, 어떤 내용을 다루고 있는가에 따라 국제 대학원이나 국제학부의 특성을 규명할 수 있다. 국제 대학원이나 국제학부에 대하여 먼저 언급한 이유는 오래전부터 국제화의 중요성을 강조하였다는 사실을 말하고자 함이다. 20년 전에 중시한 국제화는 국제 대학원과 국제학부를 신설하는 데 일조하였으나, 현재 그 대학원과 학부가 어느 분야에서 국제화가 되어 있는지는 모호한 상황이다. 국제화도 분야별로 전문화하여야 하는 당위성에 비추어 보다 분야별로 전문화시켜 국제 교류를 활성화시켰어야 한다는 주장이다.

대학의 국제화는 인적 교류와 교육 내용의 교류라 할 수 있다. 인적 교류로는 한국 학생들이 외국 대학으로 유학 가는 경우와 외국 학생들이 국내 대학으로 유학 오는 경우를 들 수 있다. 한국의 학생들이 외국의 유명 대학으로 유학을 가는 이유는 다양하다. 보다 국제적으로 유명한 대학에서 우수한 교수에게 더 좋은 강의를 듣고 실력을 배양하여 국제 무대에서 활동하고 싶은 것이 가장 중요한 이유라고 본다. 외국의 유명 대학들도 본국의 학생들뿐 아니라 세계에 흩어져 있는 인재들을 모집하여 우수한 교육을 시켜 인류의 발전에 공헌할 수 있는 인재를 양성함으로써 해당 대학의 평판을 세계적으로 높이고 우수 대학으로 유지하며 더욱 발전하고자 한다. 그렇기 때문에 미국의 유명 대학의 입학사정관들이 국내 과학 고등학교나 외국어 고등학교 등의 특목고를 방문하여 우수한 고등학생들을 해당 대학으로 보내 달라는 요청을 하고 있으며, 한국 고등학교 교장들의 추천을 확대하고 있는 추세다. 대학원은 대학원대로 우수한 프로그램을 개발하여 우수한 대학원생을 그리고 학부는 전 세계에 흩어져 있는 인재를 유입하고자 하는 노력을 하고 있다.

최근 들어 한국 문화의 우수성과 경제 발전의 한 모형으로 외국에서 한국에 대한 관심이 높아지고 있다. 개발도상국이나 동아시아 국가들이 한국에 대한 관심이 높아져서 국비 유학생들을 한국으로 보내고 있다. 나아가 개인적으로 한국의 대학으로 유학을 오는 외국 학생들이 늘고 있는 추세다. 그 일환으로 한국과 중국, 그리고 일본이 학생들을 상호 교류하고 학위 과정도 공유하는 '캠퍼스 아시아'라는 프로젝트를 고안하여 협의하고 있다. 물론 국가마다 다소 다른 이해관계에서 진행되었으나 일단 3개국을 시작으로 아시아권에서 교육을 공유하고 우수한 아시아인을 양성하고자 하는 노력이 경주되고 있다. 즉, 국경 없는 교육(Education without Borders)이 일반화되는 추세이기 때문에 대학의 국제화는 필연적일 수밖에 없다.

대학교육에서 중요한 부분은 교육 내용이 아니라 할 수 없다. 우수한 강의는 시공을 초월하여 어느 지역에서도 강의를 수강할 수 있게 되었다. 사이버 강의가 그 대표적 예이며, 미국의 Princeton 대학이나 MIT 대학에서는 대학의 강의를 전 세계에서 수강할 수 있게 하고 있으며 국내 대학들도 인터넷이나 다른 매체를 통하여 강의를 실시하고 있다. 그러므로 국제화는 필연적인 것이고 더 확산될수록 바람직하다고 판단한다. 교육부도 정부 차원에서 대학들이 국제 교류를 원활히 할 수 있도록 정책적·제도적 지원을 강화하여야 하고 보다 적극적인 자세로 임하여야 할 것이다.

제5부
교육의 형평성과
다양화

제5부

교육의 형평성과 다양화

10. 교육의 형평성과 복지

교육 복지

우리나라의 모든 국민은 국민의 한 사람으로서 의무교육을 받을 권리가 보장되어 있다. 현재는 중학교까지 의무교육이지만 실질적으로는 대다수의 학생이 고등학교 교육을 받고 있다. 대학 진학률이 82%에 이르고 있어 거의 대부분의 학생이 고등학교까지 진학하고 있다고 보아야 한다. 이런 공교육의 영향이 큼에도 불구하고 교육의 소외 지역이 있기 마련이다. 교육을 하는 환경도 다르고 학생들의 가정의 경제적 배경이 매우 다양하기 때문에 소외계층이 있을 수밖에 없다. 이런 소외계층을 위한 여러 가지 방안 중의 하나로 외국에서는 바우처 제도 등을 시행하고 있으며 교육 복지를 늘려야 한다는 주장이 대두되고 있다.

농어촌 지역, 다문화 가정, 조손 가정, 탈북 학생 등이 교육 복지에서 소외된 집단이라 할 수 있다. 정부에서는 농어촌 지역 활성화를 위하여 소규모 학교에 많은 투자를 하여 대도시의 대규모 학교보다 시설 등 교육 환경이 우수한 곳도 없지 않다. 다문화 가정 학생의 경우 농어촌 지역에 거주하는 경우와 시 근교의 노동자의 자연인 경우도 있으며, 탈북 학생의 경우 농어촌보다는 대도시에 거주하는 경우가 많다. 농어촌 가정과 다문화 가정을 복합적으로 고려한다면 이들에 대한 세심한 교육 정책이 필요하다. 탈북 학생의 경우도 마찬가지로 남한과 북한의 이념의 차이를 넘어 생활과 문화의 차이를 극복할 수 있는 보다 적극적인 정책이 필요하다.

다문화 가정의 학생에게는 언어 발달을 유도하고 기초학력을 보장할 수 있는 정책을 강력히 추진하여야 한다. 엄마가 외국인인 관계로 언어 발달이 늦어짐으로써 기본 교과에 대한 이해 부족 등의 연쇄적 학습 부진을 가져올 수 있기 때문에 한국어 교육을 강화하는 한편 그들을 위한 보정 혹은 보충 수업이 필요하고, 그들이 한 사람의 한국인으로 성장할 수 있도록 세심한 지원이 필요하다. 즉, 상급 학교 진학이나 사회 진출을 위하여 필요로 하는 기본 능력을 배양해야 한다. 앞에서 언급한 언어 능력은 물론 기본적인 수리 능력, 그리고 과학이나 민주시민으로 갖추어야 할 사회탐구 능력 등도 경시하여서는 안 된다. 이런 기본 능력이 부족하고 학습 결손이 누적될 때 상위 학습을 습득하는 데 장애를 가져오게 되어 학습 부진 학생이 되기 쉽고, 나아가 사회 진출에 불리해질 것이다.

이상에서 열거한 학생들에 대해 교육 복지 차원에서 특별한 배려가 이루어지지 않는다면 이들은 사회에 적응하지 못하게 될 수 있다. 이는 국가를 구성하는 국민으로서 매우 불행한 일이므로 그들이 행복한 국민이 될 수 있도록 특별한 지원이 필요하다. 그들에게 한국어와 한국 문화만을 강요할 것이 아니라 어머니 나라의 언어나 문화도 학습할 수 있는 기회를 부여하여 아버지 나라와 어머니 나라의 언어와 문화를 모두 습득하게 한다면 더 우수한 인재로 양성할 수 있다고 본다.

탈북 학생의 경우 북한에서의 교육과 남한에서의 교육에 괴리가 있으므로 이 격차를 최대한 줄일 수 있는 노력을 강구하여야 하고, 사회주의에서 무의식적으로 체득된 의식을 자본주의와 자유주의에 대한 의식으로 전환할 수 있도록 해 주어야 한다. 그리고 그들이 겪는 외로움이나 향수 그리고 다른 가치관에 대한 교육 등도 필요하다고 본다.

학습 부진아 교육

학습 부진이란 단어가 주는 인상은 긍정적이지 않다. 그렇다고 부정적으로만 생각할 단어도 아니다. 학습을 한다고 누구나 목표에 도달하는 것은 아니다. 모든 사람이 완전학습을 한다면 교육이라는 것이 그렇게 복잡할 필요가 없다. 인간은 각기 다른 개성을 지니고 태어나고, 다른 환경에서 성장하면서 겪는 경험은 인간을 매우 다양하게 한다. 새로운 내용을 배울 때 내용에 따라 바로 이해하는 사람과 한참 후에 그것도 어렵게 이해하는 사람이 있을 것이고 때로는 이해를 하지 못하는 사람도 있을 것이다. 후자를 학습 부진이라 한다.

학습 부진은 기본 정신 능력의 차이에 기인할 수 있으며, 학습의 기회를 자주 갖지 못해 생기는 경우도 있다. 최근에 와서는 정신질환이나 특정 질병에 의하여 학생들이 학업을 제대로 못하는 경우가 많이 밝혀지고 있다. 예를 들어, 집중력 결여, 과잉충동이나 우울증 그리고 틱 현상 등을 들 수 있다. 다른 한편으로 경제 문화적 이유에서 교육 내용과 관련된 학습 기회를 갖지 못해서 발생하는 경우도 있다. 공간력의 경우 레고나 조각을 가지고 학습을 하지 못한 학생들에게 공간적 상상력은 낮을 수밖에 없다. 능력의 차이는 유전적 요인에 의해서도 발생하지만, 인간이 겪는 경험도 원인이 된다. 그 경험이 축적되어 자아 개념 형성에 영향을 준다. 이를 테면 '나는 수학을 못하지만 국어는 잘하는 사람' 등으로 자기를 인식하게 된다.

긍정적이든 부정적이든 자아 인식은 중요하기 때문에 학습 상황에서 학습 부진의 문제는 가능한 한 해결하여야 한다. 학생들이 학습 부진과 그 원인에 대하여 명확히 이해할 수 있도록 하여야 하는 것이다. 학생의 학업성취도가 학습 부진을 규명하는 준거에 미치지 못해서 학습 부진이 되었다는 일반적인 정의가 아니라, 구체적으로 준거점수는 얼마인데 학생이 획득한 점수는 얼마라서 그리고 더 자세하게 어느 영역을 잘 알지 못해서 그런 결과가 나타났는지를 이해할 수 있게 설명하여 주어야 한다. 그래야 학생이 어떤 내용에서 학습 부진이 되었는지를 인지하고 학습 부진을 면하기 위하여 노력할 수 있다. 학습 부진의 이유가 교육과정과 교수·학습 방법에 있다면 이는 보다 종합적인 차원에서 해결하여야 하고, 개인 수준에서 이유가 있다면 그 이유를 밝혀 문제를 해결하여야 한다.

학업성취도 평가에서는 학습 부진이라는 용어보다 기초학력 미달이란 용어를 사용한다. 즉, 기본적으로 소유하여야 할 기초학력을 평가하는 준거를 만들어 놓고 그 준거에 도달하지 못하였을 경우 이를 기초학력 미달이라 한다. 기초학력 미달이란 용어가 보다 객관적이고 과학적이기에 초등학교나 중·고등학교의 주요 교과에서 기초학력 미달 학생을 줄이려는 노력을 하고 있다.

국가수준 학업성취도 평가를 통하여 나타난 지난 7년간의 기초학력 미달 학생 비율을 나타내면 [그림 5-1]과 같다(교육부, 2014; 김동영 외, 2013).

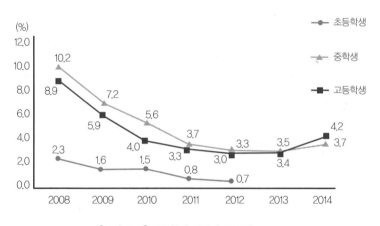

[그림 5-1] 기초학력 미달 학생 비율

2008년부터 2012년까지 고등학생의 경우 기초학력 미달 학생의 비율이 8.9%에서 3.0%로 지속적으로 감소하다가 2013년부터 2014년까지 3.4%, 4.2%로 다시 증가하였으며, 중학생의 경우 역시 2013년까지 10.2%에서 3.3%로 감소하다가 2014년에 3.7%로 다시 증가하는 추세를 보였다. 그리고 초등학교의 경우 2.3%에서 0.7%로 감소하였을 뿐만 아니라 도농 간 학력 격차도 감소하였다고 보고하고 있다.

'학습 부진'과 '기초학력 미달'이라는 이 두 용어를 직접적 동의어로 간주할 수 없다고 하여도, 이는 학습의 누적 결손을 유발하는 원인이 된다. 그러므로 학습 부진이 나타나지 않도록 하여야 하고 기초학력 미달을 최대한 줄이기 위한 노력을 정부, 지역사회, 학교, 교사, 그리고 학부모 모두가 하여야 한다.

뇌기반 교육

인간은 생각하는 동물이라 했다. 그래서 머리로 생각한다. 머리로만 생각하는 교육은 너무 이성적이고 지엽적이기에 몸과 마음으로도 생각하는 교육이 필요하다는 주장에 동의한다. 현대의 교육은 너무도 뇌에 의존하여 사람 냄새가 덜 난다는 비판을 부정하지 않는다. 몸과 마음 그리고 머리로 하는 교육을 통합하여 학생들이 교육을 받아야 한다는 주장도 하고 싶다. 오감을 통해서 받아들여지는 정보도 결국은 뇌에서 작동하기 때문에 뇌는 인간에서 매우 중요한 부분이다.

뇌에 대한 연구는 심리학자들에 의하여 시작되었으나 생리학자들도 관심이 많으며 최근에는 신경생리학 분야가 발전하고 있다. 행동주의이론에서 인지심리학으로 전환되면서 뇌에 대한 연구는 급속도로 발전하고 있으며, 뇌를 통하여 학습하는 경로에 대한 연구 등은 새로운 연구 영역으로 확장되고 있다. 학습 부진에서도 언급한 것처럼 모든 영역에서 학습 부진이 나타나는 것은 어떤 문제가 있다고 판단한다. 학습 부진의 원인이 무엇인지, 사고의 경로가 독특한 것인지, 뇌의 구조가 정상인과 다른 것인지에 대한 연구가 필요하다.

예전에는 학습 부진 학생들이 항상 떠들고 산만하며 뭔가 불만이 가득 차고 반항하는 경향을 보이기에 정서적으로 결함이 있는 학생으로 분류하였다. 정서란 표현은 일반적이고 매우 포괄적인 용어로서, 안정적이지 않은 심리 상태를 정서 불안이라고 한다. 정서에는 동기, 불안, 학습 흥미, 그리고 주의결핍 등의 모든 심리 상태가 포함된다. 동기, 불안, 학습 흥미 등은 상황에 따른 한시적 특성이라 말할 수 있으며, 내용과 상황에 따라 다를 수 있다.

현대에 와서 나타나는 비정상적인 활동으로 주의결핍, 과잉행동, 우울증을 나타내는 학생들이 증가하고 있다. 그 원인이 핵가족 제도와 맞벌이로 인한 보호 결핍 때문에 나타난다는 일설도 있으나 근거자료는 부족하다. 이런 학생들은 주의력결핍 및 과잉행동장애(Attention Deficit Hyperactivity Disorder: ADHD)를 겪고 있다. 정서장애라고 통칭하기보다 그 특징을 구조화하여 지칭할 수 있도록 이런 용어를 사용하고 있다. 이것은 하나의 행동 패턴에 의하여 나타나는 많은 증상을 묶어 분류한 용어라고 본다. ADHD가 의학 용어이고 교육 용어가 아니라고 하는 게 중요한 것이 아니라 ADHD에 대한 연구는 의학적으로 그리고 교육적으로도 진행하여야 한다.

현대사회에 접어들면서 증가하고 있는 ADHD에 대한 연구와 치료가 이루어지지 않는다면 이는 교육에 걸림돌이 되고 나아가 사회 문제를 야기할 수 있다. ADHD가 지속되면 이들 가정에 어려움을 줄 뿐아니라 이들의 사회 진출이 불가능하여 개인뿐 아니라 가정 그리고 사회와 국가 발전에 어려움을 줄 수 있다. 그렇기 때문에 이 문제를 해결하기 위하여 국가가 나서야 한다. ADHD 학생들을 약물로써 치료하고자 하는 노력을 하고 있으나 이는 결과적으로 학생을 피폐하게 할 뿐이기 때문에 보다 과학적으로 접근하여 근본적인 문제를 해결하여야 한다. 이 문제를 근본적으로 해결하기 위하여 뇌 연구를 국가 차원에서 강화하여야 한다. 뇌를 기반으로 이들이 어떻게 학습을 하는가 하는 학습 경로를 추적하여야 하고, 나아가서는 특정 유형의 학생들의 학습 경로를 분석하여야 한다. 이런 과정을 통하여 뇌의 구조를 정밀하게 들여다 볼 수 있게 되고 추후에는 뇌의 손상에 대한 치료 그리고 뇌의 변화를 유도하는 치료 프로그램을 개발할 수 있다.

뇌는 인간이 정복할 수 있는 최후의 보루라는 말도 있을 만큼 어려운 과제이니 국가 차원에서 서둘러야 한다. 뇌에 대한 연구는 한 분야의 전문가에게 전적으로 맡길 영역이 아니라 뇌과학, 심리학, 신경생리학, 뇌 영상학, 교육학, 특수교육학, 상담학 등 관련 전문가들과 교사, 학생, 학부모가 모두 참여하여 협력하는 연구로 진행되어야 할 것이다.

다문화 교육

장한업(2014)은 우리나라에 외국인이 유입하게 된 과정을 다음과 같이 설명하고 있다.

우리나라가 외국인을 받아들이게 된 것은 1960년대 산업화, 1980년대 민주화, 2000년대 저출산 및 고령화와 관련이 있다.

1960년대 초반부터 1970년대 후반까지 대도시 주변의 공단에서 일할 인력이 필요하였기에 농촌 여성들이 취업하였으며, 1980년대 민주화로 인한 여권 신장과 임금 인상 등으로 해외의 노동자들이 한국으로 취업을 하게 되었다. 농촌 여성의 부재로 인한 노인 부양과 농촌 노총각의 문제로 1990년 중반부터 한·중 수교로 중국인과의 결혼이 가속화되다가 베트남, 필리핀, 일본, 캄보디아로 확대되었다.

다문화 교육에 대한 논의가 세계화나 국제화와 맞물려 시작된 것이 아니라, 국제결혼으로 인해 출생한 자녀들의 학교생활 적응과 교육이 필요하다 보니 다문화 교육에 대하여 관심을 갖게 된 것이라 할 수 있다. 미국이나 유럽의 경우 경제 활성화와 노동력 증진의 차원에서 이민을 권장하였고, 이렇다 보니 다양한 인종과 국적의 사람들이 공동으로 생활함으로써 다문화 교육은 자연스럽게 이행되었다. 미국의 경우 1494년에 콜럼버스가 아메리카 대륙을 발견한 후 백인들이 거주하면서 많은 이주민들이 정착하여 만든 국가다. 인디언이 원주민이었으나 세계 각지에서 모인 다양한 인종이 공존하기 위하여 서로의 문화를 이해하면서 국가의 공동선과 국가의 목표를 달성하기 위하여 공동으로 노력하였다. 물론 초기에는 원주민과 백인들 간의 갈등, 이민을 와서 정착한 유럽인과 추후에 이민을 온 동양인 등의 갈등이 없지 않았다. 얼마 전까지도 흑백 갈등, LA 폭동 등과 같은 갈등이 있었다. 그러나 다양한 인종 및 종족이 공존하기 위하여 서로의 인권과 문화, 관습을 유지하면서 보다 나은 삶을 유지하고자 노력하고 있다.

스웨덴 같은 나라는 일찍이 다른 지역이나 인종들의 이민을 적극적으로 수용하여 이민자들의 언어와 문화를 그대로 수용하고, 이중 언어 사용을 적극 권장하며, 외국의 문화마저 수용하는 적극적 자세를 취하였다. 뿐만 아니라 기업의 생산성을 높이기 위하여 노동 관계도 형성하도록 하였다. 오스트레일리아도 이민 정책을 적극적으로 실행하여 다양한 문화를 수용하는 자세를 취하고 있다. 이렇듯 다른 인종과 민족 그리고 문화에 대한 적극적 수용의 특징을 레이건(Ronald Regan) 대통령 취임사에서 알 수 있다. 그는 취임사에서 미국이야말로 인류의 가장 훌륭한 국가임을 강조하면서, 어디에서 오든 어느 민족이 오든 미국으로 이민 온 사람은 모두 미국인이 될 수 있다고 강조하였다. 그러나 미국인이 일본에 간다고 해서 일본인이 되지 않는다. 그러므로 모두 미국인임을 자랑스럽게 알아야 한다고 연설하였다. 이는 어디서 무엇을 하고 어떻게 왔건 가리지 않고 용광로에 녹여 새로운 물건과 문화를 만들어 낸다는 의미를 갖는다.

우리나라도 이제는 다른 문화에 대한 이해와 존중, 그리고 그 문화를 후손에게 가르칠 의무를 가져야 한다. 특히 농어촌에서 외국인과 결혼하여 출생한 후세들이 훌륭한 한국인으로 성장할 수 있도록 하여야 한다. 그렇게 하기 위해서는 단일 민족, 배달 민족, 그리고 백의 민족이란 과거의 집착에서 벗어나서 다양한 문화, 다양한 관습, 다양한 언어 등을 수용하고 그에 대한 주체성을 인정하여야 한다. 그러므로 출생한 자녀가 어머니나 아버지 나라의 언어, 문화, 관습 등을 자랑스럽게 받아들이고 습득할 수 있도록 하여, 최소한 두 나라의 언어, 문화, 풍습 등을 학습할 수 있는 기회를 제공하여야 한다. 뿐만 아니라 이런 기회를 통하여 주변의 학생들도 다른 나라의 문화, 예술, 습관 등을 자연스럽게 습득할 수 있도록 하여야 한다.

다문화 가정의 자녀들에게 교육적으로 중요한 것도 한국인으로써 성장할 수 있도록 기초학습능력을 키워 주는 일이다. 기초학습능력의 부재는 학습결손의 누적을 초래하여 상위 학습의 장애가 될 수 있으며 이는 사회 진출의 어려움으로 전개되어 사회 부적응으로 인한 빈곤 계층이나 사회 범죄자가 되게 한다. 그러므로 다문화 학생들에게는 기초학습 능력에 대한 적극적인 학습이 요구된다. 특히 쓰기, 말하기, 셈하기를 철저하게 학습시켜야 하며 국가의 의무교육을 성공적으로 마칠 수 있도록 국가가 책임을 져야 한다고 본다. 생활인이 되기 위한 기본 능력을 함양하고 그에 기초하고 부모 나라의 언어, 문화, 풍습 등을 풍부하게 습득한다면 그들은 세계로 진출할 수 있는 인재가 될 수 있다고 본다.

탈북 학생 교육

탈북 학생의 정의와 범위는 다양할 수 있다. 탈북 학생이란 북한에 거주하다 현재 대한민국에서 교육을 받는 학생으로 규정한다. 탈북 학생들을 위한 교육은 초등교육, 중등교육 그리고 대학교육으로 분류할 수 있다. 그들이 공통적으로 당면하는 문제는 정치, 경제, 사회, 문화가 다른 상황에 적응하는 것이다. 일단 북한에서 배운 정치, 경제, 사회, 문화, 나아가서는 교육 환경과 교육 내용까지 다르기 때문에 그들이 습득한 지식, 인식, 가치관 등을 어떻게 다른 사회에서 변화시켜 적응할 수 있도록 하느냐가 관건이다.

초등학생의 경우 대한민국이나 민주사회에서 공부할 수 있는 기초학력 보장이 우선되어야 할 것이다. 교육과정과 내용이 다른 두 사회에서 배운 내용이 유사하다면 어려움이 없지만 그렇지 않기 때문에 이에 대한 배려가 매우 중요하다. 말하기, 쓰기, 읽기만 보더라도 다른 용어에 대한 이해와 해석의 차이를 극복할 수 있도록 보충학습이나 설명 자료가 절실히 필요하다. 특히 북한 사회에서 사용하는 단어들 중 대한민국에서 달리 사용하거나 해석되는 부분을 수정하여 주어야 하며, 수학 같은 경우 교육과정 간의 차이가 있으면 학습 결손이나 부진을 적극적으로 해소하여 주어야 한다. 그러므로 정규 학교에 입학하였다 하더라도 특별한 시간을 부여하여 이를 극복할 수 있는 조치가 필요하다.

중등교육의 경우는 학생들이 정서적으로나 발달 상황으로 보나 변화가 심한 시기이므로 환경의 변화에 따른 여러 상황에 대한 세심한 배려가 필요하다. 특히 사회 구조나 경제 현상이 다름에서 오는 오해와 충격을 최소한으로 경험하게 하여 주어야 한다. 그러므로 이런 시기에 상담교사들을 멘토로 하여 수시로 일어나는 일들에 대처하고 해결할 수 있도록 해 주어야 한다. 일단 사회 적응을 위한 경제에 대한 이해 그리고 사회정의와 가치관 등을 이해할 수 있도록 해 주어야 한다. 그리고 앞으로 민주사회 시민으로서 적응하면서 살아가기 위한 직업교육 등도 강화하여야 할 필요가 있다. 특히 김정은 일신 체제에 익숙한 의식과 습관을 변화시켜야 하며, 자본주의에서 직업이 갖는 가치와 역할 그리고 기능 등에 대한 이해와 경험을 중대시켜야 한다. 북한 사회에서의 직업 그리고 그 직업을 가지고 있을 때의 장래와 자본주의 사회에서의 직업과 그 직업의 미래와 수입 등은 다를 수 있기 때문에 이에 대한 이해를 할 수 있도록 하여야 한다. 특히 청소년기에 민주시민으로서의 자질, 그리고 건강과 여가 생활 등에 대한 특별한 교육도 필요하다고 본다. 또한 이성에 대한 관심 등을 고려하여 성교육도 실시해 주어야 한다.

대학교육의 경우 우선 학생들을 선발하는 단계부터 세심하게 배려하여야 한다. 탈북 학생들이 용이하게 대학을 진학할 수 있는 방법은 정원 외 입학으로 탈북 학생 전형을 택하는 것이다. 대학마다 다른 기준에 따라 학생을 모집하고 일정 수준에 도달한 학생을 선발하는 것으로 되어 있다. 일반적으로 서류전형과 면접에 의하여 학생을 모집하나 기본 학습 능력을 소유하고 있는가를 확인하여야 하고, 그렇지 않을 경우 대학에 입학한 후 이를 보충하여 줄 수 있는 프로그램이 있는지도 고려하여야 한다.

학생을 모집하는 경우 전공 선택의 문제에 봉착한다. 탈북 학생들의 경우 일반적으로 대한민국 사회에 적응하면서 더 나은 직업에 종사하고자 한다. 일반 학생들과 같이 법학이나 경제학, 경영학, 그리고 의학을 선택하는 경향이 있다. 자본주의의 맛을 경험한 학생일수록 경영학이나 경제학을 선택하는 경향이 있어 왔다. 두 분야의 전공을 선택하는 학생의 경우 사회주의와 자본주의에서의 두 분야의 내용이 너무 다르기 때문에 사전 지식의 소유 여부와 그 학생들의 적성을 확인하는 절차가 필요하다. 탈북 학생들이 사전 지식이나 기능, 경험 여부, 그리고 적성과 취미를 고려하지 않고 대학에 진학하여 학업을 중도 포기하거나 좌절하는 경우가 적지 않음을 볼 때 안타까운 일이 아니라 할 수 없다. 이런 경우에 학생들은 대학생활을 좌절하고 포기한다. 나아가 대한민국을 부정하고 한민족이라는 정체성의 혼란을 가져온다. 자본주의에 대한 문제 제기가 아닌 대한민국 체제에 대한 불만은 다른 나라로의 유학이나 이민을 동경하게 된다.

다수의 학생들이 영국이 사회보장제도가 잘 되어 있다고 생각하고 영국으로 유학을 가거나 아니면 여행 중에 불법 체류하는 경우가 있다고 한다. 예전에는 영국의 교육과 의료제도가 국민은 물론 외국인에게도 훌륭하였으나 경제난을 겪으면서 대학 등록금은 상상을 초월할 정도로 인상되었으며 의료 보험 역시 열악하게 되었다. 예전의 정보를 믿고 영국으로 탈출한 탈북 학생들은 생각한 것과는 다른 경험과 정체성의 혼돈으로 인해 본인은 물론 영국 사회에서 문제로 부각되고 있다.

이런 문제를 해결하기 위하여 탈북 학생들의 진로와 진학 등에 대한 상담, 지도 등이 필요하고 관련 교육도 제공되어야 한다. 초등학생들의 경우 기본 학습 능력과 생활 태도, 자세 등에 대한 특별교육이, 그리고 중·고등학생에게는 직업교육이 필수적으로 필요하다. 이를 통하여 대학 등 상급 학교 진학을 보다 개인에 맞게 선택할 수 있도록 하여야 한다. 직업교육을 통하여 사회 체제에 적응하고 문화를 익힐 수 있도록 도울 수 있다. 그러므로 직업학교나 전문대학에 진학을 한 후 대학에 진학하여 전공하고자 하는 분야를 공부하는 것도 바람직할 것이다.

대학들도 탈북 학생들을 모집하는 데 급급할 것이 아니라 선발한 학생들을 얼마나 잘 가르치느냐에 관심을 기울여야 한다. 대학에 입학하여 학교에 적응하는 능력, 나아가 사회에 진출하여 발휘할 수 있는 능력 등도 가르쳐야 하며, 특별히 멘토제를 적용하여 담당 교수나 조교를 통하여 학생들을 개별적으로 관리할 수 있도록 지원하여 주는 것이 교육적이라 할 수 있다.

탈북 학생을, 생활상의 빈곤, 북한 체제에 대한 불만, 비관적인 미래 등을 이유로 뛰쳐나온 존재로 볼 것이 아니라 언젠가는 꼭 이루어야 할 통일의 토대가 될 존재로서 봐야 한다. 통일 후에 경험하여야 할 일들을 그들을 통하여 미리 경험하고 해결한다면 통일을 이룬 후에 겪어야 할 많은 문제를 사전에 해결할 수 있다고 본다. 그러므로 그들을 충분히 이해하고 그들이 겪는 모든 문제에 적극적으로 대처한다면 통일 후 시행과 착오로 겪는 경비뿐 아니라 혼돈을 최소화할 수 있다. 다시 강조하지만 탈북 학생들을 '미리 온 미래'로 생각하여 보물처럼 아끼고 도와주어야 한다.

통일교육

대한민국은 1945년에 정부를 수립하여 한국전쟁의 고난도 겪었지만 정부의 주요 정책을 성공적으로 수행함으로써 지금과 같은 일류국가의 반열에 오를 수 있었다. 현재의 관점에서 보면 역대 대통령들은 산업화를 이루었고 민주화도 달성하여 가고 있으나 최종적으로는 민족 통일을 이루어 민족의 슬픔을 극복하고 행복한 통일국가를 만드는 대통령이 필요하다. 그러므로 하루 빨리 통일이 이루어져야 하고 이를 통하여 국력도 신장될 수 있다고 본다. 동일 민족이 분단되어 있는 우주의 마지막 국가라는 슬픔과 오명을 벗고 고통을 하루라도 빨리 해결하여야 한다.

통일을 위해서는 통일교육이 필수적이다. 갑자기 통일이 된다고 할 때 이에 따른 국가 비용이 적지 않고 사회 갈등도 만만치 않기 때문에 지금부터라도 각 분야별로 하나하나 차근차근 통일을 대비하여야 한다. 교육은 통일을 대비하는 역할과 기능을 넘어서 통일을 촉진하는 기폭제 역할을 하여야 한다. 통일의 목적과 절차 및 장단점 등을 교육하는 것도 중요하지만 분야별·내용별로 남한과 북한이 하나 되는 통일교육이 이루어져야 한다. 우선은 통일에 대한 국민들의 합의를 도출할 수 있도록 하여야 하며 통일은 이해득실을 가지고 논할 문제가 아닌 민족적 사명에 의한 일임을 인식시켜야 한다. 그리고 우리는 하나의 민족, 동일 민족으로 같은 언어와 문화를 공유한다는 인식을 갖도록 하여야 한다. 배달민족이라는 캐치프레이즈가 국수주의 인식 그리고 다문화 가정에 대한 이해 부족의 원인이 되었다는 지적도 있으나 이를 초월하여 배달민족의 상징을 되새겨야 한다.

통일은 절체절명의 과업이라는 전제 아래 통일에 걸림돌이 되는 내용은 가장 뒤로 미루고, 서로가 공유할 수 있는 비정치적 그리고 탈이념적 내용부터 서로 접근하는 것이 바람직하다. 그래서 이념으로부터 비교적 자유로운 수학과 과학의 교육과정을 상호 교류하여 미래 사회를 준비하는 학생들이 익혀야 할 수학이나 과학적 내용을 유사하거나 동일하게 한다든가, 우리 문화와 관련하여 공유할 수 있는 내용을 다루는 것이 바람직하다. 독일이 통일을 이루기 전에 지속적으로 교육과정에 대한 교류 사업을 증진하였으며, 교과서의 경우 인쇄비가 싼 동독에서 교과서를 인쇄하여 배부하였고 나중에는 공통 교과서를 개발하는 과정까지 발전하게 되었다. 이를 계기로 라디오와 TV 방송의 일정 부분을 시청하게 함으로써 게르만 족의 동질성을 고취시켜 통일을 앞당기는 계기가 되었다고 한다.

우리나라에서도 통일을 앞당기기 위하여 통일교육은 반드시 필요하며 무엇이 우선순위인지를 결정하여야 한다. 동일 민족으로서 남한과 북한에서 갈등을 유발하지 않는 공동 목표와 방법, 그리고 절차를, 합의를 통해 도출하여 체계적으로 시행하여야 할 것이다.

해외 입양아

해외 입양아에 대한 남다른 경험과 생각이 있다. 유학 중에 부모님 환갑을 맞아 집안에서 하는 환갑연에 참석하기보다 부모님을 미국으로 모셔서 여행을 시켜드리기로 하였다. 동생을 시켜 공부에 지장을 준다고 반대하는 부모님의 여권을 몰래 만들고 겨우 승낙을 받아 부모님이 미국으로 오시게 되었다. 부모님이 도착하신 날, 시카고 공항 터미널에 꽃이나 동물 모형을 만든 풍선을 들고 있는 부부와 할아버지, 할머니가 너무 많아 의아했다. 알고 보니 입양아들이 KAL을 타고 양부모에게 오는 날이었다. 인계자에 안겨서 나온 아기들은 낯선지 그냥 울어 대고 입양 부모나 조부모는 반갑고 신기해서 어쩔 줄 몰라했다. 나는 처와 큰딸을 데리고 부모님 마중을 나갔는데 그날 느꼈던 기분은 지금도 잊을 수가 없다. 그해가 1996년 여름이었으니 한국전쟁이 종료된 지 43년이 지났던 해였다.

한국유학생회에서 입양아 가정과 유학생 가정이 자매가정을 맺는 행사가 있었다. 미국 가정의 입양아와 나이가 비슷한 동성의 아이가 있는 유학생 가정을 찾고 있는 것을 알고는 세 살인 큰딸이 있었기에 자매가정을 맺었다. 처음 만난 날 인사를 나누고, 딸과 같이 놀게 하려고 그 아이를 우리 아파트에 데리고 온 날, 된장국과 김치를 자연스럽게 먹는 것을 보고, 어려서 그 맛을 보았겠구나 하는 생각이 들었다. 그 이후 자주 연락하다가 내가 교환 교수로 가서 보니 중학교 3학년이 되어 있었다. 중학교 3학년 학생이 되는 과정까지 그리고 그 이후의 이야기는 생략한다.

우리의 어린이들이 전 세계에서 많이 성장하고 있다. 입양아 자료를 쉽게 얻어 여기에 기록할 수 있지만 낯이 뜨거워져 그러고 싶지 않다. 몇 년 전부터 우리 아이들은 우리가 키우자는 캠페인이 있어 국내 입양이 활성화되고 있다 하니 바람직한 일이다. 어떻게 태어나 어디서 자라고 있는지 모르는 입양아들을 생각하면 마음이 아리다. 외국에서 잘 적응하여 제대로 성장한 입양아가 젊은이가 되어 자신이 누군지를 알기 위하여 한국이라는 나라를 찾는 것을 보면 대견하고 기특하면서도 그 이상으로 부끄럽다. 이런 입양아들은 행운이라 할 수 있다. 제대로 성장하지 못하고 적응하지 못하는 입양아들도 적지 않을 것이다. 입양아에 대한 수치스럽고 자랑스럽지 못한 사실을 보다 솔직하고 정직하게 알리고 이들을 도와야 한다. 국가가 책임져야 할 어린아이들이 외국으로 입양되어도 나 몰라라 할 국가 형편은 아니지 않나 하는 생각을 한다. OECD 경제대국이라 자처하면서, PISA나 TIMSS에서 우수한 성적을 내는 나라라 하면서 갓난아기들을 다른 나라로 보내 어디서 무엇을 어떻게 하고 있는지를 알려 하지 않는 것은 죄를 짓는 것이나 마찬가지다.

가능한 한 버려지는 아이들이 태어나지 않게 하여야 할 것이고, 태어난 아이는 국내 입양이든 아니면 사회복지 차원에서 국내에서 올바르게 자랄 수 있는 시스템을 구축하는 것이 중요한 일일 것이다. 그러나 그렇지 못해 외국에 입양되어 성장하고 있는 우리 아이들은 그 사회에서 잘 적응하여 성장할 수 있도록 관심과 지원이 필요하다. 본인들이 알기를 원하지 않으면 모르나, 훌륭한 양부모는 그 아이의 정체성을 찾아 주려고 노력하는 경우도 적지 않다. 그러한 양부모와 입양아에 대하여 보다 적극적인 관심을 보인다면 그들 또한 한국인으로서 자부심을 가지고 성장할 수 있을 것이다. 다문화 가정의 아이들이 성장하는 것과 유사하게 세계인으로 성장할 수 있을 것이다.

입양아들이 자비로 대한민국을 방문하여 힘들게 부모를 찾는 고생을 조금이라도 덜어 줄 수 있는 제도적 장치의 마련도 필요하다. 이런 일들은 큰 경비를 들이지 않고 할 수 있는 일이라고 본다. 세계를 인도하는 나라, UN 사무총장과 세계은행(World Bank) 총재를 배출한 나라라는 자부심을 가진다면 이제는 이런 사업도 공개적으로 전개할 때가 되지 않았나 하는 생각을 한다.

11. 교육의 다양화

꿈과 끼

'젊은이여 꿈을 가져라.' '네 꿈을 펼쳐라.' '거위의 꿈'처럼, 인간에게는 꿈이 있다. 왜냐하면 인간은 살아가는 생명체이고 삶의 목적과 희망이 있기 때문이다. 최근에 한국을 방문한 프란치스코 교황도 젊은이들에게 '깨어 있으라.'고 주문하셨다. 깨어 있지 않으면 이는 죽음이요, 희망이 없는 것이다. 교육은 교육의 대상들에게 꿈을 갖게 하는 것이고 꿈을 이루게 하는 작업이다.

꿈이란 단어가 포괄적이고 추상적이며 그 의미가 너무 크기에 꿈을 키우기 위한 교육 목적을 행위동사로 제시하는 것이 용이하지 않다. 교육은 목적적 행위이고 목표의 달성 여부는 행위동사로 표현한다. 그래서 교육학을 행동과학이라 한다. 꿈은 희망, 포부, 비전, 진로, 목표 등을 모두 내포하고 있기 때문에 꿈을 이루기 위해서는 꿈에 대한 조작적 정의가 필요하고 그 정의에 대한 목표를 달성할 수 있는 전략이 필요하다고 생각한다. 정부가 표명한 꿈은 자고 일어나서 잊어버리는 물거품 같은 꿈이 아니고 학생들이 달성하고

자 하는 목표이기 때문이다. 그래서 이루고자 하는 꿈이 내용적으로 분류가 되어야 할 것이고, 언제 이룰 꿈인가에 대하여 계획적 차원에서 단기, 중기, 장기로 구분할 수 있을 것이다. 장단기보다는 초등학교, 중학교, 고등학교, 대학교, 졸업 후로 기간을 설정할 수 있으며 초년기, 중년기, 노년기 등으로 구분할 수 있을 것이다.

'끼'라는 단어는 오랜만에 듣는 단어이고 옛 생각이 나게 한다. 어릴 때 친구 엄마들이 "누구는 ~끼가 있는 것 같다." 하는 말을 들은 적이 있다. 끼라면 일반적으로 타고났든 후천적이든 숨겨진 소양을 말한다고 본다. 즉, 잠재적인 소양과 특기라 할 수 있을 것이다. 'Education'은 밖으로 끌어낸다는 의미라 이야기한 바 있다. 어린이에게서 내면에 가지고 있는 특성을 끌어낸다는 의미에서 교육은 끼를 발견하고 끌어내서 키우는 역할을 하는 작업이라 할 수 있다. 끼가 없을 경우에는 끼를 만들어 키우는 것 역시 교육이 할 일이라 생각한다.

끼가 많으면 꿈이 많게 된다. 끼가 많은 경우라도 개인이 감당할 수 있는 끼의 수와 우선순위를 정할 수 있다고 본다. 그래야 끼와 관련된 꿈을 키울 수 있으며 달성하고자 하는 꿈의 순위도 설정할 수 있다. 끼와 꿈이 많다면 부모나 선생님이 제3자의 입장에서 조언을 해 줄 수 있다고 생각한다. 끼도 없고 꿈도 없다면 꿈을 갖게 해 주어야 할 것이다.

끼와 꿈의 관계를 2×2의 매트릭스로 분석할 때, 네 가지의 경우가 존재한다. 끼와 꿈이 있는 경우, 끼는 있는데 꿈이 없는 경우, 꿈은 있는데 끼가 없는 경우, 끼도 꿈도 없는 경우다. 교육은 이 네 가지 경우를 모두 대상으로 하여야 한다. 끼와 꿈이 있을 경우는 다행이라 할지 모르나 다른 경우에 조언과 지도가 필요하다고 본다. 끼와 꿈이 연관되어 있다면 가장 바람직할 것이다. 그런데 끼와 꿈이 연관되지 않을 경우에 체계적인 관찰과 면접 그리고 분석을 통하여 지도가 필요하다. 또 끼와 꿈이 있을 경우 이를 구조화하여 어떤 끼를 살려 꿈을 이루는가에 대한 순위와 전략, 그리고 경로 등에 대한 조언도 필요하다고 본다. 끼가 있으나 꿈이 없는 학생에게는 꿈을 갖게 하는 진로 지도나 직업교육이 필요할 것이고, 꿈만 있고 끼를 발견할 수 없는 학생은 더욱 관찰하여 아직 발견되지 않은 끼를 찾아 키워 줄 필요가 있을뿐 아니라 끼가 없는 경우라도 끼가 있음을 인식하게 해 주는 역할도 중요하다고 본다. 문제는 끼도 꿈도 없는 경우다. 이러한 학생들은 많은 관심과 배려 그리고 지원이 필요하다. 그들이 누구인가를 그리고 왜 그런가를 분석할 필요가 있다.

실증적 자료는 없으나 이러한 학생은 직감적으로 소외 계층, 즉 다문화 가정 자녀, 탈북 학생, 조손 가정의 아이들과 같이 경제적, 사회적, 문화적으로 적응이 어려운, 나아가 교육적 혜택도 부족한 학생일 수 있다. 교육은 각기 다른 개개인을 존중하여 그에 맞는 지도를 하는 것이다. 꿈이 없다면 왜 없는 것인지? 끼는 유전적으로 얻을 수 있고 후천적으로도 생길 수 있기에 끼의 존재 유무는 나중에 분석하더라도, 꿈이 있고 없음은 쉽게 알 수 있다. 꿈마저 없다면 이는 희망이 없는 것이요, 무의미한 생활을 하고 있다고 볼 수 있기 때문에 꿈이 작든 크든 키워 줘야 한다.

현 정부가 표명한 교육의 슬로건은 꿈과 끼를 키우는 행복교육이다. 끼가 일반적으로 예술적·기술적 재능이라는 일반적 인식 수준을 넘어 보다 과학적으로 규명하려는 노력을 하여야 할 것이고, 어떤 방법으로 키울 수 있는지에 대한 연구도 필요하다고 생각한다. 교과를 통하여 할 수도 있고 특별활동을 통하여 아니면 다른 경로를 통해서도 가능하기 때문이다. 꿈의 내용에 따라 꿈을 키울 수 있는 방안에 대한 연구가 체계적으로 정리된다면 보다 쉽게 꿈을 이룰 수 있을 것이다.

행복교육

우리나라 고등학생들에게 "행복합니까?"라고 질문하면 "예."라고 자신 있게 대답하는 학생은 거의 없을 것이다. 이렇게 예측하는 것은 국제 학업성취도 평가인 PISA나 TIMSS 결과에 대하여 전 세계가 경의를 표하고 놀라워하나 우리나라 학생들의 학업 흥미, 자신감 등은 최하위에 있기 때문이다. 고등학생을 둔 부모가 자식의 얼굴을 보았을 때 행복감에 젖어 있으면 의아해하고 은근히 걱정하며 이성교제를 하고 있지 않나 의심할 것이다. 의심이 사실로 확인되면 저러다 학교 성적이 떨어질 것이고 나중에는 대학도 들어가지 못할 것이라 염려하여 자녀에게 보이지 않는 압력을 가할 것이다. 행복은 얼굴에 나타난다. 아무리 입으로 나는 행복하다고 외쳐도 얼굴이 행복하게 보이지 않는 경우도 많다.

작년 지난 7월 프란치스코 교황이 한국을 방문하여 시복미사, 아시아 젊은이와의 만남, 수도자와의 기도, 주교들과의 만남, 해미 성지 순방, 음성 꽃동네마을 방문, 그리고 명동 성당 미사를 집전하고 돌아가셨다. 많은 국민이 행복하였을 것이다. 세월호 사건, 군대 폭력, 정치인들의 정쟁으로 인한 불편함을 모두 잊고 행사장에서, 또는 TV를 보면서 행복했을 것이다. 이 기간 동안 이 책을 마무리하느라 집에서 원고를 다듬고 다시 정리하면서 프란치스코 교황이 참여하는 행사를 평화방송으로 거의 다 보았다.

너무 감사하고 고마운 것은 프란치스코 교황의 행복한 얼굴을 볼 수 있었다는 것이다. 교황에게서 우러나오는 그런 인자한 그리고 행복한 얼굴을 본 적이 드물다. 시복미사 전에 아기에게 주는 미소의 행복한 인자함, 세월호 유가족을 대할 때의 슬픔 가득한 위로, 시복미사 집전 중의 근엄함, 그리고 아시아 젊은이와의 만남에서 즐겁고 여유로움을 보고 행복했다. 여기서 지금 내가 느끼는 행복, 그리고 교황님의 행복은 모두 다를 것이다. 행복은 내가 느끼는 것이고 이는 나도 모르게 나타난다.

행복교육이라면 학생들을 행복하게 만들어 주는 것이다. 부모나 선생님이 학생에게 '너는 행복할 거야.'라고 했다고 행복교육이 이루어졌다고 생각하는 것은 오판이다. 우리나라 학생들이 행복하지 못한 것은 그들이 항상 비교의 대상이 되기 때문이다. 열심히 해서 본인이 이루고자 하는 목적을 달성하여 스스로 대견해하고 흡족하다 하더라도, 친구보다 못했고 상위가 아니라는 사실을 아는 순간에 불행해진다. 개인으로 존중받고 사랑받는 것이 아니라 비교 대상이 되기 때문에 행복할 순간이 없는 것이다. 학생 본인이 행복해할 때 친구를 사랑하고 어려운 친구를 배려하는 마음이 발동할 것인데, 상대비교에 의한 평가 체제로 인해 친구와 경쟁해야 하는 각

박함에 행복할 수가 없다.

상대비교평가를 기본으로 하고 있는 현재의 평가제도는 경쟁을 교육의 당연한 윤리로 여기게 하며 무한 경쟁을 유도한다. 프란치스코 교황도 물질주의와 무한 경쟁을 경고한 바 있다. 상대비교평가는 무한 경쟁을 촉진하고 인간성을 상실하게 한다. 수단과 방법을 가리지 않고 우위에 서고자 한다. 그렇기에 가장 가까워야 할 친구가 경쟁자가 되는 슬픔이 있다. 이런 제도가 남을 배려하지 않는 의식을 무의식화되게 하고 남을 무시하며 때로는 곤경에 빠뜨리게 한다고 말할 수 있다. 학교폭력 그리고 군대 폭력도 이런 상대비교평가와 무관하지 않다고 본다.

행복교육을 위해서는 학교에서 실시하고 있는 상대비교평가를 인간을 존중하고 개별화된 평가로 전환하여야 한다. 이런 변화 없이는 교육의 질을 높이기도 어렵지만 행복교육을 이루기는 요원하다. 우선은 절대평가로 전환하여야 한다. 절대평가는 개인 간의 무한 경쟁이 아니라 절대적인 목표와 학생이 성취한 수준과의 관계이므로 무한 경쟁을 유도하지 않는다.

지금도 오후 시간에 KBS에서 방영하는 어린이 노래자랑 프로그램이 있다. 그 프로그램의 제목은 〈누가 누가 잘하나〉다. 누가 누가 잘하는지를 비교하여 장원을 선발한다. 출연한 어린이 중 정말 노래를 잘하는 어린이가 있다면 웬만큼 잘하는 어린이는 장원이 될 수 없다. 그러나 노래를 잘하지 못하는 어린이들이 많이 출연할 경우 실력이 뛰어나지 않은 어린이가 운 좋게 우수상을 받기도 한다. 이런 환경에서는 다른 친구가 실수를 하거나 잘못되기를 바랄 것이다. 같이 출연한 친구가 옷에 무엇이 묻었어도 그리고 무엇이 잘못되었어도 고쳐 주려 하지 않을 것이다. 이 프로그램 명칭을 '모두 모두 잘하자!'로 하고 어느 수준 이상으로 노래한 어린이에게 우수상을 준다면 여러 명이 상을 받을 경우도, 한 명도 상을 받지 못할 경우도 있게 된다. 이런 프로그램이라면 출연한 어린이들은 처음 만난 사이라도 무대에 나가기 전에 잘못된 게 있으면 서로 고쳐 주려 하고 실수를 하면 안타까워할 것이며 위로하고 격려할 것이다. 두 가지 평가 방법이 이렇게 다른 효과를 가져온다는 사실을 직시하여야 한다.

앞의 내용을 상대비교평가라 하고 후자를 절대평가라 한다. 상대비교평가가 학생들에게 주는 영향 때문에 김대중 정부 시절에 절대평가로 전환한 적이 있다. 준비가 되지 않은 상황에서 절대평가로 전환하여 나타난 문제를 해결하지 않고 바로 상대비교평가인 고교내신 9등급제로 전환하여 지금까지 학교 내신을 평가하고 있다. 의미가 없는 평가이고 행복 교육을 추진할 수도 없다. 이제는 절대평가를 실시할 수 있는 교육 환경이 어느 정도 마련되어 가고 있다고 본다. 행복교육을 위해서는 절대평가로 전환하여야 하고 선진화된 평가가 필요하다.

밤을 새고 열심히 공부한 학생이 있다고 가정하자. 최선을 다했는데도 불구하고 수업에서 제시한 목표를 달성하지 못했다고 하자. 그런데 그가 이룬 성취수준이 목표에 거의 다다랐으나 능가하지 못하였을 경우 기계적으로 실패자로 평가하는 것이 교육적인가 반문한다. 반대로 능력이 출중한 학생이 있다 하자. 교사가 보기에 목표보다 훨씬 높은 수준에 도달하고도 남을 학생인데 슬쩍 대충하여 목표를 조금 능가하고는 유유자적하고 있다. 그런 학생에게 매우 잘했다고 평가하는 것이 교육적인가라고 묻는다. 전자를 실패자로 후자를 합격자로 판정한다면, 전자는 꿈도 끼도 살릴 수 없이 좌절할 것이요, 후자는 자만하여 노력을 하지 않을 것이다. 좌절을 하거나 자만을 하게 하는 것은 꿈을 키울 수 없게 하는 것이 아닌가 하는 생각을 한다. 그렇다면 전자에게는 '최선을 다해서 훌륭하다, 계속해서 정진하기 바란다.'는 격려와 후자에게는 '열심히 하지 않았으니 분발하라.'는 경고를 준다면 모두가 꿈을 이루려고 노력하게 될 것이다. 이를 능력참조평가라 한다. 이 평가야말로 개인을 존중하는 평가로서 학생들이 꿈과 끼를 키우며 행복을 맛볼 수 있게 하는 평가라고 생각한다. 능력참조평가까지는 아니더라도 행복교육을 위해서는 하루라도 빨리 상대비교평가에서 벗어나야 할 것이다.

창의인성교육

교육의 최종 목표는 전인교육이라 할 수 있다. 우리나라의 교육 목표가 홍익인간을 만드는 데 있다면 전인은 홍익인간의 한 부류라 할 수 있다. 상위 개념인 홍익인간이라면 남을 이롭게 하는 인간으로서 전인의 특성을 지녀야 한다고 본다. 전인이라면 지덕체를 모두 갖춘 인간, 즉 인지적 특성, 정의적 특성, 심동적 특성을 조화롭게 갖춘 사람이라 할 수 있다.

산업사회로 진입하면서 고용 창출이 이루어지고 고용을 통한 산업화가 인간 생활을 풍요하게 함으로써 산업화에 동참하기 위한 지원자가 많아짐에 따라 선발이 보다 구조화되고, 객관화된다. 농경사회에서 산업사회로 변하면서 일자리는 늘어난다 해도 지원자에 비하여 일자리가 부족하기 때문에 경쟁이 치열해지고, 치열한 경쟁에서는 보다 공정한 객관적 절차에 의하여 고용인을 선발하게 된다. 그러다 보니 평가 방법이나 선발 방법은 오차 없이 정확하게 평가하는 데 치중하게 된다. 그러므로 인간의 특성을 평가하는 방법은 객관식으로 변화되었고, 주관식이라 할지라도 측정의 오차를 최대한 줄이기 위하여 단어나 한 줄의 문장으로 제한하였다. 측정의 오차를 줄이려는 노력은 개인이 지니고 있는 독창적 사고나 독특한 경험 등을 서술하는 기회를 박탈하여 결과적으로는 창의적인 사고를 제한하고 틀에 박힌 행동 이외의 다른 사고를 할 수 없게 한다.

상급 학교의 학생을 선발하는 경우에도 제한된 평가 방법은 그 방법에 제한된 인재를 선발하게 함으로써 다양하고 개방적이며 도전적이고 진취적인 인재를 선발하는 데 한계를 지닌다. 교육 역시 평가 방법에 구속되기 때문에 객관적인 평가 방법은 창의적 사고보다 기존의 지식에 의존하여 보다 좋은 평가 결과를 얻을 수 있도록 교육하게 된다. 유연한 사고의 부족과 폭넓은 경험이 요구되지 않는 평가 방법은 학생들의 사고와 행위 그리고 생활도 규격화하여 다양한 인성을 기르기에는 한계가 있다.

이런 문제를 해결하기 위하여 창의인성교육을 강조하고 있다. 그러나 객관식 평가 방법이 주를 이루는 현재의 학교 현장에서 창의성 함양은 거의 불가능하다 해도 과언이 아니다. 게다가 인성교육은 거리가 더 멀다. 그러므로 학생에 대한 평가 방법은 가능한 객관식 형태의 방법을 탈피하여야 학생들이 창의적인 사고를 할 수 있다고 본다. 학생 개인도 창의적 사고를 할 수 있으며 이를 통해 사고의 폭도 보다 넓어져 다른 사람의 사고를 이해하고 존중하는 인성이 배양될 수 있다. 타인에 대한 존중은 배려와 협력을 키워 인성도 함양할 수 있다고 본다.

현재는 상대비교평가 때문에 무한 경쟁을 하여야 하는 환경에서 타인에 대한 이해와 배려보다는 무한 경쟁으로 인한 이기심, 질투 등으로 인성교육이 제대로 이루어지지 않는 악순환이 반복되고 있다. 학교에서 나타나는 학교폭력도 인성교육의 결여와 연계되며 상대비교평가와 무관하다고 말하기 어렵다. 그러므로 창의인성교육을 위해서 가능하면 빨리 학생들의 평가 방법을 객관식에서 주관식으로 전환하여야 하며, 해방 후 지속적으로 진행하여 오고 있는 상대비교평가도 절대평가로 변화되어야 한다. 이제는 평가이론도 발전되었고 특히 학급당 학생 수가 예전보다 현격하게 감소하는 추세이기에 교육에 대한 인식과 교육평가 패러다임의 변화를 모색해야 한다.

자유학기제

교육은 유목적적 행위이므로 그 목적을 달성하기 위한 방법은 구체적이어야 한다. 그래서 교육목적을 명시할 때는 가능하면 행위동사로 표현하도록 한다. 새로운 정부가 들어설 때마다 새로운 정책을 시도한다. 새로 시도하는 정책을 많은 사람이 쉽게 이해하면서 공유할 수 있어야 집행이 용이하고 목표 달성도 수월하다.

자유학기제란 용어는 생경하다. 외국의 어떤 제도와 유사한지를 열심히 찾아야 한다. 교육부(2013)는 자유학기제를 중학교 교육과정 중 한 학기 동안 학생들이 중간·기말고사 등 시험 부담에서 벗어나 꿈과 끼를 찾을 수 있도록 수업 운영을 토론, 실습 등 학생 참여 형태로 개선하고 진로 탐색 활동 등 다양한 체험 활동이 가능하도록 교육과정을 유연하게 운영하는 제도라고 정의하고 있다. 그리고 2013년 9월부터 연구학교에 시범 적용하고 2016년 3월에 전면 적용한다는 계획이다. 자유학기를 적용하는 학기는 학교마다 자유롭게 선택할 수 있다. 그러면서 고학년보다는 교사의 이동 문제 등을 고려하여 1학년 2학기가 적합하지 않겠냐고 논의를 하는 것 같다.

자유학기제의 정의를 분석한다면, 현 정부의 화두인 꿈과 끼가 강조되고 있고, 시험을 보지 않는 것, 다양한 학습 방법으로 토론과 실습 그리고 다양한 체험활동을 통한 진로 탐색이 특징인 것 같다.

끼와 꿈의 관계를 앞에서 간단히 언급하였지만 어떤 끼를 키워서 꿈을 만들고 어떤 방법으로 이루게 하는가가 관건일 것이다. 끼와 꿈은 가정에서 그리고 학교의 교과 교육과정과 잠재적 교육과정을 통하여, 그리고 학교 밖의 생활에서 만들어질 수 있다. 그렇기 때문에 끼를 살릴 수 있는 기회를 많이 제공하여야 하고 꿈을 이룰 수 있도록 학부모, 교사는 물론 지인들이 격려해 주어야 한다. 끼는 항상 개발되게 하여야 하고 꿈도 항상 가지게 하여야 하며 꿈을 이루도록 노력하게 하여야 한다. 그래서 끼와 꿈은 한 학기에 국한하지 않고 지속적으로 개발되어야 한다는 생각이다. 지금까지 학교에서의 교육은 끼와 꿈을 키우는 데 부족함이 많으니 한 학기만이라도 그런 시도를 해 보자는 의도인 것 같다.

학생들을 자유롭게 하기 위하여 중간시험과 기말시험을 보지 않는다는 특징은 학생들을 시험에서 일시적으로라도 자유롭게 할 수 있는 것이다. 미래의 인재는 지필시험에서 높은 점수를 얻는 능력보다 아는 것을 행하고 그리고 새로운 것을 만들어 낼 수 있는 능력을 지녀야 한다. 즉, 창조형 인간이어야 한다는 것이다. 그러므로 학생들의 학업 능력이나 특성을 평가하기 위해 지필검사에서 벗어나서 수행평가를 지향하고 있다. 이 역시 학생들이 성장할수록 고등정신 능력과 수행 능력을 평가하기 위하여 가능한 한 지필검사를 벗어나야 하는 경향을 따른다고 볼 수 있다.

토론과 실습 위주의 교육, 그리고 다양한 체험활동은 자유학기제에만 한해서 해야 할 교육 방법이 아니라 어느 학기에나 하여야 하는 교육의 과정이고 방법이다. 지난 정부에서도 창의체험활동을 강화한 바 있고, 특별활동 등도 강조하였다. 다양한 학습을 위해서는 교실 안에서 칠판과 분필에 의존한 구시대적 수업 방법에서 탈피하여 컴퓨터나 IT를 이용한 학습, 실험 실습, 현장 체험 등 다양한 방법을 사용하여야 한다. 자유학기제의 다양한 학습 방법은 자유학기제에서만 할 것이 아니라 모든 학기에서 강조되어야 한다.

진로 탐색은 자유학기제의 특징이라고 할 수 있다. 중학교의 교육목적 중 하나가 학생들의 진로를 탐색하여 고등학교에 진학하게 한다는 것이다. 진로를 찾지 못한 학생들은 일반계 고등학교로 진학하지만, 진로를 결정한 학생들은 특성화 고등학교로 진학할 수 있으며, 과학 고등학교나 외국어 고등학교, 그리고 예술계 고등학교로 진학하게 한다. 중학교 과정 중에 진로 탐색을 위한 수업이 꾸준히 진행된다면 특정 학기를 설정하여 진로 탐색을 할 필요가 없을 것이다. 그러나 현재 중학교에서 이런 과정이 충실히 이행되지 않는다고 보기 때문에 한 학기만이라도 집중적으로 진로를 탐색할 수 있는 경험을 하게 하자는 의도인 것 같다.

이런 특징과 목적을 지니고 있는 자유학기를 시범 적용한 프로그램을 보면 정말 다양하다. 교과와 연계한 진로교육, 선택 프로그램 활동, 예술과 체육을 강화한 학교, 동아리 활동, 지역사회 특성을 살린 체험활동 등 학교 여건에 따라 다양하게 진행하고 있다. 정말 자유로운 프로그램이라고 생각한다.

자유학기제에 대한 정의를 교육부에서 정리하였다 해도 포괄적 정의는 자유로움과 동시에 혼란과 오해를 유발할 수 있다. 모형을 찾아가는 과정에서 그리고 학교의 환경과 배경이 모두 다른 상황에서 시행착오가 없을 수 없는 것이다. 그리고 교과와 어떤 관계를 맺어야 하며, 시수 조정을 어떻게 하여야 하는지, 누가 이 프로그램을 맡아서 운영하여야 하는지도 어려움이 있다. 그래서 3년간 시범 운영을 해 보고 2016년부터 적용한다고 한 것 같다. 자유학기제이므로 자연스럽게 하면 되겠으나, 교육은 목적적 행위이기 때문에 구조화해야 한다고 생각한다. 이런 형태로 자유롭게 창의적으로 자유학기제를 운영한다면, 학교 환경과 여건에 맞게 운영하고 학생과 학부형이 그런대로 만족한다면 효과가 있을 것이다. 그러나 학생과 학부형이 원하는 방향이 아닌 자유학기제라면 비난 못지않게 오히려 학생들에게 부정적 효과를 주었다는 평가를 받을 수 있다. 교육은 계획적이고 체계적이며 지속적이어야 한다. 왜냐하면 목적을 추구하는 의도적인 활동이기 때문이다.

학교에서 자유학기제를 운영하기 위해서 전체 시수에서 차지할 시수 문제, 교육과정과의 관계, 지필시험 폐지 시 평가 방법과 결과에 대한 부담, 자유학기제 운영과 학업 성취 수준과의 관계, 전문교사의 역할, 학기 지정 등 체계화할 내용이 너무 많다. 그리고 구조화하고 체계화하였다면 앞으로 어떤 방법으로 이와 관련된 교육을 지속시킬 것인가도 관건이 아닐 수 없다. 자유학기제를 해당 학교에 유지하고 발전시키는 방안도 강구하여야 하고, 자유학기제로 교육받은 학생들을 앞으로 어떤 교육과정과 교수·학습 방법으로 가르치고 평가할 것인가도 연구의 대상이 아닐 수 없다.

한 학기 동안 노력하여 학생들의 끼를 만들거나 발견하여 꿈을 꿀 수 있는 기틀을 마련할 수 있다면 크게 고민할 필요가 없다. 그러나 학생들의 꿈은 각기 다르고 성장하면서 변화할 수 있다. 그렇기에 끼와 꿈을 키우기 위하여 그 다양한 프로그램을 한 학기에 실시한다 해도 제한적인 것이다. 이렇게 이상적인 자유학기제를 한 학기 동안이라도 잘 진행하고 이를 정규교육과정에 어떻게 녹이는가가 중요할 것이다.

학문적 능력, 예술적 재능, 운동 소질, 다양한 끼는 정규교육과정과 다른 특별활동, 체험활동, 사회활동 등을 통해서 키울 수 있다고 본다. 처음 실시되는 자유학기제가 성공적으로 진행되어 그 내용이 정규 교육과정의 변화에 영향을 주기를 기대한다. 그러기 위해서는 포괄적 정의를 기반으로 하되 각 학교별로 자유학기제의 비전과 목적을 구체적으로 명시하여 조작적 정의를 만들어야 한다. 그리고 그 정의에 따라 목적을 구체화할 필요가 있다. 그렇게 하였을 때 학교마다 실시하는 자유학기제 운영의 효과를 평가할 수 있고, 장단점 그리고 개선점을 찾아 발전시킬 수 있다.

12. 교육 현안

안전교육

학생을 위한 안전교육이라 함은 위험한 요소나 환경으로부터 학생을 보호하기 위한 교육이라 할 수 있다. 그러므로 안전교육에 대한 정의는 매우 다양하고 교육의 범위도 엄청나게 넓다. 쉽게 이야기하면 학교의 등·하굣길에 자동차로부터의 위험을 방지하는 교통안전교육부터 학교 내에서 화재에 대비한 교육까지 이루 말할 수가 없다. 최근에 와서는 학생 유괴에 대한 교육으로 낯선 사람으로부터 보호하는 교육도 포함하고 있다. 이런 교육은 가정이나 학교, 사회에서 일상적으로 이루어지는 것이 바람직하다. 예를 들면, 핀란드의 경우 수영이나 크로스컨트리 스키 교육은 필수이며, 심폐소생술이나 인공호흡도 모든 학생이 필수적으로 교육받아야 한다고 한다. 국가의 지리적 특성 때문에 이런 안전교육을 철저하게 진행하고 있는 것이다. 캠핑을 할 때 필요한 안전교육도 진행하고 있다.

최근 들어 학교 행사 중에 학생들의 소중한 생명을 잃는 일이 연달아 발생하고 있다. 2013년도 공주사범대학부속고등학교 학생들이 극기 훈련으로 태안 반도에서 사망한 사건, 2014년 부산외국어대학교 학생들이 신입생 오리엔테이션 중에 강당 지붕이 붕괴하여 죽은 사건, 2014년 4월 안산의 단원고등학교 학생들이 수학여행 중에 여객선이 침몰하여 많은 희생자가 발생한 사건들이 있다.

학교 당국이나 사회의 안전 불감증이 자초한 일이라 책임을 모두에게 전가하여 책임을 희석시킬 수 있으나, 이는 학교의 책임이 아니라 할 수 없다. 그 이유는 그 학생들이 그 학교에 재학하고 있지 않았으면 그런 봉변을 당하지 않았을 것이기 때문이다. 학교에서 행사를 할 경우 실제와 같은 모의 상황을 상정하여 모든 안전 조치를 취하는 것이 가장 우선적이고 기본적으로 이루어져야 한다. 생명을 담보하지 못하는 교육은 아무리 교육적 가치가 있다 하더라도 아무런 소용이 없음을 이번 기회에 모든 사람이 명심하여야 한다. 그러므로 행사의 목적, 절차와 방법, 시작부터 종료까지의 모든 과정을 하나하나 점검하여 철저하게 안전을 담보하도록 하고, 유사시에 행사에 참여하는 모든 사람이 위기에 대처할 수 있도록 교육을 철저하게 실질적으로 진행하여야 한다. 형식적이고 문서적으로 진행하는 안전교육은 백해무익하고 때로는 더 큰 문제를 야기할 수 있다.

특별한 프로그램이나 교육이 진행된다면 안전에 대한 내용을 포함하여야 하며, 생명에 위험을 줄 요소가 있음을 교육 대상에게 주지시키고 이에 대한 준비를 할 수 있도록 인지시켜 행동할 수 있게 하여야 한다. 그리고 모든 책임의 주체는 행사 주관자에게 있음을 필히 각인시키고 명문화하여 이런 문제들이 발생하지 않도록 책임의식을 부여하여야 한다. 그러므로 행사계획서에 안전에 대한 프로그램과 문제 발생 시의 해결책을 명문화하여 실시하도록 하여야 한다.

안전교육은 교과에 따라서 교과 안에서 이루어지는 것이 바람직하다. 학교 외 행사가 아니라 학교에서 실시하는 실험의 경우도 안전사고가 발생할 수 있다. 체육 시간에도 사고가 발생할 수 있다. 그러므로 가르치고 배우는 모든 교육과정에 이런 문제를 현명하게 대처하고 해결할 수 있는 안전교육이 포함되어야 한다.

학교 내외의 행사에서 발생하는 안전 문제를 사회의 부조리와 모순 탓으로, 국가나 사회 탓으로 돌리는 자세는 학생들의 안전을 학교나 교육 당국이 보장하지 않겠다는 책임 회피다. 안전을 우선시하는 선진국이라 하더라도 사회의 불안한 곳은 어디에든 상존한다. 국가나 사회는 이런 불안전 지대나 요소를 최소화하도록 하여야 하지만, 그렇다고 이를 사회나 국가에만 의존할 것이 아니라 불안전한 장소나 상황에 처할 경우 이에 대처하게 가르치는 것 또한 교육의 책무다. 특히 학교의 일상생활이 아닌 특별활동이나 교외 행사일 경우는 특별한 관심과 안전교육 그리고 대책이 더욱 필요하다. 특히 다수의 학생이 참여하는 행사의 경우 치밀한 안전교육이 필요하다. 사춘기 학생들이 집단적으로 교외에서 행사를 할 경우는 성숙하지 않은 심리 상태에서 행사가 진행되므로 발생할 수 있는 문제까지 사전에 파악하여 준비하여야 한다. 유비무환이라 했지만 준비를 해도 문제가 발생할 수 있는 것이 학생들의 안전 문제이므로 철저한 안전교육이 필요하다.

학교폭력

학교폭력을 언급할 때마다 마음이 아프다. 교육학을 전공한 사람으로서 아침에 일어나 조간을 들추면, 그것도 일면에 학생이 오늘도 죽었다는 기사를 보는 순간 솔직히 표현하면 온몸이 쪼여 와서 정말 말하기 어려운 정도로 언짢고, 가여운 생각도 들어 하루가 불쾌하다. 기사를 대충 훑거나 넘기는 것은 죽은 학생의 마음, 그리고 부모 마음을 생각하면 정말 기가 막히기 때문이다. 그리고 '이 녀석 왜 죽어, 죽기는! 죽으려는 마음으로 독하게 살아 보지.' 하며 한탄까지 한다. 만약 내 자식이 학교폭력 문제로 자살을 하였다면 나는 어떻게 할 것인가를 생각하면 이 문제는 교육 문제 중 가장 절박한 문제가 아닐 수 없다.

어린아이들이 학교폭력으로 자살을 하거나 고통을 받고 있는 상황에 대한 책임은 전적으로 기성세대에게 있다. 일차적으로 학교 선생님에게 책임을 묻고 싶다. 선을 가르치고 홍익인간을 양성함을 목적으로 하는 학교에서 학교폭력이 자행되고 있으며 그것도 모르고 있었다는 사실 자체를 인정할 수 없다. 예전에 한 반에서 70명 정도 공부하던 시절에도 같은 반 친구끼리 누가 어떤지 다 알고, 담임선생님은 조례와 종례 시간에 학생들이 잘 지내는지, 반에 무슨 일이 일어났는지를 확인했는데, 학생 수도 줄어든 지금 학교폭력이 일어났는지를 모른다는 것이 이해가 가지 않는다. 모른 것이 아니라 모른 척 하는 게 아닌가 생각한다.

교육을 하는 사람은 교육의 대상이 학생이므로 이들이 어떤 옷을 입고, 어떤 표정을 지으며, 어떻게 걷고, 어떤 음식을 먹는지 등에 관심을 가져야 하는 게 아닌가 생각한다. 외형상으로 나타나는 변화를 보고 학생의 어려움을 파악하기도 하지만, 훌륭한 선생님들은 학생들이 보는 시험의 점수 변화를 보고서도 가정의 어려움과 개인의 변화를 감지하고 학생들에게 도움을 주려고 노력한다. 이런 관심이 없다면 학교에서 일어나는 학교폭력은 절대 근절할 수 없다. 최근에 학교폭력 문제가 노출되면서 지난 정부에서 엄청난 관심을 가지고 국가 차원에서 정책을 발표하여 집행하고 있는데도 지속적으로 나타나는 것을 보면 학교 선생님들이 이를 심각하게 생각하지 않는 경향도 없지 않다. 학교폭력이 일어나면 대상이 누구이고 원인이 무엇이며 어떤 일이 벌어졌고 어떻게 해결할 것인지를 고민하고 실천하기보다, 시끄러우니 우선 덮어서 아무 일 없던 것처럼 지나가기를 바라는 것 같기도 하다. 학교폭력을 당하는 학생들이 내 자식이라고 생각한다면 이 문제는 근본적으로 해결되리라 본다.

학교 교장선생님도 학교폭력에 무한 책임을 지는 자세로 임하여야 하고, 무한 책임을 지는 행정 제도도 필요하다. 군대에서도 사병이 동상 등 다른 병에 걸렸을 때 지휘관을 문책한다. 사병이 걸린 동상이나 질병을 지휘관이 잘못해서 일어난 일이 아닐 수 있다. 그러나 사병의 개인 신변도 보호하지 못하는 지휘관은 전투에 나가서 승리할 수 없기 때문이기도 하다. 그렇다면 학교에서 학교폭력을 미연에 방지하지 못하고 일어나는 일을 수수방관하는 학교는 교육을 하는 것이 아니라 범죄자와 범죄 피해자를 양산하는 곳이라는 비난을 면하기 어렵다.

학교폭력의 문제점이 심각한 것은 맞다. 그렇다고 학교폭력을 단숨에 뿌리 뽑아야 한다고 어설프게 접근하는 것 또한 역효과를 불러일으킬 수 있다. 정부의 많은 부처가 학교폭력을 뿌리 뽑겠다고 매달리면 학생은 폭력배로, 선생님은 방관자로 오해받는 경향이 있어 가능하면 노출시키지 않으려 하여 학교가 더욱 혼란스러울 수밖에 없다. 조용히 차분하게 실태를 파악하고, 문제가 일어나는 원인이 무엇인지 교육적 관점에서 학교별로 분석하여 처방을 내려야 한다. 요란하게 일을 벌이면 벌일수록 학교는 피해의식에 수동적이 된다. 학교폭력은 학생들이 스스로, 그리고 선생님들이, 특히 담임선생님들이 교장선생님의 지원 아래 슬기롭게 해결해 나가야 한다.

그러기 위해서는 교장선생님이 학생들이 공부할 수 있는 공간을 보다 자연 친화적으로 개선하여 거친 행동을 하지 않도록 변화를 유도하여야 한다. 때로는 어려운 학생들을 특별히 상담한다든가 나아가서는 교장선생님이 교육자 신분으로서 편하게 학생들을 대할 수 있도록 하는 것도 좋을 것 같다. 학교폭력은 어떤 특정 시기에만 발생하는 문제가 아니라 항상 일어나는 문제임을 인식하여, 이를 대처하고 해결하는 교육 프로그램을 매뉴얼화하여 시행할 필요가 있다.

흡연과 음주

흡연과 음주는 청소년 문제와 나아가 국민 건강과 매우 밀접하게 관련되어 있음을 직시하여야 한다. 이전 정부부터 학교폭력에 많은 관심을 기울이고 있으나, 흡연과 음주 문제의 심각성도 이에 못지않다. 흡연과 음주가 청소년 문제와 밀접하게 연결되어 있는 것처럼 이 또한 학교폭력과 무관하지 않다. 현재 학교폭력의 가해 학생 중 흡연과 음주를 하고 있는 학생의 비율이나 현황에 대해 파악된 것이 없으나 흡연과 음주를 하는 학생이 많다고 본다. 뿐만 아니라 일반적인 학생들의 흡연율도 날로 증가하고 있다고 한다. 고등학교의 경우 학교 화장실에서 흡연은 일반적이라고 보는 견해도 있다.

선진국뿐 아니라 우리나라에서도 흡연의 심각성을 일찍이 깨달아 공공장소는 물론 음식점 나아가 공원이나 길거리에서 금연을 하게 한다. 이에 비해 학생들에 대한 금연과 금주 교육은 등한시한다. 특히 청소년기의 흡연은 성인이 된 다음 건강에도 엄청난 해를 끼치므로 이에 대한 교육을 실시하여야 할 것이다.

단속 차원에서 금연과 금주 교육을 할 것이 아니라 흡연이 미치는 영향과 음주를 할 때의 예의와 자세 등에 대하여 보다 적극적으로 교육을 실시할 필요가 있다. 동영상이나 과학적 자료를 제공하면서 실생활에 도움이 되도록 실질적인 교육을 실시하여야 할 것이다. 현재 보건복지부 차원에서 농촌 노인들을 대상으로 건강 프로그램을 진행하고 있다. 농촌의 노인들에게 흡연자들의 폐나 기관지 계통의 사진들을 동영상으로 보게 하여 흡연을 줄이듯이, 청소년 흡연 금지 프로그램을 제작하여 학교에서 교육을 실시하는 것이 바람직하다.

어떤 사건이 발생하거나 특별한 계기가 있어 건강에 대한 교육을 강조하기보다는 항상 학생들의 건강과 안전을 위하여 사전 교육과 일상 교육이 이루어져야 한다. 그렇기 때문에 학습의 내용에 따라 흡연이나 음주에 대한 교육이 교과에 녹아들게 하는 것이 바람직하다. 어떤 일이 발생하면 그 문제를 해결하기 위하여 특별교과를 만들어 교육하고자 하는 의도는 일시적 해결을 위한 미봉책이며 근시안적이고 언론 무마용이다. 또한 정상적인 교육과정까지 흩뜨리는 원인을 제공하고 있다. 그러므로 청소년이나 학생들을 위한 건강 교육은 항상 진행되어야 하고, 교육 내용도 시대에 따라 교육 대상이 흥미롭게 이해하고 수용할 수 있도록 구성되어야 한다.

청소년 임신

임신에 대한 교육이 철저하게 이루어지는 북유럽 국가들이라 하더라도 청소년 임신 문제는 지속적으로 발생하고 있으며, 이에 대한 특별하고 통상적인 관리 프로그램을 만들어 실시하고 있다. 핵가족화, 개인화되고 있는 현대사회에서 감성적인 청소년들이 기대하지 않거나 계획되지 않은 임신을 할 수 있다. 뿐만 아니라 신체 발달과 비례하여 정신적으로 성숙한 가운데 자의적인 임신을 할 수 있는 경우도 있을 수 있다. 전자든 후자든 임신을 한 청소년이 출산을 원하는 경우에는 인도적 차원에서 새로운 생명이 축복을 받으며 출생할 수 있도록 국가는 도와야 한다고 생각한다. 설령 부모가 원하지 않더라도 새로운 생명이 탄생한다면 이에 대한 물질적·정신적 지원을 하는 것이 우리가 바라는 이상국가라는 생각이 든다.

청소년이 임신을 하였을 때 이를 해결하는 모든 과정에 대한 이해를 돕는 프로그램도 개발되어야 한다. 임신을 원할 경우, 부모가 되는 과정과 부모에 대한 이해, 신생아 양육에 대한 기초 지식, 학업이나 일과 양육의 관계, 미혼모에 대한 사회의 인식과 대처, 의료보험이나 경제적 해결 방안, 출산 후 갖게 되는 다양한 문제와 그에 대한 해결 방안 등에 대한 보다 명료하고 실제적이며 도움이 되는 프로그램이 있어야 한다. 이 프로그램을 실행하여 청소년 임산부나 파트너가 의도하는 대로 문제에 대처할 수 있도록 도와주는 교사나 전문가도 양성할 필요가 있다.

임산부가 학생일 경우 학업을 계속할 수 있도록 도와줄 수 있는 교사도 양성하여 그들의 학업과 양육에도 도움을 주어야 할 것이다. 학령인구가 줄고 있는 추세에 비추어 태어나는 새로운 생명은 의도하였든 그렇지 않든, 그리고 부모의 위치가 어디든 국가는 축복하고 지원하여야 할 것이다. 특히 청소년 임신에 대하여는 학부모와 선생님 모두 관용과 절대적인 사랑으로 새로운 생명이 태어날 수 있도록 지원하여야 할 것이다.

청소년의 임신 후 지원이 중요하다 하였지만, 더 중요한 것은 청소년이 원하지 않는 임신을 하지 않게 하는 것이 더욱 중요하다. 그러므로 청소년을 위한 성교육이 현재보다 체계적으로 자연스럽게 이루어질 수 있도록 교육과정과 교육 내용 전반에 대한 검토가 필요하다. 이렇게 주장하면 성교육을 교과목으로 선정하여야 한다는 것으로 이해할 수도 있다. 그게 아니라, 이런 내용을 기존에 있는 교과에 자연스럽게 녹여서 가르칠 수 있는 방안을 강구하는 것이 현명하다는 논리다.

해외 교육기부

우리나라가 어려웠을 때를 생각하여 보자. 독립을 위하여 노력할 때이고, 동족상잔의 비극인 한국전쟁을 겪은 직후였을 것이다. 물론 IMF 경제 위기가 있었고 이는 자력으로 회생할 수 있는 일이었으나 외국의 도움이 없었다고는 할 수 없다. 경제 문제는 세계 경제와 맞물리기에 상호 협력 관계를 유지하여야 한다. 최근에는 경제뿐 아니라 문화와 예술 그리고 복지를 위한 국가 간 협력이 증진되고 있다. UN이나 UNESCO를 통해서 세계 분쟁과 전쟁을 중재하고 교육, 문화와 예술 등을 공유하는 노력을 경주하고 있다.

이런 국제기구를 통하지 않더라도 선진국에서는 개발도상국이나 형편이 어려운 국가들을 여러 측면에서 돕고 있다. 예를 들면, 일본의 경우 캄보디아의 앙코르와트 복원 사업에 적극적으로 참여하고 있으며, 중국은 아프리카의 많은 나라에 지원을 아끼지 않고 있다. 물론 지원의 목적이 자원을 확보한다든가 하는 등의 계산된 목적이 있다고 하더라도 수혜국은 국가 발전에 도움이 된다고 한다.

한국전쟁이 발발하였을 때 우리나라에 군대를 처음으로 보내 준 나라가 필리핀이라 한다. 그리고 우리나라에 변변한 실내 체육관이 없을 때인 1963년에 장충체육관을 건축하여 주었다. 많은 경기와 행사를 치렀던 장충체육관이 많은 역사적 사건과 이야기를 남기고 자취를 감추었고, 지금은 새로운 건물이 들어섰다. 1960년대와 1970년대에 중·고등학교를 다닌 사람 중에 장충체육관과 인연이 없는 사람들은 아마도 없을 것이다. 레슬링 시합을 보러 가거나 권투 시합, 아니면 농구대회, 각종 행사에 참여하기 위하여 장충체육관을 다녀왔을 것이다. 이런 혜택을 받은 우리 대한민국이 지금은 엄청난 경제적, 문화적 그리고 교육적 발전을 이루어 선진국이 되었다. 지난 50~60년 전에 우리에게 도움을 주었던 나라들이 이제는 우리의 도움을 필요로 하고 있다. 태국이나 베트남, 그리스가 그렇다. 이제는 우리가 받은 이상의 무엇을 제공하여야 한다.

정치, 경제, 문화, 교육 중에 교육 분야에 많은 부분을 기부하여야 한다. 국내에서는 교육에서의 많은 문제가 논의되고 갈등 요소를 안고 있으나 그래도 교육 분야의 많은 정책이나 이론들이 앞서고 있다. 예를 들면, 교육과정의 운영이라든가 교과서 발행과 검정 체제, 그리고 교수·학습 이론, 나아가 학생평가 체제는 체계적으로 진행되고 있다. 특히 IT 강국으로서 교육학의 최근 이론을 반영한 학업성취도 평가와 영어 시험 등은 최첨단 사업이기도 하다. UNESCO나 IEA, OECD 등도 한국에서 진행하고 있는 여러 교육 사업에 관심이 지대하며 이를 여러 나라에 보급하여 주기를 원하고 있다. 이런 사업들을 무상으로 전 세계에 확산시킬 필요가 있다.

대한민국 교육 위상

한국은 부존 자원이 없는 나라라는 말을 한다. 중동이나 중남미처럼 석유가 있거나 지하자원이 풍부한 나라에 비하면 우리나라는 석유 한 방울 나오지 않는 나라라는 이야기를 한다. 그러므로 국가 발전을 위하여 교육만이 오로지 유일한 길임을 선조 때부터 강조하였다. 쇄국정책 폐지 이후 문호가 개방되면서 서구의 문화와 제도를 도입하였으나, 30년이 넘는 일제강점기와 해방 후 한국전쟁은 우리나라를 위한 교육을 전혀 실행하지 못한 시기라 할 수 있다.

1953년 한국전쟁이 종전된 후 비로소 우리나라를 위한 교육을 진행할 수 있었다. 그런 관점에서 본다면 현대교육은 1953년 이후로 60년의 역사를 지닌다고 할 수 있다. 60년의 짧은 역사로 OECD 국가 중 무역이 5위를 차지하는 경제대국 그리고 민주화를 이룬 나라라는 사실에 모든 국가가 한국을 주목하고 있다. 이런 경제화와 민주화를 이룬 배경에는 교육이 있었음을 부인할 수 없다.

국제 학업성취도 평가인 PISA나 TIMSS의 결과에 대해서도 전 세계가 관심을 가지고 있는 것이 사실이다. 한국교육과정평가원장 재임 시 베트남, 태국, 호주, 영국, 두바이 등 몇 나라를 방문하거나 외국의 교육관계자들이 평가원에 방문하였을 때 어떻게 그런 교육 효과를 이룰 수 있느냐 하는 질문을 많이 받았다. 외국을 방문하였을 때는 환대를 받았음은 물론 무엇인가 비법이 있을 것이라고 은근히 기대하며 던진 질문에 열심히 설명했던 기억이 난다.

교과서 검정 시스템, 학업성취도 평가 체제, 수행평가, 디지털 환경에서의 영어평가 시스템, 인지진단모형 등을 상세히 설명하면서 이 모든 교육 시스템과 평가 시스템을 무상으로 지원할 수 있다고 하였다. 이런 국제적 위상에 걸맞게 우리나라도 교육을 통하여 인류 발전에 기여하여야 한다. 국내에서도 교육 기부가 한때 성행하였듯이 발전 도상에 있는 국가, 또는 교육에 전혀 신경을 쓰지 못하는 국가에 우리의 경험을 전수하여야 한다. 이런 작업을 확대할수록 우리나라의 위상을 높이고 국격 또한 높일 수 있기 때문이다.

기본으로 돌아가자

무엇을 할 때 왜 하는지, 누구를 위하여 하는지, 그리고 무엇을 하려 하는지, 그렇게 하는 것이 온당한지, 더 좋은 방법은 없는지 등을 생각해 보지 않는 일은 거의 없을 것이다. 그러나 그렇게 점검한다고 해도 선배가 그렇게 해 왔다면, 그렇게 하는 것이 관행이면 그냥 지나간다. 관행대로 하는 것은 개혁이나 변화를 싫어하는 기존 집단의 기득권도 있으나 새롭게 하는 일에 대한 위험 부담을 지지 않으려고 하기 때문이기도 하다. 그러므로 교육에서 개혁과 개선이 쉽지 않다. 교육은 더욱더 이해가 걸린 문제이며 이해 집단이 많기 때문이다. 각 집단의 이해를 구해 모두가 합의하는 교육정책을 수립하는 것은 용이하지 않은 일이다. 이념의 차이와 사회경제적 위치 그리고 그가 속한 집단의 이익을 고수하거나 더 얻기 위하여 사생결단을 한다. 자기가 속한 집단이 살아야 하고 나아가 더 잘 살아야 하며, 극단적으로는 나만이라도 살아야 한다는 생각이 사회를 지배하고 있다.

세월호 사건을 보면서, 어떻게 저런 상황에서 나만 살아야겠다고 팬티 바람으로 경비정에 몸을 싣는지 슬픔에 이어 아연실색하고 화가 치밀었으며 한탄스럽기 그지없다. 학교에서 공부를 마치고 돌아올 자식을 팽목항에서 기다리며 시신이라도 찾을 수 있기를 바라는 부모의 심정을 생각하면 말도 나오지 않고 글도 써지지 않는다. 세상에 어떻게 이런 일이, 그것도 어떻게 OECD 우수 국가에서 일어날 수 있는지……. 미개 국가라는 비난이 이해가 된다.

수많은 어린 생명의 헛된 죽음이 우리나라를 바로 세우는 계기가 되기를 진심으로 염원한다. 쟁반 물에 코 박고 죽어야 할 수많은 나쁜 어른들 때문에 죽어 간 그들의 영혼을 달래고 앞으로 이런 일이 절대 일어나지 않기 위해서 나라를 바로 세워야 한다. 이 일을 일으킨 해운사는 구원파 종교 집단이 주인이고, 감독할 위치에 있는 사람들은 이 일을 방조하거나 협조했다고 한다. '관피아'라는 단어가 언론에 회자되고 있으며, 수학여행 등도 일시적으로 폐지하였다고 한다. 국가는, 종교는, 정부는, 감독 기관은, 해운사는, 학교는 모든 사람의 생명과 삶의 질을 높이기 위하여 존재하는 것이 아닌가? 일련의 모든 사안을 모든 분야에서 처음부터 끝까지 모든 과정을 밝혀 잘못된 것은 바로잡아야 한다.

수학여행이 왜 필요하고 누구를 위하여 어떻게 하는 것이 좋은지, 더 개선할 점이 없는지, 배를 운항하는 모든 과정이 어떻게 진행되고 있으며 지금 시대에 맞게 개선되고 있는지, 이런 일을 통하여 사리사욕에 사로잡혀 일을 그르치게 하는 집단이나 사람이 없는지를 면밀히, 그리고 치밀하게 살피고, 때로는 과감할 정도로 개선하여야 한다. 기본으로 돌아가서 새로운 나라를 다시 건설한다는 마음으로 모든 분야를 점검하고 개선하여야 할 것이다. 이렇게 하지 않으면 어린 영혼들이 평안히 잠들 수 없을 것이고, 또다시 이런 일이 일어나지 않는다고 보장할 수 없다. 죄 많은 어른의 한 사람으로서 먼저 고인이 된 젊은 학생들에게 할 말이 없다. 어떤 일을 할 때 왜 하는지, 그렇게 하는 것이 옳은지를 생각하는 기본으로 돌아가서 정말로 바르게 하여야 한다.

제6부
평가와 선발제도,
바꾸어야 한다

제6부

평가와 선발제도,
바꾸어야 한다

이 글은 인촌기념회 · 동아일보 · 채널A · 고려대학교가 공동으로 주최한 "광복 70년 · 분단 70년 선진사회로 가는 대한민국의 과제" 「제4심포지엄: 무한 경쟁에서 개성 존중의 시대로」에서 발표한(2015. 2. 10.) 글입니다.

I. 들어가면서

정범모(2012)는 『한국교육의 신화』에서 고시 만능에 대하여 다음과 같이 비판한다.

"대한민국은 고시考試왕국이다. 대학 입학생이건 사법·행정 요원이건 거의 모든 자격의 사정이나 채용은 몇 시간의 필답고사·시험에 의해서 결판난다. 그 '한방' 단판 승부의 고시 결과에 따라 사람들의 인생행로가 좌우간에 심각하게, 운명적으로 뒤바뀐다. 그것은 고사라는 폭군이 지배하는 왕국이라 해도 무방하다. 한두 시간의 필답고사로 인간의 긴요한 특성을 다 판명할 수 있다는 고시 만능의 관념은 한국 사회 그리고 한국 교육의 신화이자 미신이다.

세계에서 '시험'을 가장 많이, 자주 치러야 하는 학생은 한국 학생일 것이다. 학기말고사, 중간고사, 모의고사, 일제고사, 전국교육평가고사, 제일 무서운 수능고사, 대학 본고사 등 학생의 본업이 공부인지 시험인지, 공부하러 학교에 다니는지 시험을 보러 학교에 다니는지 알 수 없는 지경이다. 대학을 졸업하면 입사시험, 공무원시험, 교원

임용시험, 사법고시, 행정고시 등이 기다리고 있다. 한국은 시험, 고사, 고시의 첩첩산중이다.

이런 첩첩산중의 시험을 치러야 하는 운명 그리고 그 시험이 결정하는 운명이 연속되는 삶은 학생을 지속적으로 불안하고 초조하게 만든다. 실수라도 한 번 저지르면 깊은 패배감과 열등감에 빠져들 수밖에 없다. 그 때문에 많은 학생이 신경증 증세마저 나타내고, 심지어는 자살로까지 이어진다. 왕따와 폭행 등 각종 청소년 비행을 낳기도 한다. 그리고 이런 불안감·초조감을 '밑천'으로 하는 참고서 출판사, 학원, 가정교사, 교육방송 등 세계에 유래가 드물게 온갖 '입시산업'과 '교육산업'이 판을 치고, 사교육비가 무섭게 치솟는다. 반면 그만큼 학교교육은 위축되고 결단이 난다.

나는 가끔 한국의 청소년들이 첩첩의 고시를 치러야 하는 와중에서 우리가 지불해야 하는 정신적 소모, 사회적 훼손, 경제적 결손을 어떤 모양으로 물량화할 수 있다면 그 양은 천문학적일 것이라고 추상해 본다. 흔히 문제 삼는 과외 사교육비 20조 원 내외는 빙산의 일각일 뿐이다. 나는 한국의 어린이와 청소년이 시험·고사·고시라는 족쇄에서 해방되어 자유분방하게 상상의 세계를 비상할 수 있다면 그들이 여러 문화 영역에 걸쳐 이루어 낼 수 있는 창의적 소산이 얼마나 클 것이며, 그것이 이 나라의 국력과 국격에 얼마나 크게 이바지할 것인가도 상상해 본다. 고시의 왕국은 아까운 청춘의 활력을 쇠잔하게 한다.

… 중략 …

한국 교육의 현실에는 교육목적이 없다. 교육의 이념과 철학도 없다. 문서상으로나 이론적 표방으로는 목적·이념·철학이 무성해도 실제 교육 현장엔 없다. 교육 현장에 있는 것은 이른바 입시준비교육의 회오리뿐이다. 입시교육의 회오리는 괴력을 가지고 있다. 그 속에서는 모든 교육이념·교육철학이 힘없이 무너지고 무산된다. 필답고사의 점수 따기 경쟁만 회오리치고, 민주교육·민족교육·도의교육 또는 인성교육·창의력 교육 등 이때 저때 내거는 이념적 구호는 허공의 메아리로 온데간데없다. 가히 학교교육은 '무철학의 행진'이다."

교육은 인간의 행위를 변화시키는 목적적 행위이고 크게 지적 능력, 정의적 특성, 심동적 특성을 모두 포함한다. 국가의 이념과 철학에 따라 교육의 목적이 다를 수 있으나, 본질적인 목적은 바람직한 인간을 배양하는 것이다. 교육평가는 교수·학습의 행위를 통하여 교육의 목적이 달성되었는가를 판단하는 작업이다. 교육과 관련된 모든 것의 양, 정도, 질, 가치, 장점 등을 체계적으로 측정하여 판단하는 주관적 행위로서 교육의 질을 높이는 데 목적이 있다(성태제, 2014). 그러므로 평가는 교육을 하는 과정이나 끝나고 난 후 지속적이며 체계적으로 이루어져야 한다.

교육의 목적을 달성하기 위해서는 교육과정, 교구·교재, 교수·학습, 그리고 평가 방법이 조화롭게 융합되어야 한다. 그렇기 때문에 교육과정은 시대 변화에 따른 교육 내용과 지식의 구조, 그리고 학습자의 수준에 부합하여야 하며, 교구·교재는 교육과정의 흐름과 새로운 이론과 현상을 포함하여야 한다. 교수·학습 방법은 학습을 극대화할 수 있는 방향으로 전개되어야 하며, 교육평가 역시 교육의 목적을 달성시키기 위한 방향으로 실현되어야 한다.

교육평가에 대한 선진국의 현황이나 최근 동향도 정범모(2012)가 원론적 차원에서 비판한 내용과 괘를 같이하고 있다. 인간을 평가할 때는 지적 능력, 정의적 특성, 심동적 특성 모두를 통합적으로 평가해야 한다. 최근의 흐름으로는 객관식 위주의 지적능력 평가에서 아는 것을 실제 생활에 적용하고 행하는 수행능력까지 평가하고 있으며, 지필시험보다는 컴퓨터를 활용한 평가를, 그리고 상대적 서열에 의한 평가보다는 특정 기준을 설정하여 성취 수준 정도를 판단하는 절대평가로 전환하고 있다. 나아가 능력에 비추어 최대한 노력을 하였느냐를 강조하는 능력참조평가, 얼마나 많이 성장하였는가 혹은 성장할 것인가에 초점을 맞추는 성장참조평가로 전환되고 있다. 그리고 AERA, APA, NCME(1999, 2014)에서는 개인에게 역량이 큰 시험은 2번 이상 실시해야 한다는 규약을 설정하고 있다.

2010년 이후에는 교수·학습이 진행되고 있는 과정에서의 평가가 매우 중요함을 인식하여 시험보다는 형성평가를 강조하고 있으며, 수업에 참여하는 학생들의 얼굴 표정, 자세, 목소리의 억양, 말의 속도, 시선 등도 평가의 자료로 활용하는 연구가 스텐퍼드 대학교의 교육평가연구소(Stanford Education Assessment Laboratory at Stanford University: SEAL)와 하와이 대학교의 교육과정연구개발단(Curriculum Research & Development Group: CRDG)에서 교육평가 전문가와 교육과정 개발자가 로망스를 하듯 공동으로 활발히 진행되고 있다. 시험점수보다는 오히려 앞에서 언급한 정보들을 교수·학습 도중에 학생과 교사에게 즉각적으로 송환하여 학습을 극대화하고 있다. 또한 학생들의 응답결과에 대한 정답 여부에만 관심을 두는 것이 아니라 학생의 인지구조를 분석하여 잘못된 개념과 문제 해결 방법을 찾아내는 인지진단모형(Cognitive Diagnostic Model: CDM)까지 적용하고 있다.

우리나라에서 시행되고 있는 교육평가는 교수·학습을 위한 평가라기보다 평가를 위한 평가를, 오히려 선발을 위한 평가를 강조하고 있다. 교육평가의 본질이나 선진국의 교육평가에 대한 최근 동향에 비추어 볼 때, 교육평가의 기능 중 교육의 목적을 달성하는 기능이 가장 우선이고 중요하므로 평가는 무엇보다도 학습을 위한 평가이어야 한다(Black & William, 1998; 김성숙 외, 2013).

평가의 기능은 교수적 기능과 상담적 기능 그리고 행정적 기능으로 구분된다(Fidley, 1963). 행정적 기능에는 자격증 수여, 선발, 그리고 책무성 부여 등이 있다. 이런 기능들은 평가 결과를 기반으로 한다. 선발은 평가의 행정적 기능 중 중요한 기능으로 평가 대상에게 고부담일수록 영향력이 커져 평가의 교수적 기능은 약화되는 경우가 많다. 그럴 경우에 평가는 선발을 위한 그리고 평가를 위한 평가가 되어 평가가 교육현장에 부작용을 낳게 한다.

부시 대통령이 시행한 「낙오학생방지법(No Child Left Behind Act: NCLB)」은 학습부진아의 비율을 낮추었다 하더라도 자퇴학생 증가, 교사의 사기저하, 부정행위 증가, 전·입학 문제 등이 나타났다(Madus, Russell, & Higgins, 2009). 우리나라 경우도 기초미달 학생들을 줄이고 학업 능력을 향상시키고자 하는 국가수준 학업성취도 평가를 진보 시·도 교육감들이 반대하여 현재 초등학교 학생들을 대상으로 하는 국가수준 학업성취도 평가는 실시하지 못하고 있다.

우리나라 학교현장, 교육 분야에서 실시되고 있는 시험을 포함한 평가 그리고 선발제도가 어떻게 진행되고 있기에 고시 만능의 고시 망국론이 대두되고 있는지 그 현황을 알아보고 문제점 그리고 개선점을 논하고자 한다. 이번 심포지엄에서는 우리나라 교육 분야에 영향을 크게 미치고 있으며 개선점을 제시할 수 있는 분야로 제한하고자 한다. 이 글에서 논하고자 하는 평가와 선발제도는 대학평가, 교원평가, 교원 선발 및 임용시험, 고등학교 내신, 대학수학능력시험, 대학 신입생 선발이다. 하나의 평가방법과 선발제도에 대한 현황과 문제점, 개선점을 논하기가 용이하지 않으며, 특히 해당 집단의 이해관계가 간단하지 않기에 고려할 사안이 많으나 이론적 배경과 경험적 배경에 의하여 논의를 전개하기로 한다.

Ⅱ. 평가와 선발제도

A. 대학평가

1. 정의와 목적

대학평가의 정의는 실시하는 기관 그리고 목적에 따라 다양하다. 중요한 목적은 대학교육의 질을 관리하고 개선하여 양질의 교육을 제공하는 데 있다. 이를 위하여 대학이 본질적 기능을 수행하고 있는지 문제를 진단하고 발전 방향을 설정하여 노력하고 있는지를 평가한다. 대학이 평가를 통해 스스로 질 관리를 하는 차원을 넘어서 대학평가 결과는 사회적 책무성을 담보하는 객관적인 자료로서 활용된다. 대학은 사회적으로 자율성과 권위를 인정받는 만큼 고등교육기관으로서 교육의 질 제고에 대한 책무성을 다할 의무가 있다.

최근에 들어서 국가경쟁력 제고를 위한 교육, 특히 고등교육 경쟁력 제고의 필요성이 제기되고 있고, 학령인구 감소로 인한 대학의 교육 경쟁력 강화의 요구가 높아지고 있다. 이러한 사회적 필요에 의해 대학평가는 더욱 강조되고 있으며, 대학평가 결과를 우수 대학에 대한 국가 지원 및 부실대학에 대한 제제 근거로 활용하고 있다. 또한 대학평가 결과가 수요자의 알 권리를 충족하고 수요자의 보호를 위해 언론을 통해 공개되면서 대학평가의 중요성은 그 어느 때보다 부각되고 있다.

2. 현 황

우리나라 대학평가는 목적과 운영주체에 따라 크게 세 가지로 구분할 수 있다. 첫째, 자율적 질 관리와 질 보증을 위해 협의체에서 수행하고 있는 대학평가, 둘째, 대학의 구조개혁을 위한 대학평가, 셋째, 수요자의 알 권리 충족을 위해 언론사에서 수행하는 언론사 대학평가다.

1) 한국대학교육협의회에 의한 대학평가

한국대학교육협의회(이하 '대교협')는 1982년부터 자율적으로 대학교육의 질 관리를 위해 대학 전체를 대상으로 종합평가를 실시하였으며, 2011년부터는 국제적 통용성을 담보할 수 있는 대학기관평가인증제를 운영하고 있다. 대학기관평가인증제의 변천 과정은 [그림 6-1] 그리고 〈표 6-1〉과 같다.

1988~1993	2001~2006
대학기관평가 및 대학종합평가	2주기 대학종합평가인정제

1982~1986	1994~2000	2011~
대학기관평가	1주기 대학종합평가인정제	대학기관평가인증

[그림 6-1] 대학기관평가인증제의 변천 과정

〈표 6-1〉 한국대학교육협의회에 의한 대학평가

연도	평가명	평가대상	평가범위	평가유형
1982~1986	대학기관평가	-4년제 대학 및 대학원 전체 (1983년은 학부만 평가)	학부와 대학원 별도 평가	상대평가
1988~1993	대학기관평가 및 대학종합평가	-4년제 일반대학(1988~1991년) -개방형 대학, 신학대학, 교육대학(1992년)	학부와 대학원 종합 평가	절대평가
1994~2000	1주기 대학종합평가 인정제	-4년제 대학	학부와 대학원 별도 평가 또는 종합 평가	절대평가
2001~2006	2주기 대학종합평가 인정제	-1주기 대학종합평가 실시 대학 (대학종합평가) -1996년 이후 설립 대학(신설대학종합평가)	학부와 대학원 별도 평가 또는 종합 평가	절대평가
2011~	대학기관평가 인증	-4년제 일반대학 및 산업대학	학부 평가	절대평가

※ 출처: 한국대학교육협의회(2014). 대학평가총람. 3쪽.

대학평가는 대학협의체 주관으로 이루어지는 것이 국제적인 추세이며, 대학으로서 갖추어야 할 기본 요건을 충족하고 있는지를 확인하여 질 개선을 위한 방향성을 제시하는 목적을 위하여 수행되고 있다. 이러한 고등교육의 질 보증 및 질 개선을 위한 평가는 인증(accreditation) 체제로 자리를 잡아가고 있으며, 고등교육의 국제화와 더불어 해외 학력·학위인증 논의를 통해 활성화되고 있다.

2) 정부에 의한 대학평가: 대학 구조개혁 평가방안 및 2015년도 평가 계획

교육부(2014a)는 대학 입학자원의 급감에 대한 선제적 대비를 위해 정부 주도 구조개혁의 필요성을 강조하며 2014년 1월에 대학 구조개혁 기본계획을 발표하였다. 구조개혁에서 목표로 하는 입학정원 감축 규모는 2023년까지 16만 명이며, 2015~2017학년도는 4만명, 2018~2020학년도는 5만 명, 2021~2023학년도는 7만 명이다.

구조개혁 평가는 주기마다 모든 대학을 평가하고, 평가등급을 5등급(A~E 등급)으로 판정하여 등급에 따라 차등적으로 정원을 감축하며, 1주기를 위한 2015년 평가 개요는 〈표 6-2〉와 같다.

3) 언론사 대학평가

언론사 대학평가는 수험생과 학부모에게 제공되는 정보가 배치표와 같은 입시자료 외에 거의 없었던 1994년에 대학과 학과에 대한 정보 제공의 목적으로 중앙일보에서 가장 먼저 발표하였다. 이후 조선일보가 2009년부터 QS(Quacquarelli Symonds)와 공동으로 아시아 대학 순위를 발표하고 있으며, 2010년에는 경향신문이 대학

〈표 6-2〉 2015년도 대학 구조 개혁 평가 개요

구분	내용
평가 항목 및 가중치	– 1단계(60점): 교육 여건(18), 학사관리(12), 학생지원(15), 교육 성과(15) – 2단계(100점): 1단계(60), 중장기 발전 계획(10), 교육과정(20), 특성화(10)
평가 방법	– 2단계 평가 • 1단계: 그룹 1(A, B, C 등급), 그룹 2 구분 • 2단계: 그룹 2에서 D, E 등급 구분(2단계 결과가 우수한 대학은 그룹 1로 상향 조정 가능) – 서면평가+현지방문평가 – 정량평가+정성평가
평가 결과 활용	– 재정 지원과의 연계: D, E 등급 재정지원사업 참여 제한 등급에 따라 국가장학금, 학자금 대출 연계 등 조치 – 정원 감축: 근거 법률의 제정·시행 이후 평가 결과에 따라 등급별로 차등적 정원 감축 • A 등급: 자율 감축, B 등급: 일부 감축, C 등급: 평균 수준 감축, • D 등급: 평균 이상 감축, E 등급: 대폭 감축, 2회 연속 E 등급: 퇴출 조치

지속가능지수평가, 2013년에는 동아일보가 청년드림대학평가를 발표하는 등 수요자에게 정보를 제공하는 차원에서 나아가 수요자의 만족도를 반영하는 평가를 진행하고 있다.

3. 성과와 문제점

그동안 대학평가는 대학교육의 질 제고와 교육 및 연구 역량 향상이라는 성과에 기여한 바가 크다. 외부의 평가에 대비하면서 대학은 자체평가 시스템을 갖추었고, 대학 운영의 합리적 개선과 특성화를 통한 발전계획을 수립하여 미래를 위한 방향성을 설정할 수 있게 되었다.

하지만 성과에 못지않게 평가의 역효과 역시 많은 문제점으로 지적되고 있다. 박주호 등(2013)은 대학평가 체제의 주요 문제점으로 상대적으로 정부 주도 및 언론 주도 평가에 치우쳐 학문적·전문적 관점의 평가가 미약한 점, 대학평가 전반에서 교육의 질 또는 학습 성과가 제대로 반영되지 못한 점을 지적하였다. 더 문제가 되고 있는 것은 평가 결과 간 연계성이 떨어지고 정책이 수시로 바뀜에 따라 대학의 평가 부담은 가중되고 평가의 신뢰성이 저해되고 있는 점이다. 대학 사회에서는 '평가를 위한 평가' '평가 지표 관리' 등 대학평가가 점점 본연의 기능을 상실하고 있다는 비판이 커지고 있다.

대교협의 대학기관평가인증제는 도입 배경에 따른 결과 활용이 미진하고 정부의 대학평가정책이 바뀌면서 주기 사업으로서의 연속성이 확보되지 못할 것이라는 비판이 있다. 정부의 대학평가는 대학의 특성화를 유도하고 지원하는 것보다는 대학을 통제하거나 획일화된 지표를 통한 상대평가로 오히려 특성화를 저해하고 있다는 문제점이 제기되고 있다. 앞으로 실시될 대학구조개혁평가는 정부가 평가 당사자인 대학과 협의 없이 대학 의견 수렴 없이 일방적으로 구조개혁 추진하고 있어 대학들의 불만과 불안이 높으며, 근거 법률 제정 없이 정원 감축을 추진함으로써 대학의 자율성을 훼손할 우려가 있다고 비판한다(서민원, 2014). 언론사 대학평가 역시 수요자의 알 권리 충족이라는 본연의 목적보다는 대학의 서열화 조장과 광고 수입 등의 상업적 영리에 치중하고 있다는 문제가 지적되고 교수와 학생들을 중심으로 거부 여론도 형성되고 있다.

대교협의 기관인증평가, 그리고 교육부의 대학 구조 조정을 위한 평가, 언론사에 의한 평가들에 대한 평가의 문제점을 종합하면 다음과 같다.

첫째, 대학교육의 질 향상을 위한 평가라기보다 행정적 목적을 우선으로 한다. 인증평가의 경우 인증의 수준을 넘어 대학들이 더 높은 수준에 도달하여도 인센티브를 주지 않음으로 인증을 받을 만한 수준에 머물러 대학의 발전을 더디게 할 수 있다. 구조조정을 위한 평가 역시 대학의 특성화와 전문화보다는 일률적이고 기계적 정원 감축을 강요함으로서 모든 대학이 취약해질 가능성이 있다. 언론사의 대학평가 역시 언론의 영향력이 막강하므로 대학교육의 질적 수준을 높이는 방향보다는 평가 자료에 치중하여 대학들이 평가지표 지수를 높이는 데 많은 노력과 시간을 허비한다.

둘째, 대교협, 교육부, 언론사 평가를 대비하는 인적·물적 소모가 대학발전을 저해할 수 있다. 대학은 세 주체의 평가를 무시할 수 있는 입장이 되지 못한다. 그러므로 많은 교수와 행정직원들이 평가를 준비하기 위하여 현황을 정리하고 보고서를 작성하는 데 적지 않은 시간을 소모한다. 이런 준비는 교수들의 연구와 수업 준비 시간을 뺏어갈 수밖에 없으므로 대학의 손실이 아니라 할 수 없다.

셋째, 평가 영역, 내용, 지표가 다양하기 때문에 특정 대학의 발전을 위한 고유한 지표를 만들기가 어렵다. 이런 문제점은 대학이 대학을 특성화하기보다는 보편화되게 하는 경향이 높다. 그러므로 대학들은 해당 대학의 발전에 도움이 되는 평가에 치중할 필요가 있다.

넷째, 대학들이 평가의 객체로 피동적으로 훈련되어 전문성을 확보하지 못하고 있다. 우리나라의 경우 대학의 자율성보다는 재정지원 등으로 정부의 영향력이 크며, 언론의 영향도 크기 때문에 평가에 순응하는 수동적 자세로 임하여 왔다. 정부나 언론의 평가는 해당 대학의 발전을 유도하는 맞춤평가라기보다는 보편 일률적 평가이며, 평가 주기마다 평가 내용이 변화되므로 일관성을 유지하기 어려워, 그때그때 평가를 대비하므로 장기적으로 대학의 발전과 평가의 전문성을 신장하기가 어렵다.

4. 개선 방안

정부, 대교협, 언론사 평가에 대한 개선점은 각각 많다. 이런 대학평가는 외적 동기로서 대학들이 평가의 주체가 되지 못한다. 대학의 발전은 해당 대학의 몫이므로 대학들은 대학들이 스스로 발전을 위하여 자체 평가 제도를 수립하는 것이 가장 바람직하다. 대학 자체 평가는 자발적으로 실시하는 평가이므로 목적이 명료할 것이고, 동기와 의욕이 높을 것이며, 효과가 클 것이다. 그러므로 대학들에게 외부와 관련이 없는 대학자체 평가를 제안하고 필요에 따라 해당 대학이나 학과별로 자체평가를 실시하는 것도 바람직하다고 보며 몇 가지 조언을 한다.

첫째, 대학이 대학 스스로 평가의 주체가 되어 자체평가 방안을 강구하여야 한다. 대학은 설립 목적과 교육 목표가 다양하다. 그리고 특성화와 그에 따른 발전 방안도 다르며, 어느 분야로 특화시킬 것인지도 다양하다. 그러므로 대학들이 최소한 4~8년(총장 임기에 맞춤) 주기의 대학 발전 계획에 따라 대학을 평가하는 자체 평가를 전문적으로 실시하고 그 평가 능력을 함양시킬 필요가 있다.

둘째, 평가를 양적 평가와 질적 평가를 병행하면서 점진적으로는 질적 평가에 비중을 두어야 한다. 현황에 대한 파악은 수치 혹은 지수로 명시되기 때문에 이해가 빠르다. 그 수준을 넘어 수치의 의미에 대한 질적 분석을 통하여 평가 내용의 질을 향상시켜야 한다.

셋째, 평가 영역과 내용이 현실적인 것보다 미래 지향적이어야 한다. 교육과정과 교육 내용도 물론이지만 특히 시설과 기자재의 경우 현재 사용하고 있는 기자재의 보유 정도가 평가항목일 경우 새로 생산될 기자재 구입을 오히려 막는 일들이 발생한다. 특히 IT 산업의 발전과 더불어 미래를 내다보는 평가 내용이 되어야 할 것이다.

넷째, 대학들은 대학 자체 평가를 중심으로 외부의 평가에 참여 여부를 결정하여 대학이 지속적으로 발전하게 하는 것이 바람직하다. 외부의 평가와 대학의 특성 그리고 발전 방안이 괴리가 있거나 기본 철학이 같지 않을 경우 평가를 받을 필요가 없다고 본다. 언론사 평가의 영우 해당 대학이 그 평가를 원하지 않을 경우는 평가를 하지 말아야 할 것이다.

대학의 발전은 대학 구성원이 일치단결하여 뚜렷한 목적을 가지고 자율적으로 매진할 때 쉽게 이루어진다. 그러므로 대학들은 대학 자체 평가를 강화하고 평가 결과를 구성원들에게 송환하여 공유하고 인지하여 내면화하는 것이 가장 중요하다. 이를 통하여 대학의 내실화를 기하면 외부 평가에 흔들림 없이 대학을 발전시킬 수 있을 것이며 정부의 구조개혁평가에 대한 두려움도 줄어들 것이다.

현안으로 부상하고 있는 정부의 대학구조개혁을 위한 평가가 큰 관심을 모으고 있다. 대학을 구조 개혁하는 이유와 목적을 분명히 하여야 하고 이를 대학들과 공유할 때 평가가 효과적일 수 있으나 그렇지 못할 경우 교육·사회·정치적 논쟁이 일어날 것이다.

대학구조개혁을 하는 이유는, 첫째, 학령인구 감소, 둘째, 부실대학, 셋째, 높은 대학진학률을 들 수 있고 명분은 대학교육의 질 향상이다. 대학구조 조정의 세 가지 이유를 동시에 해결하기 위한 종합적인 평가방안을 제시하기가 용이하지 않다. 하나의 평가방안으로 세 문제를 해결하기 위한 대학구조개혁을 진행한다면 목적이 혼재되어 정부, 해당 대학, 지역사회 간의 갈등을 유발하여 정치적 쟁점으로 비화될 것이다.

이를 방지하기 위한 방안으로 부실대학과 학교운영을 원하지 않는 대학을 먼저 정리하고, 학령인구 감소와 적정 대학 입학률을 감안하여 대학평가 방안을 구안하여 실시하는 것이 바람직하다. 부실대학의 경우 특정 수준을 설정하고 유예 기간을 두어 평가를 실시하면 큰 문제가 없을 것이다. 그러나 학령인구 감소와 적정 대학입학생 비율에 의한 대학입학 정원의 조절은 난제다. 일정 비율로 대학 정원을 감축시키는 정책은 대학 교육의 질 향상을 위한 대학구조개혁의 의미를 퇴색시키고, 대학평가 결과에 근거한 차등적 정원 감축은 빈익빈 부익부처럼 지역교육의 피해가 발생할 수 있다. 그렇다고 정부가 국립대학을 제외하고 지역의 사립대학들까지 유지·운영되도록 지원하기는 불가능하다. 결과적으로 대학이 어디에 소재하든 대학들이 발전하기 위하여 부단한 노력을 하여 전국의 학생들이 입학하기를 희망하는 우수한 대학이 되도록 하는 수밖에 없다.

정부는 국가의 균형적 발전을 기해야 하므로 지역 교육의 활성화를 도모하여야 한다. 그렇다고 해서 자유와 시장의 원리에 의한 학생·학부모의 대학 선택권까지 통제하며 정부가 대학의 구조를 조정할 수 있는 것도 아니며 시간이 갈수록 더욱 그러하다. 그러므로 일일 생활권의 확대와 사이버 교육이 활성화되는 시대에 맞추어 정부는 기존의 대학평가의 틀을 과감히 벗어나서 대학들이 스스로 해당 대학의 구조를 개혁할 수 있도록 유도하는 평가방안을 구안하도록 하여야 할 것이다.

B. 교원평가

1. 정의와 목적

교육의 질은 교사의 질을 능가하지 못한다는 말을 자주 한다. 교사들이 갖추어야 할 능력으로 해당 교과에 대한 지식, 수업역량, 학생지도, 행정 능력, 인성과 교직 적성 등이 요구된다. 그러므로 우수한 교사를 선발하고 임용하기 위하여 많은 노력을 하며 교사의 질을 높이기 위하여 연수나 재교육을 실시한다. 우리나라의 경우, 교과 전문지식과 인성 그리고 교직적성은 교사로 선발·임용되는 시기에 검증되었다고 판단하고 교사로 재직하는 시기에 더 평가하지 않고 교원평가는 교사들의 수업 능력을 중요시한다.

수업은 교사의 개인적 특성과 능력에 의해 직접적인 영향을 받게 된다. 교사가 제공하는 수업의 질, 교사의 수업과정에서의 행동, 수업에 따른 학습자의 경험에 근거하여 교사의 능력을 다각적 측면에서 평가하는 것을 수업평가라고 한다(Medley, 1987). 수업평가는 판단의 근거에 따라 교수 능력평가, 교수 수행평가, 교수 효과성 평가로 분류되기도 한다(Medley, 1987; Mehrens, 1987). 교수 능력평가는 교사가 소유하고 있는 지식·기술에 대한 평가를, 교수 수행평가는 실제 수업활동 과정에서 나타나는 교사의 수행 내용에 대한 평가를, 교수 효과성 평가는 교수수행 결과로 나타나는 학생의 성취 정도에 대한 평가를 의미한다.

수업평가는 다양한 목적으로 수행될 수 있으나 교사의 전문성 신장과 교육의 책무성이라는 측면에서 논의되는 것이 일반적이다. 수업평가를 통해 교사의 수행 능력에 대한 정보를 수집함으로써 신임교사의 채용, 재직 교사에 대한 재임용 및 승진이나 보상과 같은 인사행정상의 의사 결정을 도와줄 수 있으며, 개별 교사에게는 수업의 질적 개선을 위한 직접적이고 구체적인 정보를 제공해 줌으로써 교사의 자기발전에 도움을 줄 수 있다. 교원의 수업과 관련한 평가를 하는 목적은 교수·학습의 질을 향상시켜 학생들의 능력을 높이고자 하는 데 중요한 목적이 있다. 이런 평가를 통하여 평가결과를 교사들에게 피드백하여 수업의 준비, 효율적인 교수 방법, 학생평가와 결과 해석 그리고 활용 등의 능력을 향상시키는 데 주목적이 있다. 이는 학교조직의 효과성 증대와 학생의 성장으로 연결되며 결국 질적으로 높은 교육을 제공하는 데 기여하게 된다.

우리나라에서 수업평가를 '교원능력개발평가'라 한다. 교원능력개발평가의 목적은 크게 두 가지가 있다. 첫째, 교원의 교육활동 전반에 대한 전문성을 진단하고 그 결과에 따른 능력개발을 지원하는 것으로, 교사가 자신의 교육활동 전반을 새로운 관점에서 검토·분석할 수 있도록 필요한 자료 제공하고, 공정하고 타당한 평가 실시 및 결과 활용을 통해 교원의 지속적인 능력개발을 유도하는 데 있다. 둘째, 교원의 능력개발 및 학교 구성원의 만족도 향상을 통한 각 단위 학교의 교육력 제고와 신뢰 증진 및 학생에게 양질의 교육을 제공하는 데 있다(교육과학기술부, 2013a).

교원능력개발평가는 수업지도와 학생지도 영역으로 나누며 수업지도 영역은 수업 준비, 수업 실행, 평가 및 활용, 그리고 수업 만족도에 대한 평가이며, 학생지도 영역은 자녀의 학교생활만족도와 담임의 학급경영만족도에 대해 평가하는 것이다. 수업지도에서 수업 준비, 수업 실행, 평가 및 활용의 세 영역은 교장, 교감, 동료교사들이 평가를 하고, 수업 만족도는 학생이 평가하며, 자녀의 학교생활 만족도와 담임의 학급경영 만족도는 학부모가 평가한다.

평가 영역별로 몇 개의 평가 요소가 제시되고 평가지표별로 '매우우수' '우수' '보통' '미흡' '매우 미흡'의 5단계 척도에 의하여 평가되며 학생만족도조사 또는 동료교원평가 결과 평균점수 2.5점 미만으로 1회 평가 시 단기 연수, 2회 평가 시 장기기본연수, 3회 평가

시 장기심화 능력향상연수를 이수해야 한다. 또한 평가결과에 따라서 맞춤형 연수를 실시하고 더불어 종합보고서를 의무적으로 제출해야 하며 단위학교 평가결과를 학교 구성원들과 공유하며 평가 결과 및 평가 종류별 평가지를 다음해 2월까지 공개해야 한다(교육부, 2014b).

이 모든 절차는 학교에서는 ○○학교 교원능력개발평가 관리위원회에서 관리운영하고 시·도 교육청 별로 교육청 교원능력개발평가관리위원회를 두어 운영한다.

2. 현 황

'교원평가'는 2004년 2·17 사교육비 경감대책 10대 추진 과제의 하나로 발표된 후 2005년, 48개교를 시작으로 2006년 67개교, 2007년 506개교, 2008년 669개교, 그리고 2009년 상반기에는 1,570개교에 이어 하반기에는 1,551개교를 추가지정 하는 등 총 3,121개교에서 시범운영을 거쳐 2010년 3월 새학기부터 전국의 초·중·고등학교에서 시행되고 있다(교육과학기술부, 2012). 2012년 12월 31일 현황으로 전북교육청 722개교를 제외한 전국의 93.52%인 11,140개교에서 교원평가를 실시하였다. 전북을 제외하고 학생 80.78%, 학부모 49.63%, 교원 91.21% 참여하였으며 교원의 경우 11년에 비하여 1.32% 증가하였고 학교급별 참여 교원의 현황과 5개 시·도 교육청의 교원 참여 비율은 〈표 6-3〉과 같다(교육과학기술부, 2013b).

〈표 6-3〉 2012년도 교원능력개발평가 참여 현황

학교급	전체 교원	참여 교원	참여율	비고
초등학교	155,835	148,148	95.07	전북 76.94%(2011년 83.65%) 전남 76.54%(2011년 77.74%) 광주 79.74%(2011년 74.06%) 서울 88.29%(2011년 86.19%) 강원 88.89%(2011년 86.18%)
중학교	98,289	88,763	90.31	
고등학교	119,744	103,873	86.75	
특수학교	6,544	6,186	94.53	
계	380,412	346,970	91.21	

평가 결과 동료교원평가는 4.79, 학부모만족도조사는 4.24, 학생만족도조사는 4.01 순이었으며 2011년 대비 동료교원의 만족도는 .05, 학생만족도는 .16, 학부모 만족도는 .09 증가하였다 한다. 교원평가에 대한 인식으로 전체 구성원의 인식도가 전반적으로 높고, 학생·교원의 인식도가 지속적으로 향상되는 데 비하여 학부모의 인식이 낮다고 분석하였다(교육과학기술부, 2013b).

3. 문제점과 개선 방안

교육과학기술부(2013b)는 문제점으로 동료교사들이 온정적으로 평가하고, 평가결과 분석과 결과 활용을 형식적으로 하는 경향이 있으며, 학부모가 응답하는 내용에는 응답할 수 없는 문항이 있다고 지적한다. 또 평가에 대한 인식이 낮으며 학부모의 익명성 보장에 의심을 갖는다고 언급하고 있다. 그리고 교원참여 현황에서 보듯이 5개 시·도 교육청의 참여 비율은 낮은데 그 이유는 해당 교육청 교육감들이 교원평가에 대하여 반대하고, 전국교원노동조합도 교원평가에 대하여 부정적 견해로 반대를 하고 있기 때문이다.

교원평가가 교육발전에 긍정적 효과를 가져오게 하기 위해서는 가장 먼저 시도하여야 할 노력은 교원평가 결과가 교사 개인의 발전에 기여하며 행정적으로 불이익이 돌아가지 않는 다는 확신을 갖게 하여야 한다. 교원평가의 여러 목적 중 가장 중요한 교육적 기능에 충실하게 이 제도를 시행하여야 한다. 교원평가를 통하여 교사 개인이 발전할 수 있으며 이를 위하여 노력하는 교원에게는 인센티브를 제공하여 교원 스스로가 교원평가의 필요성을 느끼도록 하여야 한다. 평가, 더욱이 교원평가에 대한 부정적 견해는 유교 문화권 사회에서는 당연할 수 있다. 그러나 교육의 질이 강화되고 있는 시대에 걸맞게 교사들도 그들의 수업역량을 함양시켜야 할 필요가 있음을 인식시켜야 한다. 아무리 좋은 제도라 하더라도 이해 당사자들이 거부하면 그 효과는 전혀 얻을 수 없다. 지엽적인 제도 개선이 아니라 큰 틀에서 교원평가 실시와 그에 따른 송환 그리고 연수 등에 혜택을 주는 제도를 보다 활성화할 때 교원평가가 활성화되고 교사들에게도 도움이 된다는 인식을 내면화하게 된다. 내면화를 통하여 스스로 교원평가에 참여하고 교사 본인들이 본인에 맞는 평가도구나 항목을 개발할 수도 있다. 일차적으로 교원평가에 대한 긍정적 인식을 극대화하는 방향으로 정책을 수립할 것을 권유한다.

교원평가를 통하여 교사는 교수능력을 향상시켜 질 높은 수업을 함으로써 학생들로부터 존경받는 교사가 되어 보람을 느끼며, 훌륭한 수업을 받아 즐겁고 행복하여 학업성취도가 높아져서, 해당 학교는 우수학교로 선정되어 명예를 높이고, 학부모는 선생님과 학교에 감사하고 행복해 질 수 있다는 것이다. 이것이 학교교육의 정상화이고 사교육비를 경감시키는 지름길이다.

C. 교원임용시험과 선발·임용제도

1. 정의와 자격

교원임용시험은 초등교원과 중등교원 임용시험으로 나뉜다. 초등교원 임용시험은 국·공립학교 초등교사를 선발·임용하기 위한 임용고시로 공식 명칭은 초등학교 교사임용 후보자 선정 경쟁시험으로 교육대학교나 초등교육과 졸업자만 응시가 가능하다. 중등교원 임용시험은 국·공립학교 중등교사를 선발·임용하기 위한 임용고시로 공식 명칭은 공립 중등학교 교사 임용후보자 선정경쟁시험이다. 국·공립 대학의 사범대학 졸업생이 우선 임용과 발령이 되고, 결원을 사립대학의 사범대학 졸업생들로 충원하였으나 헌법재판소의 위헌 판결로 1991년도부터 중등교원 임용시험이 실시되었다. 중등학교 정교사 2급 자격을 가진 자라면 누구나 교원임용시험을 통과함으로써 교사가 될 수 있다.

초등교원 임용시험의 경우 응시자가 2개의 시·도를 지원할 수 있다. 초등교원 임용시험의 경쟁률은 각 시·도 교육청에 따라 다르나 경쟁률이 높다 해도 3:1을 넘지 않으며 일반적으로 2:1의 경쟁률을 나타낸다. 그러나 중등교원 임용시험의 경쟁률은 시·도 교육청과 교과목에 따라 경쟁률이 다양하며 매우 높다. 2014년도에 가장 높은 경쟁률은 울산시 교육청의 국어과목 중등교원 임용시험으로 22.7 : 1이었다.

2. 임용시험

초등교원과 중등교원 임용시험 두 시험 모두 제1차 시험과 제2차 시험이 있으며 제1차 시험에 합격한 자들만이 제2차 시험에 응시할 수 있다. 종전의 교원임용 제1차 시험은 사지 선다형 문항이었다. 임용시험 준비생들은 대학의 수업보다는 노량진에 있는 학원에서 예상문제 풀이 연습에 치중하여 3학년 1학기부터 학원 수업에 전념하는 기현상이 벌어졌다. 기출문제 때문에 출제가 용이하지 않아 새롭게 출제되는 문항들 중 지엽적이거나 꼬인 문제를 출제하여 출제 오류와 정답 논란 등으로 소송이 끊이지 않았다. 또한 출제위원으로 참여한 교수들이 해당 대학 학생들에게 수업 혹은 임용시험 대비 특강 중에 가르쳐 주어 문제가 사전에 유출되었다고 언론에 제보하여 수사가 이루어지고, 이어 불합격자들이 소송을 제기하기도 하였다. 제1차 교원임용시험 중 교육학 분야의 선다형 문항은 적용, 분석, 종합 등의 고등정신 능력을 함양하는 데 장애가 된다는 문제와 교육대학이나 사범대학 교육을 비정상화시키는 문제를 해결하기 위하여 2013년부터 논술형 문항으로 대체되었다. 중등교원 임용 제1차와 제2차 시험의 과목과 대상 시간 그리고 문항 수는 〈표 6-4〉와 같다(서울특별시교육청, 2014).

〈표 6-4〉 중등교원 임용시험 시험과목, 출제범위 및 내용, 시간, 문항 수, 배점

전형별	시험과목	출제범위 및 내용	시간	문항유형	문항수	배점
제1차 시험	교육학	교육학개론, 교육철학 및 교육사, 교육과정, 교육평가, 교육방법 및 교육공학, 교육심리, 교육사회, 교육행정 및 교육경영, 생활지도 및 상담	60분	논술형	1문항	20점
	전공 A	교과교육학 및 교과 교육과정	90분	기입형 서술형	10문항 4문항	2점 5점
	전공 B	교과내용학	90분	서술형 논술형	4문항 2문항	5점 10점
제2차 시험	교수· 학습 지도안 작성	교수 · 학습지도안 작성 중등 외국어 과목은 해당 외국어	60분		1문항	
	수업실연	수업실연 중등 외국어 과목은 해당 외국어	20분		1문항	
	교직적성 심층면접	교사로서의 적성, 교직관, 인격 및 소양	10분		4문항	

중등교원 임용시험 제1차 시험은 교육학, 전공 A와 전공 B의 3개 하부검사로 구성된다. 교육학시험은 교육학과 9개 교직과목(실제적으로는 13과목)의 내용을 하나의 논술형 문항으로 한 시간 동안 평가하고 20점이다. 전공 A검사는 전공 교과교육학과 전공교과 교육과정 내용을 10개의 기입형 문항과 4개의 서술형 문항으로 측정하고 40점 만점이다. 전공 B검사는 전공 교과 내용학을 4개의 서술형 문

항과 2개의 논술형 문항으로 측정하고 40점 만점으로 제1차 교원임용시험은 100점 만점이다.

제2차 시험은 교사로서 지녀야 할 기본 능력과 적성, 교직관, 인성을 가지고 있는지를 평가하는 3개의 하부검사로 구성되어 있다. 수행평가로서 60분에 걸친 교수·학습 지도안 작성, 20분의 수업실연, 그리고 10분 동안의 교직적성 심층면접으로 구성되어 있다.

제2차 시험은 제1차 시험을 통과하고 통과한 자가 치를 수 있으며 한국사능력 검정시험 3급 이상의 자격을 요구하고 있다. 시·도 교육청 단위로 제1차 시험과 제2차 시험점수, 그리고 각종 가산점 등이 모두 합산되어 고득점자부터 교사로 임용하고 있다.

3. 문제점

교원임용시험 자체와 그리고 시행 등에 다음과 같은 문제점이 있다.

첫째, 임용시험의 내용타당도와 신뢰도의 문제를 제기한다. 제1차 시험은 7개의 교직과목, 실제적으로는 13과목의 교육학 내용을 1시간 동안 한 문항으로 측정한다. 교사가 되기 위하여 알아야 할 교육학 전반의 내용을 평가한다면 다수의 문항이라야 많은 내용을 측정할 수 있어 내용타당도를 높일 수 있다. 제2차 시험은 교사로서의 기본 능력을 수행하는 정도를 평가하는 내용이지만 1시간 동안 교수·학습지도안을 작성할 수 있는지, 그리고 20분의 수업 실연에서 응시생이 수업능력을 발휘할 수 있는지, 10분 동안의 면접으로 교직적성의 소유 여부를 심층적으로 평가할 수 있는지를 검토하여야 한다. 또한 제2차 시험이 경우 평가자의 주관성이 개입될 여지가 있어 평가자 내 신뢰도와 평가자 간 신뢰도를 검증하여야 한다.

제1차와 제2차 임용시험의 내용과 범위, 시행과정과 절차를 분석하면 이는 우수한 교사를 선발하는 기제보다는 떨어뜨리는 기능에 주안점을 두는 경향이 높다. 제1차 시험에 대한 내용타당도와 제2차 시험에 대한 평가자 간 신뢰도와 평가자 내 신뢰도를 분석하여 검사의 유형, 그리고 문항 수, 채점 방법 등에 대한 개선이 요구된다.

둘째, 초등교원 임용 제1차 시험은 사실상 실시할 필요가 없다. 초등임용시험의 경쟁률은 2014년의 경우 2:1 이하다. 응시생들이 2개 시도를 지원할 수 있으므로 실질적으로는 1:1이 되므로 거의 모든 응시생들이 합격한다. 절차상의 이유 때문에 필요하지 않는 시험을 치르는 것이다.

셋째, 새로 임용할 교원에 대한 정보가 최소한 1년 전에 공지되지 않아 교원을 충원할 필요가 없게 되는 교과의 경우 임용시험 준비생들은 허송세월을 하게 된다.

넷째, 획일적인 임용시험과 임용제도는 시·도나 지역에 적합한 유능한 교사를 선발하기가 불가능하며 다른 특성과 능력을 지니고 있는 교원을 임용하는 데 한계를 지닌다.

이런 문제점을 내포하고 있는 이유는 교원임용을 위한 시험이나 선발 그리고 임용에 대한 체계가 잡혀 있지 않기 때문이다. 교원의 선발과 임용은 교원임용법에 의하여 시·도 교육감 권한으로 되어있다. 교원의 선발과 임용을 시·도 교육감 권한으로 이관한 것은 지방자치제의 정신에 맞는 교원을 선발하여 지방 교육의 발전에 이바지함에 목적이 있다. 시·도 교육청이 교원과 관련하여 법적 권한은 가지고 있으나 그에 상응하는 임무를 수행하고 있지 않다. 이유인즉, 교사는 지방 공무원이 아니고 국가 공무원이기에 모든 것을 국가가 책임지고 선발을 해 주어야 한다는 주장이다.

임용시험도 시·도 교육청 형편상 출제도 어렵고 채점도 어렵기 때문에 국가가 대행해 주어야 한다고 주장한다. 1990년도에 초등임용시험은 서울시 교육청이 그리고 중등교원 임용시험은 한국교육개발원에서 출제와 채점을 수행하다 출제와 채점 오류 등이 나타나 현재는 한국교육과정평가원이 교원임용시험 시·도 공동관리위원회로부터 위탁을 받아 그 일을 대행하고 있다. 계약은 시·도 교육청 공동관리위원회 담당 장학관과 한국교육과정평가원 원장이 1년 단위로 계약을 체결하고 시·도 교육청에서 임용할 교원들의 교과목을 파악하여 출제 과목을 출제하며 제1차 시험의 경우 채점까지 담당한다. 제2차 시험도 한국교육과정평가원에서 출제하며, 모범 답안을 제공하고 채점위원들에게 연수를 실시하여 시·도 교육청 별로 채점을 한다. 교원임용시험 시·도 공동관리위원회도 특정 시·도가 장기적으로 이 사업을 담당하기에 부담이 되므로 매년 교대하여 초등임용시험 담당 시·도와 중등임용시험 담당 시·도를 달리 정해서 진행하고 있다. 이렇다 보니 임용시험을 담당한 주관 시·도 장학관들은 1년만 무사히 진행되기를 염원하고 1년이 지나면 다른 시·도로 주관업무를 이관한다.

교육부도 교원의 선발과 임용은 법적으로 시·도 교육감의 권한

이므로 그들이 자율적으로 제도나 시행 등의 모든 일들을 해결하기를 바란다. 교원과 관련된 많은 정책 중 선발과 임용에 대한 정책이 가장 중요함에도 불구하고 교육부나 시·도 교육청 모두 서로에게 떠넘기기 급급하다. 교육부와 시·도 교육청은 출제와 채점을 한국교육과정평가원이 지금까지 해 왔으니 위탁 금액이 얼마가 되던 사고 없이 치러 주기를 바란다. 이러다 보니 교원정책 전반에 대한 정책은 부재하고 관리도 소홀하다 아니 할 수 없다. 한국교육과정평가원도 교원과 관련된 연구기관이 아니기에 연구를 하지 않고, 시험 출제와 채점의 기능만 대행한다.

4. 개선 방안

현재까지 나타난 문제점만이라도 개선하기 위한 단기 안으로, 첫째, 초등교원임용 제1차 시험은 폐지하는 것이 바람직하다. 둘째, 중등교원 제1차 시험의 교육학 분야는 문항 수를 3~4 문항 정도로 늘리는 것이 내용타당도를 높인다. 셋째, 제2차 시험의 교수·학습 지도안 작성과 수업실연 시간을 늘려 응시자들의 그들의 능력을 발휘할 수 있는 역량평가로 전환하여야 한다. 넷째, 교직적성 면접의 경우 면접시간을 늘려 심층면접이 되도록 하여야 한다.

장기 안으로 차제에 교원선발과 임용에 대한 법규에 대하여 시·도 교육감 권한을 명확히 하여 모든 것을 진행하든가 아니면 국가의 권한으로 하든가를 분명히 하여 그 법규에 따라 시행하여야 할 것이다. 교사가 되기 위한 자격범위, 미래 사회에 부합하는 교원선발 방법, 인턴제를 통한 임용 방안 등도 논의할 수 있다. 이것이 정리되지 않으면 교원정책의 부재로 우리나라 교육의 장래는 어둡다. 그냥 현재의 상태로 안일하게 교원을 선발한다면 교사 역량 부족으로 인해 인성교육, 창조교육은 멀어질 수밖에 없고, 특히 학교폭력, 학생 생활지도, 담임 기피 현상 등을 해결하기 어렵다.

교원 수급, 양성, 선발, 임용에 대한 전문 연구기관에서 종합적으로 계획을 수립하고 이에 따라 진행할 수 있도록 하여야 우리나라 교육의 미래가 밝다. 그러므로 교원제반 정책에 대한 모든 것을 종합적으로 연구 그리고 집행할 수 있는 '교원관련전문기관' 설립이 요구된다. 이 전문기관에서 미래사회에 필요한 교사상, 그런 교사를 양성할 수 있는 교육프로그램과 교원양성 시스템, 학령인구 감소와 새로운 교과의 필요성에 따른 교원의 수급, 지필검사를 지양하는 교원선발 평가 시스템과 임용 방안, 교원 자질 향상을 위한 재교육, 교원평가 등을 전문적으로 연구하고 정책을 수립하여 집행하도록 하게 하여야 한다.

D. 고교내신제도

1. 정의와 목적

고교내신이란 고등학교에서 성적을 말한다. 고등학교에서 시험과 관련된 학업성적 이외에 많은 학교 활동이 있으나 학업성적과 관련된 내용이 대학입학에 중요한 요소로 반영되면서 고교내신이라 하였다.

학생을 지도하기 위하여 학교에서 학생의 학업성적이나 학교 활동을 기록·보관한다. 이를 기록한 서류를 1954년 이전까지 학적부라 하였으나 1958년에는 생활기록부라 하였다. 양식을 개선한 후 학생기록부로 변경하였다가 1995년에 학생의 학내외 특별 활동 및 자원봉사 활동 내용을 기재할 수 있게 하여 1996년부터는 종합생활기록부로 명칭하였다. 약칭으로 종생부라 불리는 부정적 어감 때문에 1997년에 학교생활기록부로 변경하였다.

학교생활기록부의 목적은 학업성적과 학교 활동, 그리고 학생의 성장과 발달 그리고 변화를 기록하여 학생지도에 참고하기 위한 목적이 우선이고 자료로 활용하며 기록·보관하는 데 목적이 있다.

2. 변천 과정

고등학교 성적이 대학입학에 반영된 것은 1954년 대학입학연합고사의 무효화로 모든 대학 신입생 전형이 대학 자율로 맡겨진 1955년 이후였으며, 1956년에 대학에서 무시험으로 신입생을 선발하였다. 이때 고등학교 성적과 구두시험 결과를 전형 요소로 사용하였다. 1958년 서울대학교의 경우 입학생의 10%는 무시험으로 90%는 시험으로 선발하였다. 이때 고등학교 3년간의 성적을 대학입학 총점의 30%로 반영하였다. 대학 진학을 위하여 출신학교의 성적자료 작성요령을 시달하였으며, 교과성적 행동발달 및 특별활동 일람표에 의하여 교과성적은 수, 우, 미, 양, 가로 5, 4, 3, 2, 1점을 부여하고, 행동성적은 가, 나, 다로, 특별활동 성적은 상, 중, 하로 평가하였다. 1977년 전까지 입학시험을 치루고 고등학교에 입학하였기 때문에 학교 간에 학생들의 학업능력의 차이가 매우 심해서 절대평가인 수, 우, 미, 양, 가의 석차가 의미가 없었다.

고교 무시험 입학과 고등학교 평준화 정책을 폈지만, 오히려 과외가 성행하여 학교수업이 제대로 진행되지 않아, 고등학교교육을 정상화하기 위해 1980년에 과외를 금지시키고 고교내신 성적을 대학입시에 반영하기 시작하였다. 1982년부터 적용된 고교내신 등급은 처음에는 고등학교 3학년 학기별 이수교과목의 '수'는 5, '우'는 4, '미'는 3, '양'은 2, '가'는 1로 환산하고 교육과정 이수단위를 곱한 환산점을 산출한 후 합산하여 학기별로 총점을 계산하였다. 그리고 4%는 1등급, 그다음 6%가 2등급, 8%가 3등급, 12%가 4등급, 20%가 5등급, 20%가 6등급, 12%가 7등급, 8%가 8등급, 6%가 9등급, 4%가 10등급으로 하였다. 1982년부터 1987년까지는 15등급으로 구분하였고, 1988년부터 1993년까지는 10등급으로 다시 구분하였다.

1994년부터 절대평가에 의한 평어인 수, 우, 미, 양, 가와 상대평가인 과목별 석차를 함께 표기하였으며 이를 대학에서 자율적으로 활용하였다. 의미가 없는 전과목 총점에 대한 석차가 없어지고, 각 과목별로 석차를 부여하였으며, 어떤 과목을 활용하든, 과목별 석차를 활용하든, 과목별 평어를 활용하든 내신 반영 방법은 각 대학의 자율로 적용하였다.

1995년 5월 31일 5·31 교육개혁을 발표하여 대학별 고사를 금지하고 그전까지의 내신 산출방법을 따르지 않고 새로운 개념의 내신제도를 도입하며, 봉사활동을 비롯한 다양한 요소를 대학입학에 활용할 수 있게 하였으며, 이때에 종합생활기록부란 명칭을 사용하며 공식적으로 내신이라는 단어를 사용하지 않았다.

김대중 정부가 들어서면서 상대비교평가 체제하에서 점수화되는 고교내신제가 학생들 간의 경쟁을 부추기므로 교육적으로 바람직하지 않다는 지적에 따라 1999년부터 절대평가가 도입되었다. 그러므로 종전에 상대비교로 산출한 15등급의 내신점수 대신에 '수, 우, 미, 양, 가'를 부여하였다. 그러나 대학 진학은 상대비교로 결정되기 때문에 보다 높은 내신점수를 얻어야 대학진학이 용이하다는 결론에 이르게 된다. 그에 따라 고등학교에서는 학생들의 내신을 과대평가하여 부여하는 현상이 발생하여 이를 언론에서는 '고교내신 부풀리기'라며 비판하였다. 일부 대학은 고등학교의 내신을 학교별로 차등 반영하여 '고교등급제'를 적용하였다는 비판을 받았다. 사회적 비판을 잠재우기 위하여 절대평가로 진행되던 고교성적 부여 방법은 교육적 고려가 전혀 없이 2006년부터 다시 상대비교 평가를 적용하여 대학수학능력시험에서 적용하고 있는 9등급제를 실시하였다.

이후 선택과 집중이 특징인 제9차 개정 교육과정이 적용되면서 교육과학기술부는 소인수 교과목에 대한 성적 부여에 대한 문제와 고교내신 9등급제가 창의인성교육을 저해하는 원인 중의 하나임을 인지하였다. 이어 글로벌 지식기반사회에서 요구되는 창의인재를 양성하기 위한 '중등학교 학사관리 선진화 방안'(교육부, 2013. 12. 13.)을 발표하면서 평가제도를 상대비교평가에서 절대평가로 전환하기로 하였다. 특히 인성교육의 부실과 학교폭력 등의 문제는 상대비교평가에서의 무한 경쟁으로 인한 인간성 상실과 무관하지 않고,

인간성 회복 및 창의성 향상을 위해서도 상대비교평가보다는 절대평가가 더 교육적이라 판단하였다. 그래서 2014학년도부터 고등학교의 학생생활기록부에는 석차대신에 교과목별로 받은 점수, 성취수준인 A, B, C, D, E와 과목별 평균점수와 표준편차 그리고 수강생수를 기록하도록 하였다.

지난 정부에서 절대평가인 성취평가제를 실시하려고 했으나, 학교현장의 준비 미흡과 김대중 정부 시절 절대평가가 고교내신을 부풀리는 부작용이 있었음을 우려하여 현 정부가 들어서면서 성취평가 결과(A, B, C, D, E)의 대학입시 반영은 2019년까지 보류하고, 2019학년도 성취평가 시행 여부는 2015년에 결정한다고 발표하였다(교육부 대입제도 발전방안 연구위원회, 2014c).

2015년도 대학입학의 학교생활기록부의 학교성적 반영은 다양하게 진행되고 있다. 일반고와 특목고는 기존 9등급 평가 방식을 적용하고 예체능계는 우수, 보통, 미흡의 성적을 반영한다. 특성화고인 전문계 고등학교의 경우 일반 교과는 기존 9등급 평가, 전문교과는 성취 기준에 따라 A, B, C, D, E로 평가하며, 영재고의 경우 학생이 적으므로 9등급을 따르지 않고 절대평가방식을 사용하고 있다.

3. 비판과 문제점

고등학교에서의 학업성적이나 활동들은 학교생활을 충실히 하게하고 학생들 지도할 목적이 우선이었으나 대학의 입학 전형 요소로 반영되면서 성적 산출 방법이나 활용에 많은 변화가 일어났다. 학교에서 무엇을 얼마나 잘 가르칠 것인가보다 학생들을 어떻게 변별할 것인가에 치중함으로써 교육의 부작용이 일어나기 시작하였다. 고교내신의 변천과정을 보더라도 교육적 관점에서 장기적인 계획 없이 정권이 바뀔 때마다 절대평가에서 상대비교평가로, 그리고 등급을 늘렸다 축소하고 다시 늘렸고, 절대평가를 시행하다 상대비교평가로 다시 절대평가를 실시한다고 하다 유예하고, 학교유형별로 그리고 교과별로 다르게 상대비교 평가와 절대평가를 병행하는 등 지금도 방향을 잡지 못하고 있다. 이런 혼란 과정은 뚜렷한 고등학교교육의 목적이나 비전 없이 여론을 수습하는 정치적 의도나 무모한 정책적 결정 때문이다. 때로는 3년제 예고도 없이 바로 집행함으로 학교현장에서는 혼란을 야기하였고 제도를 정착시킬 수 있는 여유가 전혀 없었다. 그러므로 현재에도 변화 중에 있다.

입학전형 요소로 고등학교의 성적이나 다른 활동들을 반영함에 있어 대학교육과 연계하지 못함으로 인해서 고교내신은 대학 교육을 위하여 필요로 하는 역량을 함양시키는 촉진제가 될 수 없다. 뿐만 아니라 고교내신이 중요하게 됨으로써 학교에 학생들 가두어 두는 학교교육의 정상화가 어느 정도 이루어졌는지는 몰라도 학교교육의 질을 향상시키는 데 별 도움이 되지 않았다고 할 수 있다.

고교 성적이 상대비교 평가에 의하여 이루어지고 강화됨으로서 많은 문제점을 만들었다.

첫째, 상대비교평가는 경쟁을 교육의 당연한 윤리로 받아들이게 함으로써 교육이념인 홍익인간의 양성을 방해하고 있다. 학급의 친구마저도 경쟁자가 되어 남을 배려하거나 하는 인성교육도 이루어질 수 없다.

둘째, 중간고사와 기말고사와 같은 시험에 집중하므로 취미, 적성과 진로교육이 등한시된다.

셋째, 협동학습이 용이하게 이루어지기 어렵고, 창의적인 사고를 할 수 없고 학습환경을 만들기 어렵다.

넷째, 상대비교평가는 무한 경쟁을 유발하므로 고교내신을 준비하는 사교육이 성행하여 사교육비 지출이 증가한다.

다섯째, 고등학교 내신 9등급제는 평가이론에 맞지 않을 수 있다. 내신 9등급의 스테나인 점수별 비율은 [그림 6-2]와 같다.

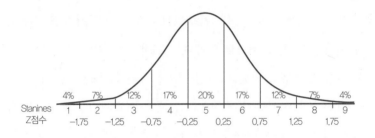

[그림 6-2] 스테나인 점수에 따른 비율

스테나인 점수는 제2차 세계대전 중에 미 공군에서 사병들을 배치하기 위하여 사용한 방법이다. 이 점수를 부여하기 위해서는 점수분포가 정규분포를 갖춰야 한다. 그러나 학생 수가 적은 과학고나 전문계고 그리고 읍·면 단위 소재 학교, 그리고 수강생이 적은 교과목의 경우 점수분포가 정규분포가 될 수 없다. 편포일 경우 등급 간 점수의 간격이 일정하지 않아 작은 점수에도 등급이 갈리는 경우가 많다. 그러므로 점수분포가 정규분포를 이루지 못하는 소인 수 학교나 몇몇 교과목에서 9등급제는 학생 능력을 적절히 평가할수 없어서 사용하면 안 된다.

4. 개선 방안

상대비교평가가 강조되고 있는 고교성적 평가는 비판과 그리고평가의 본질적 문제를 해결하기 위한 개선 방안은 다음과 같다.

첫째, 미래 지향적 관점과 교육적 차원에서 절대평가로 전환하여야 한다. 상대비교평가가 유발하는 무한 경쟁이 주는 피해를 줄이기 위하여 상대비교와 절대비교 평가를 왔다가 갔다가 할 것이 아니라 절대평가로 전환하여 정착시키도록 노력하여야 한다. 절대평가에 따른 학교 성적의 과대평가 등을 방지하고 나타나는 부수적인문제점을 체계적, 지속적으로 개선하기 위한 노력을 하여야 한다.

둘째, 시험 위주의 평가보다는 고등정신 능력과 수행능력을 신장할 수 있는 수행평가를 점진적으로 증가시켜 학교 성적을 평가하도록 하여야 한다.

셋째, 과대평가와 평가의 오류를 방지하기 위하여 평가 내용, 방법과 절차, 결과를 공개하여야 한다. 절대평가에 따르는 평가자의주관성 그리고 부정 등을 예방하기 위하여 평가방법을 사전에 공지하고 평가 결과를 공개하도록 하여야 한다.

넷째, 학과 성적 이외의 다른 활동으로서 특별활동, 대외활동 등을 다양화하고 이를 평가하여 기록하는 방안을 강구하여야 한다.이를 통하여 고등학교의 교육을 주지교육에서 초월하여 학생의 흥미와 적성 그리고 특성을 함양하고 창의성을 신장할 수 있도록 하여야 한다.

다섯째, 대학에서 고등학교의 학교성적뿐 아니라 다른 활동에 대한 정보를 정확히 분석하여 대학입학 전형자료로 활용할 수 있도록 하여야 한다. 입학사정관제도가 활성화되면서 이 부분에 해결점을 찾을 수 있기를 기대하였으나 학생부 전형으로 전환하였다. 학생부 전형이라도 학생부의 내용이 무엇인지를 정확하게 분석할 수 있도록 대학입학전형 관계자의 역량을 함양시켜야 한다.

여섯째, 결론적으로 고등학교의 설립 목적과 유형에 따라 학교성적 평가와 부여 방법을 자율적으로 하게 하여야 한다. 미래사회를 대비하고 학생들의 미래 역량을 함양하기 위하여 학교의 설립 목적과 유형도 매우 다양해지고 있다. 일반고와 자사고, 영재고, 과학고, 외국어고, 특성화고 등은 학생들의 특성이 다르고 가르치는 교과목도 매우 다양해질 수밖에 없다. 교과에 대한 평가방법은 획일적이기보다는 교과의 특성을 고려하여 지필검사, 실험과 실습 등 다양한 평가방법을 사용하여야 교육의 목적을 달성할 수 있다.

자율성을 부여함은 책임이 따르고 이 책임은 전문성이 보장되어야 가능하기 때문에 타율에 의한 획일화와 통제보다는 교육의 질을 향상시킬 수 있다. 각 고등학교에서 교과에 따른, 나아가 학교특성에 따른 평가방법을 구안하고 평가하면서 보다 발전적 방안을 개발하여 나가도록 권장하여야 고등학교교육이 발전될 수 있다.

학교생활기록부는 학생의 학교생활을 올바르게 하고 학교교육을 제대로 할 수 있는 기능을 하게 함이 우선이다. 그리고 그 내용을 제대로 분석하여 대학입학 전형자료로 사용할 때 고등학교교육의 정상화뿐 아니라 대학교육과 연계시켜 교육의 발전을 유도할 수 있다.

E. 대학수학능력시험

1. 정의와 변천과정

대학수학능력시험은 본래 교육부 산하 중앙교육평가원에서 「대학교육 적성시험」이란 명칭으로 연구가 진행되어 국립교육평가원(1992)에서 「대학수학능력시험」이라 명명하고 다음과 같이 정의를 부여하였다. 대학교육을 받는 데 필요한 능력을 알아보기 위하여 고등학교교육과정의 내용과 수준에 맞추어 언어, 수리, 탐구, 외국어(영어) 영역별로 통합교과적 소재를 바탕으로 하여 사고력 중심으로 평가하는 발전된 학력고사(국립교육평가원, 1992)

대학수학능력시험이 출현한 배경에는 1963년도 대학입학예비고사, 그리고 1982년 대입학력고사와 관련지을 수 있다. 대학입학예비고사와 대입학력고사가 교육과정과 교과서에 기반을 둔 학력시험으로서 고등정신능력을 측정하기에 한계가 있다는 지적이 있었다. 대입학력고사의 경우 10년 이상 교과서에 기반을 두어 문항을 출제하다보니 양질의 문항이 출제되고 새로운 문항 출제가 어려워 암기위주의 문항이 출제되는 경향이 있었다. 암기와 같은 단순정신기능보다는 종합, 분석, 창조 등의 고등정신능력을 함양하기 위한 노력이 필요하였으며 이를 보다 용이하게 달성하기 위하여 적용,

종합, 비판, 분석 능력을 측정하는 검사를 개발하고자 하는 목적이었다.

성태제(1991)는 대학수학능력시험의 원명이었던 '대학교육 적성 시험'의 정의와 실험평가 문항을 분석하여 이 시험은 태생적으로 문제점을 갖고 출발하였다고 비판하였다. 대학수학능력시험은 학업 적성 검사와 학업성취도 검사의 성격이 혼재한 검사이나 학업성취도 검사에 가깝고, 고등학교 수준에 맞추어 통합교과적으로 출제한다는 의도는 교육과정에 기반을 두지 않음을 암시한다고 분석하였다. 예를 들어, 수리·탐구(II)인 과학탐구의 경우 물리, 화학, 생물, 지구과학 과목을 통합하는 교과가 교육과정에 있지 않았으며 통합교과적으로도 수업을 하지 않았기 때문에 교육과정을 기반으로 한 검사가 아니다. 고등학교에서는 통합교과를 만들어야 하고 학습을 시켰어야 할 것이고 그렇지 못할 경우에는 사교육이 성행할 것이라 예견하였다. 고등학교 교육정상화에 역행하는 것이고 사교육비는 증가할 것이라 비판하였다.

20년이 지난 현재는 대학수학능력시험의 개념을 명확하게 정의하지 않고, 성격과 목적만을 다음과 같이 제시하고 있다.

대학 교육에 필요한 수학 능력을 측정하고, 고등학교 교육과정의 내용과 수준에 맞추어 출제하여 고등학교 학교교육의 정상화에 기여하며, 개별 교과의 특성을 바탕으로 신뢰도와 타당도를 갖춘 시험으로서 공정성과 객관성 높은 대입 전형자료를 제공하는 데에 목적이 있다(한국교육과정평가원, 2014; 한국교육과정평가원 홈페이지).

1994년과 1995년에 실시한 대학수학능력시험의 시험영역과 시간, 배점, 문항 수는 〈표 6-5〉와 같다. 제7차까지의 모의 실험평가를 거쳐 1994년에 실시한 시험은 고등학교 교과목 명칭과 달리 언어, 수리·탐구(Ⅰ), 수리·탐구(Ⅱ), 외국어(영어), 제2외국어로 명칭 하였다. 문항을 일반적으로 동일 배점으로 원점수를 보고하는 형태로 출발하였다. 언어, 수리·탐구(Ⅰ), 수리·탐구(Ⅱ), 외국어(영어)영역 모두 인문, 자연, 예체능 계열 구분 없이 공통으로 출제하였다. 수리·탐구(Ⅱ)인 사회탐구와 과학탐구의 경우 영역 통합문항을 출제하고 각 과목별로 출제하였다. 그러나 그 다음해인 1995년에는 학교현장의 교육과 연계하여 수리·탐구(Ⅰ)인 수학, 수리·탐구(Ⅱ)인 과학탐구와 사회탐구 영역은 인문·예체능 계열과 자연 계열로 분리되어 출제하였다.

교육과정을 기반으로 하지 않고 실시한 대학수학능력시험이 시행한 지 1년 만에 고등학교 학생들의 계열에 맞추어 출제범위와 내용이 달라진 것을 보더라도 처음부터 문제를 안고 시작한 시험이었다.

20년 후인 2014년에 실시한 대학수학능력시험의 명칭과 시간, 문항 수, 배점은 〈표 6-6〉과 같다.

〈표 6-5〉 1994년과 1995년에 실시한 대학수학능력시험의 시험 시간, 문항 수, 배점, 출제 범위

실시연도	교시	영역			시간(분)	문항수	배점	범위
1994	1	언어			90분	60	1	전교과(국어, 인문, 사회, 과학, 예술 분야)
	2	수리·탐구 I			70분	20	2	일반수학, 수학 I
	3	수리·탐구II	사회탐구		100분	27	1	국사, 국민윤리, 한국지리, 정치경제, 세계사
			과학탐구			33		과학 I, 과학 II
	4	외국어(영어)			80분	50	.8	전교과 듣기·말하기 문항 17개 포함
1995	1	언어			90분	60	1	전교과(국어, 인문, 사회, 과학, 예술 분야)
	2	수리·탐구 I	인문·예체능		90분	9	1, 1.5,	일반수학, 수학 I
			자연			9	2	일반수학, 수학 I, 수학 II
	3	수리·탐구 II	사회탐구	인문·예체능	100분	36	1	국사, 국민윤리, 한국지리, 정치경제, 세계사, 사회·문화, 세계지리
				자연		24		국사, 국민윤리, 한국지리, 정치경제, 세계사
			과학탐구	인문·예체능		24		과학 I, 과학 II
				자연		36		과학 I, 과학 II, 물리, 화학
	4	외국어(영어)			80분	50	.8	전교과 듣기·말하기 문항 17개 포함

<표 6-6> 2014년에 실시한 대학수학능력시험

교시	영역		시간 (분)	문항 수	배점		범위	점수 체제
					문항	전체		
1	국어 (택1)	A형	80	45	2, 3	100	화법과 작문 I, 독서와 문법 I, 문학 I 을 바탕으로 다양한 소재의 지문과 자료를 활용하여 출제	• 표준 점수 • 백분위 • 등급 표기
		B형					화법과 작문 II, 독서와 문법 II, 문학 II 를 바탕으로 다양한 소재의 지문과 자료를 활용하여 출제	
2	수학 (택1)	A형	100	30	2, 3, 4	100	수학 I, 미적분과 통계 기본	
		B형					수학 I, 수학 II, 적분과 통계, 기하와 벡터	
3	영어		70	45	2, 3	100	영어 I, 영어 II 를 바탕으로 다양한 소재의 지문과 자료를 활용하여 출제	
4	탐구 (택1)	사회 탐구	과목 당 30분	과목 당 20	2, 3	과목 당 50	생활과 윤리, 윤리와 사상, 한국사, 한국지리, 세계지리, 동아시아사, 세계사, 법과정치, 경제, 사회·문화 10과목 중 최대 택 2	
		과학 탐구					물리 I, 화학 I, 생명과학 I, 지구과학 I, 물리 II, 화학 II, 생명과학 II, 지구과학 II 8과목 중 최대 택 2	
		직업 탐구	과목 당 60분	과목 당 40	2, 3	100	농생명산업, 공업, 상업정보, 수산·해운, 가사·실업 5과목 중 택 1	
	계		310	160		400		
5	제2외국어 / 한문		40	30	1, 2	50	독일어 I, 프랑스어 I, 스페인어 I, 중국어 I, 일본어 I, 러시아어 I, 아랍어 I, 기초베트남어, 한문 I 9과목 중 택 1	

1994년과 2014년에 실시한 대학수학능력시험에 많은 변화가 있음을 알 수 있다. 첫째, 언어가 국어로, 수리·탐구(I)인 수리가 수학으로, 외국어(영어)가 영어로 과목명이 바뀌었으며, 국어와 수학은 A,

B형으로 출제되었다. 큰 특징은 제2외국어 영역과 직업탐구 영역이 추가되었다는 것이다.

20년 동안 대학수학능력시험은 과목과 점수부여 등에 크게 12번의 변화가 있었다(성태제, 2014). 2001년에 국제화를 지향한다는 취지에서 선택영역으로 제2외국어가 추가되어 독일어, 프랑스어, 에스파냐어, 중국어, 일본어, 러시아어가 출제되었다. 이후로 아랍어, 베트남어, 한문이 추가되었다. 2005년에는 실업계 고등학생들의 대학진학을 위하여 직업탐구 영역이 신설되어 농업정보관리, 정보기술기초 등의 13과목이 출제되다 2014년에는 통합한 5과목으로 출제되었으나 2017년에는 10과목이 출제될 예정이다(한국교육과정평가원, 2014).

원년에는 국사가 사회탐구에 포함되어 모든 학생들이 치르는 시험이었으나 2005년부터 사회탐구와 과학탐구가 선택과목으로 전환되면서 국사과목은 선택과목이 되었다가 2017년부터는 한국사를 필수과목으로 선정하여 모든 학생이 한국사 시험을 보아야 한다.

수능시험 점수도 원년에는 원점수, 총점, 백분위를 부여하다 1999년에는 표준점수, 변환표준점수, 변환 표준점수에 의한 백분위를, 2002년에는 영역별 9등급 점수와 종합등급 점수를, 2005년부터는 표준점수, 백분위와 등급점수를 부여하고 있다. 백분위, 등급점수는 모두 상대비교 평가에 의한 점수이나 2017년부터 한국사와 2018년부터 영어시험에는 절대평가 점수가 부여될 계획이다.

문항점수는 초기에는 문항별로 균일 배점을 하다가 1995년부터는 .8, 1, 1.5, 2점으로 1999년부터는 1, 1.5, 1.6, 1.8, 2, 3, 4의 소수와 정수 점수로, 2004년부터는 정수로 배점을 부여하고 있다. 이는 소수점으로 학생들의 능력이 변별되는 모순을 해결하기 위한 고육지책이었다고 할 수 있다.

대학수학능력시험에 대한 정책적 의도는 처음에는 통합교과적 출제를 통하여 고등정신능력을 함양하려는 노력으로 출발하였으나 일반적으로 시험이 어렵게 출제되어 김대중 정부 때인 1999년부터는 쉬운 수능을 추구하였다. 그 이유는 수능 준비를 위한 사교육의 의존도를 낮추고 과도한 학습을 예방하고자 하는 의도였다. 노무현 정부 때는 늘어나는 사교육비와 농·산·어촌 소외지역 학생들이 EBS강의를 통하여 수능을 준비할 수 있는 제도적 장치를 시작하게 되었다. 그러면서 EBS 교재와 연계하여 출제하는 정책을 시도하였고 출제 비율도 50%에서 70%로 높였다. EBS 교재와 연계하여 수능을 출제하는 목적은 사교육비 경감과 수능의 대학입학 의존도를 낮추고자 하는 취지이기에 적정 난이도를 유지하기 위하여 영역별 만점자 1%가 되도록 하는 정책도 실시된 바 있다. 고등학교에서 교과서를 제쳐 놓고 EBS 교재로 수능 준비를 하는 것이 교육적으로 바람직한가에 대한 비판이 제기되었으나 현 정부도 EBS 교재 연계 비율을 70%로 고수하고 있다.

2. 비판과 문제점

박도순(2014)은 수능시험은 처음부터 교육계의 이기주의 때문에 탐구영역이 추가되면서 변질되어 출발하였으며 EBS연계가 수능을 망쳐 놓았다고 주장한다. 20년 동안 정치·경제·사회·문화· 교육장에 엄청난 변화와 발전이 있었다. 그러나 대학수학능력시험은 진화를 한 것이 아니라 새로운 정부가 들어설 때마다 정책적 의지와 사회적 요구를 반영하기 위하여 학문적이거나 경험적 연구나 공론의 과정 없이 무수히 변화시켰다고 할 수 있다. 수능시험을 변화시킬 때 마다 검사의 목적과 활용 방안이 학교나 사회 그리고 국가에 어떤 영향을 주는지에 대한 논의가 거의 없었다고 할 수 있다.

수능시험에 대한 문제점은 다음과 같다.

첫째, 대학에 입학하여 공부할 수 있는 학업적성이 있는지를 평가하는 학업적성검사인지 아니면 고등학교교육과정에서 가르치고 배운 내용을 얼마나 알고 있는지를 평가하는 학업성취도검사인지 그 성격을 분명히 하지 못한다.

둘째, 검사의 성격이 대학에 입학할 수 있는 일정 자격을 부여하는 자격시험의 성격인지 아니면 입학전형자료로서 시험점수를 반영하는 시험인지를 결정하는 활용 방안이 분명하지 않았다. 그러므로 처음에는 문항마다 동일 배점을 하다, 소수점까지 부여하여 학생들을 변별하는 기능을 극대화하여 수능 의존도가 높아져 사교육이 번성하자 나중에는 등급을 부여하게 되었다.

셋째, 측정하고자 하는 영역과 과목이 교과집단, 정치적 집단 등에 의하여 증가하였다. 제2외국어의 경우 2001년에는 6개 외국어에서 9개 외국어로 증가하였고, 직업탐구 과목도 처음에는 수능에 포함되어 있지 않다가 2005년에 수능에 포함되면서 농·공·상·해운·정보 등과 관련한 13과목이 출제되었다. 2014년에는 5과목이 출제되었으나 2017년에는 10과목이 출제된다.

넷째, 일부의 과목은 소수의 학생들이 선택한다. 2014년도에 제2외국어와 직업탐구 과목을 응시한 학생 수는 〈표 6-7〉과 같다.

〈표 6-7〉 2014년도 제2외국어/한문, 직업탐구 영역 과목별 응시자 현황

영역	과목명	인원(명)	과목명	인원(명)
제2외국어/한문	독일어 I	1,628	러시아어 I	978
	프랑스어 I	1,697	아랍어 I	12,356
	스페인어 I	1,710	기초 베트남어	27,509
	중국어 I	4,952	한문 I	5,221
	일본어 I	7,174		
직업탐구	농생명 산업	578	수산 · 해운	70
	공업	3,379	가사 · 실업	1,559
	상업 정보	4,360		

제2외국어/한문 영역에서 독일어와 프랑스어는 각각 1,628명과 1,697명이 응시하였으며 러시아어는 978명이 응시하였다. 직업탐구 영역에서 수산해운 과목은 70명이 응시하였다.

다섯째, 모든 영역의 시험을 지필검사로 평가하고자 하는 시대적 착오를 벗어나지 못하였다. 제2외국어의 경우 말하기와 쓰기 능력 측정이 부진하고 읽기 능력 평가에 치중하므로 말하기와 쓰기 학습이 진행되고 있지 않다. 직업탐구의 경우는 더욱 심각하다. 직업탐구 영역의 출제 교과목의 학습은 수능시험 준비를 위한 교육으로 특성화 고등학교교육의 특징만 기능·기술 교육을 제한하게 된다.

여섯째, 시험의 난이도가 정책적으로 변화되었다. 쉬운 수능과 어려운 수능, 언론에서는 물수능 혹은 불수능이라 하지만, 쉽고 어렵고는 학생 개인의 능력에 따라 판단이 다른 매우 주관적인 표현이다. 미국의 SAT, TOEFL, GRE, ACT, 영국의 ACE, PISA, TIMSS 등 어느 시험을 보더라도 '어렵다' 혹은 '쉽다'라는 표현을 하지 않는다. 쉽게 혹은 어렵게 출제한다는 예고를 한 적이 없다. 왜냐하면 검사의 목적이 있고 검사의 목적을 위해서는 검사의 난이도는 거의 일정하게 유지하여야 하기 때문이다. 우리나라처럼 작년보다는, 올 6월 모의고사보다는 다소 쉽게 출제한다느니 혹은 어렵게 출제한다느니 하는 표현이야 말로 어불성설이다. 정부에서 대학수학능력시험의 난이도를 특히 어느 과목은 어떻게 출제하고 하는 요청이 없어야 한다.

일곱째, 기출문항에 대한 규정이 없다. 정답 논쟁이나 오탈자의 문제가 발생하면 문제은행을 제안하는 의견이 종종 있어 왔다. 문제은행이란 돈을 은행에 입금하였다가 찾아 쓰고 다시 예금하는 것처럼 새로운 문항을 보관하고 그 문항들을 다시 사용하며, 시험을 본 문항 중에 최근 문항이거나 양질의 문항일 경우 또다시 사용할수 있도록 하는 특징이 있다. 우리나라의 경우 대학수학능력시험이 학생 개인의 인생을 결정하는 중요한 시험이기 때문에 시험을 보는 순간 모든 문항은 공개되어 다시 사용할 수가 없다. 그러기에 시험과 동시에 그 문항은 죽은 문항이 된다.

문제은행을 이용하려면 일단 기출된 문항도 다시 사용할 수 있게 하여야 한다. SAT, TOEFL, GRE가 그렇다. 수능검토위원들이 들어와서 기존에 있는 EBS 교재나 시중의 참고서에 나와 있는 문제와 같은 문항인지를 확인하는 작업에 많은 노력을 하며 시간을 보낸다. 기출 문항이 발견되면 출제본부에서 출제한 문제는 바로 다른 문제로 대치되며 수능시험의 원본이 인쇄소에 넘겨지기 전까지 그 작업이 진행된다. 이런 과정에서 문제의 오류와 난이도 조절 문제가 발생하는 경우가 있어 왔다. 수능시험 원본이 인쇄소로 이전되고 난 후에 나타날 수 있는 기출문항은 예방할 방법이 없다. 예견력이 탁월한 강사가 수능 시험 인쇄기간 동안 특강한 문제가 출제되었다면 이는 할 수 없는 노릇이다. 그런 일이 나타나지 않기를 바라는 수밖에 없다. 출제위원들이 고의로 참고서 등을 베끼지 않았다면 이를 수용할 수 있는 방안이 강구되어야 한다.

여덟째, EBS 교재 연계 정책에 대한 검토가 부족하였다. 교육적으로 소외지역의 학생들에게 방송통신 교육을 강화하여 사회·경제·교육적 불이익을 보상하려는 정책은 계층 간 갈등해소와 국가발전을 위하여 매우 바람직하다. 그러나 대학능력시험과 같은 고부담 검사를 EBS방송과 연계할 때 나타나는 장단점과 그리고 교육의 문제점을 깊이 분석했어야 한다. 소외 계층에 대한 배려와 그리고 사교육 기관인 학원에 의존하는 수능 준비를 교육방송이 준비시켜 주는 것이 효과적일 수 있으나 문제는 EBS수능과 학교교육을 연계하는 방안을 찾지 못하였다. EBS 교재와 방송교육은 교과서를 멀리하고 학교에서는 EBS 방송을 틀어 놓고 수업을 하는 기현상이 벌어지고 있는 것이다.

아홉째, 장기적인 교육정책의 부재가 수능의 잦은 변화를 가져왔다. 대학수학능력시험에서 제2외국어와 직업탐구 영역의 추가, 문항점수와 점수부여 방법의 변화, 시험 난이도 문제, EBS 연계 등 중요 사안의 결정 과정이 교육의 장기적 발전 방향에 의하여 변화와 진화를 한 것이 아니라 정권이 바뀔 때마다 변화되었음을 부인하지 않을 수 없다.

3. 개선 방안

대학수학능력시험에 대한 비판에서 알 수 있듯이 수능시험에 대한 개선은 복잡하지 않을 수 없다. 정책결정에 따라 과목 추가와 점수 부여 등의 변화가 있으면 교육은 그 변화를 따라 갈 수밖에 없다. 수시로 변화되는 정책으로부터 피해를 예방하기 위하여 대학입학정책의 변화는 3년 전에 공시하여야 하고 추후 적용된다. 그러므로 대학수학능력시험의 개선안은 단기 안과 장기 안으로 구분되어 제안한다. 내년 시행부터 개선할 사안이 있고 최소한 3년의 기간을 유보하며 결정하는 두 개의 개선안이 필요하다.

1) 단기 안

지금까지 수능에서 출제오류나 문제가 발생하면 출제기간을 연장하든가 출제위원과 검토위원을 증가시킨 것 이외의 다른 방안이 거의 없었다. 그 이유는 수능시험이 미치는 영향이 너무 크기 때문에 조금이라도 변화시켜서 문제가 발생하면 그 책임을 피할 수 없기 때문에 부담이 되는 개선을 시도하지 않은 것이다.

단기적 개선안으로서는 수능출제 그리고 시행상의 절차를 보다 체계화하고 출제 기간에 대한 효율적 관리가 필요하다.

첫째, 기출문항에 대한 처리 방안을 합리적으로 결정하여야 한다. 수능시험의 문제점에서 언급하였듯이 매 시험마다 1,025개의 출제 문항 중에 EBS 교재나 사교육 기관의 참고서에 있는 모든 문항을 찾아 동일 문항인지를 완벽하게 확인하기도 불가능하고, 수능 출제 완료 후에 학원 같은 곳의 수능 대비반에서 문제를 풀 경우는 어떻게 막을 도리가 없다. 그러므로 기출문항에 대하여 처리방안이 필요하다. 이렇게 되면 기존의 상업용 수능 준비서의 문항을 복사하는 경우가 우려될 수 있으나 출제위원에게 각별한 주의를 요청하고 그런 일이 발생하지 않도록 하면서, 출제위원이나 검토위원이 문항의 질과 난이도 조절에 보다 전념할 수 있도록 하는 것이 바람직하다.

둘째, 우수한 출제위원과 검토위원이 참여하도록 하여야 한다. 출제위원들은 일반적으로 교수가 많으며, 검토위원은 대부분 교사들이다. 출제위원 중 영역별로 고등학교 교사들이 다수 참여하는 영역도 있다. 해가 갈수록 우수한 출제위원과 검토위원을 위촉하는 것이 어렵다. 대학들은 대학 교육의 질과 대학평가를 잘 받기 위하여 교수들에게 연구와 교수를 독려하고 있기 때문에 한 달 간 학교를 비우는 것을 달갑게 여기지 않는다. 교수들조차 수능출제에 대한 보람과 매력을 느끼지 않아 참여를 기피하고 있다. 2008년에 치러진 2009학년도 수능부터 출제위원 수당을 인상하고 이후 한 번도 인상이 없어 7년간 수당이 동결되었다. 심리적 부담이 커지다 보니 출제에 경험이 있는 출제위원들이 법학, 의학, 약학 전문대학원 시험이나 고시 출제 등을 선호하는 경향이 있다.

검토에 관여하는 교사들은 학교장이나 학부모의 반대에 부딪혀 수능 검토에 참여하지 못하는 사례가 증가하고 있다. 학부모들은 유능한 선생님이 자녀들의 수능준비를 위하여 수업을 해 주는 것을 더 바라지 검토위원으로 공적 활동을 원하지 않기 때문이다. 우수한 검토교사들이 수능 검토에 참여하게 하기 위하여 여러 경로로 부탁을 하지만 용이하지 않다. 그러므로 우수한 출제위원과 검토위원이 수능출제에 참여할 수 있는 제도적 방안과 인센티브가 강화되어야 한다. 제도적 방안으로는 해당 학교 평가나 개인 평가 시 수능 참여를 국가 사회공헌도로 평가하여 주는 제도가 있을 수 있다. 다른 인센티브는 수능출제 작업에 참여하는 위원들에 수당을 올려야 할 것이다.

셋째, 출제와 검토의 두 과정의 가교역할을 독립적이며 협력적으로 할 수 있는 평가위원의 투입이 요청된다. 수능이 출발할 당시 각 영역별로 출제한 문항들을 검토위원이 입소하여 문항을 검토할 때 평가전공인 교수들이 평가위원으로서 검토위원들의 의견을 가감 없이 반영하여 문제의 오류와 난이도를 조정하는 역할을 하였다. 출제위원과 검토위원 간의 일어날 수 있는 갈등을 방지하고 시험문항의 질을 향상시킬 수 있었으나 교과 전공자들이 이 역할을 담당함으로써 검토 기능이 그전보다 약해졌다 할 수 있다. 출제위원과 검토위원의 관계는 상호보완적이지 갈등적 관계, 그리고 상하관계가 아니기 때문에 이런 관계를 잘 유지하기 위하여 평가 전공자를 평가위원으로 투입하는 것이 바람직하다.

넷째, 출제 기간 중 인쇄 기간을 단축하여 그 기간을 출제와 검토에 사용하여야 할 것이다. 공식적인 출제 기간은 33일이다. 그러나 국, 수, 영의 경우 출제 부담 때문에 공식적인 출제 본부 입소식 이틀 전에 입소하여 워크숍을 실시하며, 사회탐구, 과학탐구, 직업탐구, 제2외국어 영역은 입소식 날 입소를 하게 된다. 국, 수, 영의 경우는 35일이 된다. 일주일 이상의 출제와 5일 정도의 1차 검토, 4일 정도의 2차 검토, 3일 정도의 최종 상호 검토를 거치고 최종 문제지 원안이 검토되고 확정되어 인쇄소로 보내게 된다.

문제지 이송 순서는 수험생에게 부담이 크면서 출제가 어려운 영역이 가장 늦게 보내진다. 순차적으로 보내지는 문제지를 인쇄하는 기간은 10일 이상을 소모하고 있다. 인쇄기술의 발달과 초고속 인쇄기기를 더 확보한다면 인쇄 기간을 단축하여 출제와 검토 기간을 늘릴 수 있다. 경우에 따라서는 두 군데 이상의 인쇄소에서 교과목 별로 분리해서 인쇄하는 분할 인쇄 시스템을 구축할 필요가 있다.

다섯째, EBS 교재 연계 비율을 낮출 필요가 있다. 수능출제의 EBS 교재 연계 비율을 70%로 높이다 보니, 출제위원들이 EBS 교재를 참고하여야 하고, 그러다 보니 EBS 교재의 질에 종속될 수밖에 없다. EBS 교재에 출제한 문항을 변형하다 보면 출제 오류가 나타날 가능성이 높지 않을 수 없다. EBS 교재 연계는 간단한 문제가 아니어서 장기 안에서 개선책을 제안하겠지만 단기 안으로는 EBS 교재의 질을 높여야 할 것이다. 그리고 연계비율을 50%로 유지해서 EBS 교재를 기반으로 한 문항 출제의 구속에서 다소 벗어나며,

학교에서는 교과서로 수능을 준비하는 방향으로 유도하여야 할 것이다.

2) 장기 안

5년간 7차의 모의평가를 거쳐 시행한 대학수학능력시험은 2~3년 단위로 혹은 1년 만에 변화되는 경우가 많았다. 20년간 크게 12번의 변화가 있었으니 평균적으로 1년 8개월 만에 다시 수정하였다 할 수 있다. 잦은 변화는 학교 현장에 혼란을 야기할 뿐 아니라 학생과 학부형에게 많은 부담을 주게 된다. 학교에서 변화된 수능을 준비할 수 있게 한다면 모르나 그렇지 못할 경우에는 사교육에 의존할 수밖에 없다. 그러므로 대학수학능력시험에 대한 장기적 개선안은 그전에 범했던 착오를 방지하기 위하여 연구를 치밀하게 하고 여론을 수렴하는 공론화 과정을 필히 거쳐야 할 것이다. 미래 사회를 대비하는 중·고등학생들에게 어떤 영향을 미치고, 학교와 사회, 그리고 국가에 미칠 수 있는 영향을 검토하는 결과타당도에 대한 분석도 병행되어야 할 것이다. 이런 모든 점을 고려하여 개선안을 제안한다.

첫째, 대학수학능력시험의 성격을 명확히 재규명하여야 한다. 학업적성검사와 학업성취도 검사의 두 가지 성격을 갖게 하면, 출제 과목과 범위 점수 부여 방법 등이 혼란스러울 수밖에 없다. 학업적성검사로 규명한다면 대학에서 수학할 수 있는 학업적성의 소유 여부를 판단하는 절대 평가를 추구하여야 하며 현재와 같이 많은 교과 시험을 보지 않아도 된다. 학업성취도 성격의 검사를 지향한다면 고등학교에서 가르치고 배운 내용의 교과목을 출제하고 그 시험에 대한 성취점수를 보고한다. 미국의 SAT I 는 분석적 독해, 수리 적성 그리고 작문능력을 측정하는 학업적성시험이지만, SAT II 는 영어, 역사, 수학, 과학, 언어 등의 교과목에 근거한 학업성취도 검사라 할 수 있다. ACT도 미국의 중·고등학생을 위하여 사용하고 있는 교구·교재 그리고 교과서의 내용을 기반으로 영어, 수학, 독해시험, 생물, 화학, 물리, 지질, 천문학의 과학적 추론 등 중등교육과정에 바탕을 둔 학업성취도 검사다.

학업적성검사나 학업성취도 검사로서의 성격을 명확히 하여야 한다. 현재처럼 단일화되어 있는 대학수학능력시험을 SAT I 이나 SAT II 처럼 검사나 성격이나 교과목의 특성상 다원화할 필요가 있다.

둘째, 출제 과목 수를 축소하여야 한다. 1994년 대학수능의 출제는 통합적으로 출제되어 언어, 수리탐구(I)에 일반수학과 수학 I, 사회탐구는 국사, 국민윤리, 한국지리, 정치경제, 세계사, 과학탐구는 과학 I, 과학 II, 외국어(영어)로 총 15개 교과목이었지만, 2014년 대학수능은 50개 과목(국어 6개, 수학 5개, 영어 2개, 사회탐구는 10개, 과학탐구는 8개, 직업탐구는 10개, 제2외국어/한문은 9개 과목)을 출제하였다.

전 세계에서 하나의 시험 안에 이렇게 많은 교과를 다루는 시험은 없다. 대학에서 학업할 수 있는 적성을 측정하든, 아니면 고등학생으로서 학업능력을 측정하든 필수적인 내용이나 교과목의 내용을 측정하여야 한다. 이를 결정할 때는 교과이기주의나 가르치는 집단의 주장이 아니라 배우는 학생의 입장에서 논의가 되고 결정하여야 할 것이다.

셋째, 지필검사보다는 다양한 평가방법을 사용하여야 한다. 미래 사회를 대비하는 학생들의 능력은 아느냐, 모르느냐의 인지능력뿐 아니라 알고 있는 지식을 현실생활에 적용하여 새로운 것을 만들어 내는 능력이 요구된다. 그러므로 무엇을 수행할 수 있는지도 평가하는 것이 바람직하다. 실험과 실습이라든지, 직업과 관련된 능력, 그리고 예술적 기술과 시연은 수행하는 것을 측정하여야 한다. 그러므로 이런 능력이나 특성까지 지필검사에 의존할 필요가 없다.

제2외국어의 경우 고등학생들의 제2외국어 능력을 함양하고 그들이 지니고 있는 능력을 제대로 측정하고자 한다면 지필 검사보다는 다른 형태로 능력을 측정할 수 있다. 보다 다양하고 현대화된 평가방법을 이용하여 읽기, 쓰기, 말하기, 듣기까지 종합적으로 언어능력을 평가할 수 있다. 직업탐구 능력이야 말로 지필검사보다는 수행평가를 실시하는 것이 바람직하다. 직업탐구 영역 수행평가는 학생들의 전문 기술과 직업탐구 능력도 함양하여 전문계 고등학교 교육을 더욱 활성화할 수 있을 것이다. 이렇게 평가하면 독일의 마이스터나 북구유럽의 실업교육처럼 전문계 교육도 내실을 기할 수 있고, 대학에 입학하여 직업과 관련된 학과에서 직업 역량을 향상시킬 수 있다. IT산업의 발전으로 컴퓨터를 이용한 모의 상황에서 능력의 발휘 정도도 평가할 수 있다.

넷째, 상대비교평가의 점수체제에서 절대평가에 입각한 점수체제로 변화되어야 한다. 20년 이상 실시한 대학수학능력시험은 원점수에서 상대비교평가인 백분위와 스테나인 점수인 9등급 점수를 부여하고 있다. 백분위 점수나 9등급 점수 모두 비율에 의해 표기되는 점수로서 상대적인 위치만 알려줄 뿐 무엇을 얼마만큼 알고 있는지를 알 수가 없다. 그리고 해당 과목에 응시하는 학생들의 능력정도에 따라 점수가 변화된다. 제2외국어의 경우 그 영향이 매우 심각하다.

9등급의 상대비교평가에 의한 대학수학능력시험은 측정학적 문제뿐 아니라 학생들을 무한 경쟁으로 몰아넣어 고등학생으로서 불필요하게 과도한 학습을 하게 한다. 선진 외국에서는 학생을 평가할 때 상대비교평가에 의한 점수를 거의 사용하지 않는다. 절대평가 방식에 의하여 수준을 명시하는 방안이 강구되어야 할 것이다. 5개 수준이나 7개 수준이 적합할 것이다. 수준을 설정할 때 검사의 난이도 수준에 따라 준거를 설정하는 방법(성태제, 2011. Cizek & Bunch 2007)이 과학적이나 초기에는 국민의 이해가 어려우므로 고정식 분할 방법을 이용하여 출발하는 것도 바람직할 것이다.

2017년부터는 한국사를, 그리고 2018년도부터는 영어를 절대평가에 의한 점수를 부여한다고 한다. 어떤 목적이 있든 한 시험체제 내에서 교과별로 점수 부여 방법이 다른 것도 특징일 수 있으나 같은 방법에 의하여 실시한다면 점수체계는 통일시키는 것이 일반적이다.

다섯째, 시험의 영향력을 낮추도록 하여야 한다. 수능시험의 영향력은 대학생선발제도와 연계되어 논의할 것이다. 대학에서 학생을 선발함에 있어 어떤 전형 요소를 반영하느냐에 따라 수능의 영향력이 변화하지만, 현재처럼 지필검사에 의한 인지능력의 영향력을 높게 할 필요는 없다.

학생들의 다양한 능력을 함양하기 위하여 여러 능력과 특성을 대학입학에 반영함으로써 상대적으로 수능의 영향력을 약화시키려는 노력은 현 정부에 들어와서 오히려 후퇴하고 있다. 정시의 경우 수능점수가 합격 여부에 절대적 영향을 발휘하고 있다. 학생 개인의 적성과 흥미 그리고 능력에 부합하는 교육을 유도하며 진로위주의 진학을 강화하기 위하여 현재와 같은 지필검사의 수능시험의 영향력을 약화시키는 것이 바람직하다. 지필검사에 의존한 평가지의 영향력이 중대되면 많은 학생은 지필검사에서 오직 높은 점수를 얻기 위하여 노력하므로 문제풀이 기술자는 될 수 있어도 창의적인 인간이 되기가 어렵기 때문이다.

여섯째, 이상의 제안을 반영한다면 수능시험을 교과목 그리고 평가 방법에 따라 분산하여 실시할 수 있다. 모든 학생들이 한날한시에 수능 시험을 보는 것이 관리적 측면에서 효율적일 수 있다. 그러나 학생들의 능력을 제대로 발휘할 수 있게 하고, 교과목 특성이나 평가방법에 따라 다른 날 시험을 치룰 수 있도록 하는 것이 바람직하다. 제2외국어나 직업탐구 영역의 경우 응시생들이 많지 않으면 다른 날 시험을 치를 수 있다.

일곱째, EBS 교재 중심에서 학교교육으로 전환하여야 한다. 소외계층 배려, 사교육비 경감을 위한 대책으로 시작된 수능의 EBS 교재 연계 출제는 사교육기관의 영향력을 줄이고 읍·면 소재 학생들의 1등급 비율을 늘리는 등의 효과를 발휘했다. 그러나 그 부작용으로 학교에서는 교과서에 의한 수업보다 EBS 방송에 대한 의존도가 높아지게 되었다. EBS 방송교재가 교과서를 대체하고 학교선생님 강의보다는 EBS 방송 강사의 강의에 의존하게 됨으로 나타나는 교육적 문제점이 나타나고 있다.

EBS 교재와 EBS 강사에 의한 수능준비는 학교교육의 정상화라 보기 어렵다. EBS 교재와 강사에 의존하여 사교육비가 경감되고 소외지역의 학생들의 능력이 향상되는 동안 수능출제는 교과서에서 그리고 학교 선생님들이 연수를 통해서 수능을 준비시킬 수 있는 방향으로 전환하여 학교교육의 비중을 늘리도록 하여야 했다. 교사들의 연수를 강화했더라도 수능의 EBS 강사 의존도를 낮출 수 있었을 것이나 그렇지 못했기에 수능의 EBS 강의 의존도는 더 높아졌다 할 수 있다. 수능의 성격과 내용이 장기 안으로 설계될 때 EBS 방송과의 연계는 학습의 보조수단이 되도록 지침을 마련하고 정책이 수립되어야 할 것이다.

여덟째, 고부담 검사일 경우 2회 이상 실시되어야 할 것이다. 개인의 인생에 큰 영향을 주는 검사일수록 두 번 이상 시험을 치를 수 있는 기회를 제공하여야 한다. 정범모(2012)는 우리나라는 한방, 단판승부의 고시결과에 따라 사람들의 인생행로가 심각하게 운명적으로 뒤바뀌므로 학생들을 불안하고 초조하게 만든다 하였다. AERA, APA, 그리고 NCME(1999, 2014)에서는 고부담인 경우 2회 이상 시험을 실시할 것을 원칙으로 권장하고 있다. 또 다른 기회를 주어 실수나 질병으로 인한 손해를 만회하여 개인의 능력을 발휘할 수 있게 하는 수험자에 대한 배려다. SAT I 의 경우 년 7회, ACT의 경우 년 5회를 치른다.

우리나라도 1995년에 수능시험을 두 번 치른 경험이 있다. 시험을 두 번 이상 치를 경우는 검사의 난이도를 완벽하게 맞추기가 불가능하므로 검사 동등화(test equating) 방법을 사용하여 동일한 척도에 의한 검사점수체제를 만든다. 검사 동등화 방법은 1970년대 완성된 측정이론이다. 그럼에도 불구하고 우리나라에서는 검사 동등화를 하지 않고 두 시험의 난이도를 완벽하게 맞혀 원점수를 직접 비교할 수 있다는 무지의 자신감으로 인해 두 번 시행이 불가능하다는 실패를 자인하였다. 두 번 이상 시험을 실시하여 피험자의 능력을 추정할 때는 검사동등화가 필수적인 절차이며, TOEFL과 GRE의 경우 이 방법을 사용한다.

아홉째, 수능출제전담조직이 필요하다. 수능출제는 한국교육과정평가원의 수능 본부에서 전담하며 40명 내외의 연구위원과 10명 정도의 행정원으로 구성되어 있다. 문항출제와 검토는 연구위원도 참여하지만 대부분 외부에서 출제위원과 검토위원을 위촉하여 출제한다. 유능한 출제위원과 검토위원의 섭외가 쉽지 않다고 하였고, 수능출제에 참여하는 수능본부의 연구위원과 행정원의 경우도 고등학교 3학년 학부모인 경우, 안식년, 그리고 순환보직에 의하여 교체된다. 중견 연구위원이나 행정원의 경우 수험생 자녀들이 많고 재수 등으로 인해 수능업무를 담당할 수 없다. 또한 순환보직으로 장기간 합숙을 원하지 않는 연구원이나 행정원들은 다른 부서로 이동하게 되고, 그리고 출제 기간 동안 출제 수당이 지급됨으로써 수능 본부에 근무하는 것을 선호하는 직원 등 여러 이유로 수능출제업무를 지속적으로 운영하기가 어렵다. 더욱 어려운 것은 연구원들이 대학으로 이직하는 경우다. 평가원에서 연구 능력과 수능출제 경험을 갖춘 연구위원들을 대학으로 이직함으로 그 공백을 메우기가 쉽지 않다. 수학의 경우 지난 3년간 수학팀장이 매년 대학으로 이직하였다. 또한 현재 제2외국어/한문 영역의 아랍어와 기초 베트남어 출제를 담당할 연구원이 없으며, 직업탐구 영역의 수산/해운 과목은 파견교사가 그 일을 담당하고 있다.

수능을 보다 안정적으로 출제하기 위해서는 새로운 기관을 만드는 것은 현실적으로 어렵다. 그러므로 평가원 내에서라도 전문적이며 장기적인 조직이나 시스템을 만들어 지속적으로 연구와 출제에 임할 수 있도록 하여야 한다. 교육평가적 관점에서 본다면, 대학수학능력시험처럼 개인의 인생에 미치는 영향이 큰 국가단위 시험은 교육과정에 기반하고, 문제은행을 이용하여 2회 이상의 시험을 실시하여야 하며, 검사동등화를 통하여 수험자의 능력을 추정하고, 절대평가에 의하여 성취수준을 분석해서 그 결과가 보고되고 활용하도록 하는 형태의 발전된 시험이 되도록 하여야 한다.

열째, 수능은 정치로부터 독립하여 출제되어야 한다. 국가단위에서 실시되는 시험, 특히 대학에 입학하기 위한 시험, 개인의 진로와 관련하여 실시되는 시험은 검사의 목적에 충실해야 하고 출제 방향은 목적에 부합하여야 하는데, 정치적 요구에 의하여 일시적으로 변화되는 것은 바람직하지 않다.

교과목 추가, 난이도 문제 등 이런 사안으로 수능시험이 자주 변화되는 것은 변질되어 검사의 본래 목적을 달성하기 어렵다. 국가단위의 시험이 학교, 사회, 국가에 미치는 영향이 크므로 그때그때 변화시키는 것보다는 장기적으로 교육이나 국가의 발전에 도움이 되는 방향으로 변화시켜야 한다. 그렇지 않을 경우 학교 현장에 혼란을 가중시킨다. 그러므로 새로 구안되는 시험은 적어도 20년을 내다보면서 평가방법을 설계하여야 하고 시대변화에 따라 3년 이상의 예고제를 고려하여 체계적으로 변화·발전시켜야 한다.

수능에 직업탐구과목의 추가되고 제2외국어가 기본 단어수를 축소하면서 지필검사인 수능에 포함하여 전문계 교육이나 제2외국어 활성화에 얼마나 공헌하였느냐를 먼저 검토하여야 한다. 오히려 직업전문교육이나 제2외국어 교육 발전을 저해할 수 있다. 최근에 발표되고 있는 영어시험의 경우 단어 수를 줄이고 절대등급 점수를 부여한다는 방침이 올바른 방향인지 교육적으로 검토되어야 할 것이다.

이상에서 제안한 장기적 개선 방안을 실행하기 위해서는 보다 구체적이고 체계적인 연구와 모의 시행이 요구된다. 제안은 방향을 제시하는 수준으로서 제안에 대한 논의를 거쳐 세부방안을 수립하여야 할 것이다.

F. 대학 신입생 선발제도

1. 변천과정

우리나라에서 대학 신입생을 선발할 때 시험에 대한 의존도가 매우 높기 때문에 대학입시제도라 통칭한다. 시험은 일반적으로 대학 본고사가 있으며 국가단위 시험인 대학입학예비고사, 대학입학

학력시험, 그리고 대학수학능력시험을 말한다. 성태제(2014)는 해방
이후 우리나라 대학입학전형제도의 변화와 내용을 〈표 6-8〉과 같
이 정리하고 있다.

〈표 6-8〉 대학입시제도의 변화와 내용

회	기 간	입시 관리		입시 제도	입 시 내 용			비 고
		국가	대학		필수과목	선택	면접	
1	해방~1953		○	대학별 단독고사	국, 영, 수, 사회	1과목 이상		실과(선택) 치중
2	1954	○		대학입학 연합고사				미반영
			○	대학별 시험	3과목	1과목	○	신체검사
3	1955~1961		○	자율경쟁 대학입시	국, 영, 수, 사회, 과학 중 4과목	2과목 이내		특정과목 학습
	1956		일부	무시험 전형			○	고교교육 저해
	1958~1961		○	무시험(10%) 시험 전형(90%) 고교(30)+시험 (70)	고등학교 성적 국, 영, 수, 사회, 과학 중 4과목	2과목 이내		학적부를 생활기록부 로
4	1962~1963	○		대학입학 자격고사	국, 영, 수 l, 사회, 과 l, 실 l	인문l, 자연l		국가에서 자격고사와 서류전형 실시
	1963	○		대학입학 자격고사	〃 자격만 부여	실과		
5	1964~1968		○	대학별 선발고사	3~4 과목		○	입시과목 다양화 자격고사

6	1969~1980	○	○	대입예비고사 대학 본고사	고교 교육 과정 필수, 선택 과목 국, 영, 수, 사, 과			소수 과목 으로 전환
7	1981	○		대입예비고사 고교내신성적	실과		○	과외금지 조치 대학본고사 폐지
8	1982~1993	○		대입학력고사 + 고교내신성적	고교 교육 과정의 전 과목			86~87 논술고사 실시 88~93 논술고사 폐지
9	1994~1999	○	○	대학수학능력시험 대학별 면접/논술 고교내신성적	언어, 외국어 수리탐구, 과학탐구, 사회탐구	제2외국어 추가	○	국, 영, 수 중심 대학본고사 금지 면접/논술
	2000~2001	○	○	대학수학능력시험 대학별 면접/논술 고교내신성적			○	6개 외국어 독일어, 프랑스어, 에스파냐어, 중국어, 일본어, 러시아어
10	2002~2004	○	○	대학수학능력시험 대학별 면접/논술 고교내신성적		특기·적성, 추천, 수상경력, 봉사활동 등	○	특별/일반 전형 수시/정시 모집

11	2005	O	O	대학수학능력시험 대학별 면접/논술 고교내신성적	모든 영역 과 과목이 필수에서 선택으로 전환	언어, 수리, 외국어, 사회/과학/직업탐구, 제2외국어/한문	O	제7차 교육과정에 의한 대학수학능력시험 영역 개편(〈표 8-5〉 참조)
12	2008	O		대학수학능력시험 대학별 면접/논술 고교내신성적			O	대학수학능력시험 점수로 9등급 점수만 제공
	2009		O	입학사정관제 도입			O	9등급 점수와 백분위 점수 그리고 표준점수 제공
	2013	O	O	9차 개정교육과정에 근거한 출제로 언, 수, 외에서 국, 영, 수로 명칭 변경	수준별 교육과정에 의한 국어 A, B 그리고 영어 A, B로 출제	수능 사탐과 과탐 과목을 3과목에서 2과목 선택으로 축소		국어 듣기 폐지, 영어 45문항 중 듣기 22문항, 동아시아사와 베트남어 추가
13	2014	O	O	입학전형 방법 간소화: 수시 4개, 정시 2개 유형	영어 A, B를 통합/한국사 과목 필수	수시와 정시 분할모집 금지		

대학입학과 관련된 교육정책, 국가단위 시험의 변화, 고교내신의 반영과 변화 등을 기준으로 크게 13번의 변화가 있었으나 고교내신 점수 산정방법, 국가단위 시험과 시험과목 수와 점수 부여 방법 변경 등을 고려하면 셀 수 없는 변화가 있었다. 그러나 기본적으로 중

심 축은 국가, 대학, 고등학교의 삼두체제라 할 수 있다. 국가에서는 대학에 입학하는 학생들의 자질을 보증하기 위하여 대학입학 연합고사, 대학입학 자격고사, 대학입학 예비고사, 대학입학 학력고사를 실시하였으며, 현재는 대학수학능력시험을 실시하고 있다.

해방 후 1960년까지 국가의 여력이 대학에 미치지 못할 시기에 대학은 신입생을 자율적으로 선발하기 위하여 국, 영, 수 중심의 대학본고사를 실시하였다. 국가단위의 시험과 대학본고사는 학생들을 시험 준비에 몰두하게 함으로써 학교 수업은 제대로 진행되지 않고 사교육이 범람하게 되어 특단의 조치인 1980년 과외를 금지하고 대학 본고사를 폐지하면서 고교내신점수를 대학입학에 반영하기 시작한다. 대학 본고사는 지필검사에서 논술시험으로 그리고 폐지되었다가 현재는 논술과 면접을 이용한 학력검사의 형태를 취하고 있다. 수능시험은 시험과목과 점수부여 방법이 계속 변화되고 있으며, 고교내신 역시 상대비교평가에서 절대평가로 그리고 다시 상대비교평가와 절대평가를 병용하고 있다.

2. 비판과 문제점

사교육과 관련된 정부의 중요정책은 1969년 중학교 무시험 입학, 1975년에 고교평준화, 1980년 과외금지조치, 심야학원 교습 금지, 고교내신 정책 변경, 대학수학능력시험 점수의 등급화, EBS 교재 연계 수능출제, 수능 난이도 조정, 선행학습 예방법 등으로 많은 정책을 실행하였다.

정부의 이런 노력에도 불구하고 대학입학전형제도가 아직도 정착하지 못하고 혼돈을 거듭하는 이유는 여러 가지가 있다. 사교육은 학교교육을 정상화하는 데 장애가 되고 더욱 심각한 것은 국가경제를 위협하며 저출산의 원인이라 할 수 있다. 그렇기 때문에 정부가 바뀔 때마다 다른 교육정책을 집행하고 그 정책의 영향이 어떠했으며 앞으로 어떤 정책을 수립하여 집행할 것인가에 대한 심층적 분석 없이 또 다른 정책을 집행하므로 해결점을 찾지 못하고 있다. 특히 과외금지 조치 같은 정책은 과외를 더욱 음성화 그리고 고액화 하는 부작용까지 나타났다.

통일은 우리가 이루어야 할 최대의 염원이고 목표임에도 불구하고 정권이 바뀔 때마다 다른 정책을 구현함으로 더욱 헝클어진 것처럼 우리나라 입시제도도 마찬가지로 이리 고치고 저리 고치고, 이랬다저랬다 다시 돌아가서 진행하다 또 수정하는 과정을 통해 해보지 않은 정책이 거의 없다. 그러나 어느 제도 하나 정착하지 못하고 계속 변화되고 있다.

성태제(2009a)는 상급학교 진학을 위하여 나타나는 부정적 효과를 제거하기 위하여 지난 35년간 고교평준화, 고등학교 교육정상화, 사교육비 억제 등 매우 다양한 제재와 구체적 지시가 수없이 하달되어 왔지만, 대학입시로 인한 문제가 해결되기는커녕 더욱 복잡하게 얽혀서 해결의 실마리를 찾지 못하였다고 주장한다. 그러므로 성태제(2009b, 2009c)는 고교평준화와 고등학교 교육정상화 그리고 사교육비에 대해서 지금까지의 관점으로 우리나라 대학입시에 따른 문제점을 해결할 수 없을 뿐 아니라 국가경쟁력을 약화시키기 때문에 대학입학전형제도 수립을 위한 기본 전제인 고교평준화, 고등학교 교육정상화, 그리고 사교육비에 대하여 〈표 6-9〉와 같이 미래적 관점에서 접근하여야 한다고 하였다.

〈표 6-9〉 대학입학전형제도 수립을 위한 기본 전제에 대한 관점

관점 전제	과거 관점	미래 관점
고교평준화	획일적 평준화	다양화와 특성화에 의한 평준화
고등학교 교육정상화	공급자 위주의 고교교육	수요자 중심의 고교교육 대학 진학 준비 교육
사교육비	지출 금지와 금액 제한 국 · 영 · 수 중심의 사교육	제재 불가능 적성, 특기, 전공 중심의 사교육

획일화에 의한 평준화가 아니라 각기 다른 특성이 있기에 평등하다는 시각으로 다양한 학교를 만들고, 학교교육의 정상화를 통해 학생중심의 교육을 학교가 제공하여 학교에 머무는 시간이 자연스럽게 늘어나게 하고, 사교육은 제재가 불가능하므로 학교에서 담당하지 못하는 분야로 전개되도록 할 필요가 있다고 보았다(성태제, 2009a).

미래지향적 관점에서 대학입시에 따른 문제들을 정부, 대학, 고등학교가 삼위일체가 되어, 학생을 위하고 국가의 장래를 걱정하는 공통분모를 찾아내서 공동으로 노력을 경주하여야 하나, 국가는 정권이 바뀔 때마다 정부가 추구하는 정책이 달라 수시로 변경하고, 대학은 대학만을 위한 입시제도를 구안하려는 이기주의, 고등학교는 어차피 대학입시에 종속되는 교육을 할 수 밖에 없다는 수동적

입장이었다. 정부부터 시대적 유물인 고교평준화, 고등학교 교육정 상화에 대한 허울과 사교육비에 대한 제재 등을 구시대적 관점에서 과감히 벗어나서 미래적 관점으로 접근하여야 보다 바람직한 교육 을 실행할 수 있으며 학생선발도 타당하게 이루어진다고 주장한다.

3. 개선 방안과 역할

현 정부에 들어와서 우리나라 대학입시의 문제를 해결하기 위하 여 눈에 띄는 노력은 보이지 않지만, 사교육비를 경감하기 위한 노 력으로 수능시험 중에 영어시험을 쉽게 출제한다든가 나아가서는 절대평가를 한다는 시도를 하고 있다. 지난 정부에 비하여 사교육 비 경감이나 학교교육 정상화 등에는 관심이 적은 듯한데 이는 지 속적으로 문제가 되어 온 사교육비 문제가 해소되어 그런 것 같지 는 않다. 그러므로 우리나라 대학입학전형제도를 개선하기 위한 기 본 전제는 문제가 되는 고등학교 다양화, 공교육의 질 향상, 사교육 제재 불가라는 관점을 전제로 개선 방안과 역할을 제안한다.

국가 경쟁력이 중요시되고 창조성이 강조되는 미래사회에서는 고등학교가 다양화되어야 한다. 그리고 학교 수업은 학생과 학부 형들이 요구하는 교육과정과 내용을 제공하여 학생들이 학교교육 을 통하여 원하는 욕구를 충족시켜 주어야 한다. 그래야 학생들은 학교에 머무는 시간이 늘어나서 학교교육이 정상화된다고 할 수 있 다. 공교육에서 부족한 부분을 채우려는 학습 의욕과 공교육에서 담당하지 못하는 부분에 대한 욕구는 사교육을 통하여 충족될 수밖 에 없다. 그러므로 사교육을 인위적으로 혹은 합당하지 않은 제도로 억제하는 시대는 지났다. 공교육의 질을 높이고 내용을 확대하는 것이 사교육을 줄이는 지름길이다. 세 가지 본질적 문제를 타개하려는 해결책을 제시하여 문제를 줄이려는 노력을 경주하여야 한다. 정상화를 통하여 문제를 해결하도록 하는 것이 가장 현명한 방안이라 생각한다.

일단 대학생 선발과 관련해서는 정부, 대학, 고등학교가 주체가 되었고, 학생과 학부모는 객체가 되어 주체가 결정하는 사안에 따라 순응하여 왔으나 이제는 모두 주체가 되어 통합적이고 협력적으로 대학입학전형제도가 미치는 영향과 문제점을 분석하고 개선하도록 공동으로 노력하여야 한다. 개선 방안은 정부, 대학, 고등학교, 학생과 학부모에 제안하고, 국가의 경제와 사회가 지향하는 바에 대하여 종합적 제안을 하고자 한다.

1) 정부

대학입시에 따른 문제는 국가가 주도적으로 해결하려 노력하였으나, 정부가 들어설 때마다 관점이 달라 해결하고자 하는 의지와 정책이 달랐기 때문에 해결점을 찾지 못하고 있다. 정부적 차원이나 정권적 차원이 아니라 국가적 차원에서 제안을 하고자 한다. 정부의 역할이라 명기한 이유는 정책을 집행하기 때문이기도 하지만 국가의 장래를 위한 정권이고 정부이어야 하기 때문이다.

첫째, 통제와 규제를 철폐하고 새로운 규제를 만들지 않는 것이 바람직하다. 과외금지법, 대학 본고사 폐지, 논술시험 시행과 폐지 그리고 시행, 심야학원교습 금지를 시행해 보았지만 별 효과가 없었다. 선행학습 방지도 과외금지 정책과 유사한 형태의 규제로서 구시대적이며 교육의 흐름에 역행하는 제도라 폐지하여야 한다.

둘째, 사립대학에 자율권을 주어야 한다. 사회가 다원화되어 가기 때문에 대학을 통제하거나 규제한다고 해서 문제가 해결되지 않는다. 대학도 전문성을 가져야 하겠지만, 전문성을 갖기 위해서는 자율성을 주어야 자율적 결정에 의해 전문성이 생성되고, 축적되면 대학에 맞는 제도를 수립할 수 있다. 대학은 대학의 설립과 교육목적이 다르다. 그리고 대학의 발전 방향에 따라 특성화 등 다양하다. 그러므로 대학들은 대학교육의 목적에 부합하는 학생을 선발할 수 있도록 자율권을 주어야 한다. 지난 정부에서 시행한 입학사정관제를 통하여 신입생을 선발하는 제도가 정착한 대학들은 그들의 제도를 발전시킬 수 있기에 학생선발을 위한 자율권을 부여하는 것이 바람직하다. 국립대학이나 공립대학의 경우는 국가나 지방자치단체의 정책에 따라 학생을 선발하는데 지침이나 행정적 지도를 할 수 있겠으나 사립대학의 경우 자율권을 주어야 한다. 학생선발은 대학 운영 그리고 발전과 직결되며 대학의 평판도와 교육의 질과 관련되기 때문이다.

정범모(2008)도 1948년 출범한 대한민국은 「헌법」에 교육의 자주성, 전문성, 정치적 중립성 및 대학의 자율성을 보장했으나 역대 집권 정부들이 이 정신에 충실하지 못했고, 과잉 규제와 통제로써 타율의 풍토가 교육전반에 드리워져 있다고 주장하며 한국의 제3의 기적을 이루기 위해서는 자율사회가 실현되어야 한다고 주장한다. 1960년 이후 교육부는 대학입시문제를 '긁어 부스럼'으로 자꾸 이리

만지고 저리 긁고 했기 때문에 대학입시와 그것에 관련된 여러 가지 비리가 성난 종기처럼 점점 불거져 왔으므로 1950년대처럼 완전히 대학자율에 맡겨야 한다고 주장한다(정범모, 2009).

셋째, 정부는 각 대학의 책무성을 강화하여야 한다. 대학의 자율성 부여가 투명성을 해치거나 비리와 연루된다면 이는 국가적 문제로 비화할 수 있다. 그러므로 이 부분에 대해서는 책무성을 강조하고 정원 감축 등 강력한 제제 조치와 법적 문제를 물도록 하여야 한다.

넷째, 국가단위의 평가도구 개발이 필요하다. 인간에 대한 평가가 시험에서 총평으로 전환되고 있다. 특히 지필검사를 지양하고 수행능력이나 특수 적성이나 능력까지 종합적으로 평가하는 방향으로 전개되고 있다. 현재와 같이 수능이라는 한방의 단일시험 결과에 의한 학생 선발보다는 보다 다양한 능력을 타당하고 신뢰할 수 있게 평가할 수 있는 평가도구 개발이 필요하다. 이 평가도구는 개인이나 단체, 대학에서 제작하기 어려운 수준의 도구를 말한다. 앞에서 논의한 대학수학능력시험의 개선도 요구한다.

다섯째, 각 대학생 선발제도가 국가발전에 미치는 영향에 대한 결과타당도를 분석한다. 대학생 선발제도가 우리나라 중등교육에 미치는 영향은 막중하며 국가의 경제, 사회, 교육에 미치는 영향을 간과할 수 없다. 그러므로 이를 분석·평가하여 대학의 행·재정적 지원과 연계할 수 있다. 강조할 점은 이전처럼 입시제도를 수립하는 단계에서 정부의 시책을 따르면 행·재정적 지원을 해 주고, 그렇지 않으면 지원을 하지 않는다는 그런 수준이 아니라, 자율적으로 결정한 입학전형제도를 실시하고 난 후 그 영향에 대한 분석을 말한다. 각 대학의 입학전형정책이 대학에서 의도한 결과가 나타났는지, 의도하지 않은 어떤 결과가 나타났는지, 학생, 학부형, 교사, 학교, 사회 그리고 국가에 미치는 긍정적 영향과 부정적 영향은 무엇인지 그리고 현장에서 나타난 효과는 무엇이며, 초등학생들에게까지 미칠 잠재적 효과가 무엇인지를 면밀히 검토할 수 있다. 결과타당도로서 영향에 대한 분석과 평가는 학부모, 고등학교 교사들이나 단체 그리고 NGO 등이 참여할 수 있도록 한다.

2) 대학교

대학에 학생 선발권에 대한 자율권을 부여한다는 것은 방임이 아니라 막중한 책임을 갖고 신입생 선발제도를 구안하여야 한다는 전제를 바탕으로 제안을 한다.

첫째, 대학의 설립과 교육 목적, 추구하는 인재상과 그리고 특성화 방안에 충실하도록 신입생 선발제도를 구안하여야 한다.

둘째, 학생 선발 시 평가방법과 절차, 그리고 선발 결과를 공개하여야 한다. 이는 신입생 선발에 대한 타당성과 신뢰성을 확보하기 위한 방안이기도 하며 이를 통해 투명성을 보장하고 중등교육에 미치는 영향도 분석하여 제도를 개선할 수 있기 때문이다.

셋째, 공정성, 공평성과 형평성에 의한 선발도 고려할 수 있다. 이 세 단어가 미묘한 차이가 있어 해석함이 다를 수 있다. 공정, 공평, 형평성이란 두 가지 관점에서 해석할 수 있다. 가정환경, 학교교육의 혜택 그리고 다른 요인들을 고려하지 않고 동일한 시험이나 평가에 의하여 나온 결과를 근거로 기계적으로 적용하는 공정성과 공평성이 있을 수 있다. 예를 들어, 대학수학능력시험에서 얻은 점수를 가지고 차등이 가려지는 것을 말한다. 다른 관점으로 가정환경과 거주하는 지역, 그리고 경제적 배경이 불리한 학생들은 교육의 기회 측면에서 불리하기 때문에 그들을 배려하는 공평성과 형평성을 들 수 있다. 이런 관점에서의 전형으로 농어촌 학생 전형, 탈북 학생 전형 등을 예로 들 수 있으며 이를 소수우대 정책(affirmative action)이라 한다.

미국 대학에서 SAT점수와 학업능력을 위주로 학생을 선발하다 보니 콜롬비아 대학교의 경우 1918년에 유대인의 비율이 40%, 하버드 대학교의 경우 1922년에 유대인의 비율이 21.5%에 이르렀다. 이 현상은 특정인들로 구성된 대학은 대학의 다양성(universe)의 특성에 반하므로 1922년 다트머스 대학교에서는 인성, 운동, 특기, 지역 등의 학생 선발 기준을 제시하고 1950년과 1960년대 통합무드를 타고 소수 우대정책(affirmative action)에 의하여 소수 인종의 학생들을 선발하였다. 우리나라도 소외 계층에 대한 배려와 사회통합이라는 관점에서 두 번째 개념의 공평성을 적용하여 학생들을 선발하는 제도를 실시하고 있다. 이 제도는 대학들이 자율적으로 실시하도록 권장하는 것이 바람직하다. 서울대학교 같은 경우는 국립대학으로서 지역의 발전을 위하여 대학총장이 학생선발 전형 세부 사항을 정할 권한이 학교 규정에 명시되어 있다.

넷째, 중등교육과 국가 발전에 미치는 영향을 고려하여야 한다. 대학은 국가와 사회를 떠나 존재할 수 없으며 국가발전에 기여하여야 하는 임무도 수행하여야 한다. 중등교육도 교육의 내실화를 기여하도록 유도하여야 하며, 국가 경제, 사회, 문화 등에 부정적 영향을 주지 않도록 하여야 한다. 불필요한 사교육을 조장하거나 특정 교과나 단체에 유리하도록 제도를 구안하지 않도록 하여야 한다.

다섯째, 고등학교와 협력적 관계를 유지하며 고등학교의 특성을 파악하여야 한다. 대학교육을 위한 자원은 고등학생이고 대학교육의 목적에 부합하는 학생을 선발하여야 한다. 그러므로 대학은 고등학생을 초빙하는 관점에서 고등학교와 밀접한 유대관계를 가지고 학생을 선발하여야 한다. 고등학교의 특성이나 교육과정 그리고 장단점을 잘 알면 우수한 학생이나 대학교육에 적합한 학생을 선발할 수 있다. 미국의 유명 대학들의 입학사정관들이 민족사관학교나 과학고를 탐방하여 해당 대학을 소개하며 신입생을 유치하는 노력을 참고할 필요가 있다.

여섯째, 미래의 대학생들이 갖추어야 할 능력을 가르치고 제시하여 고등학교 교육도 유도할 필요가 있다. 미국의 35개 대학의 관계자들이 미국의 장래를 위하여 대학들이 학생들에게 배양할 능력으로 지식과 학습, 학구열 그리고 지적관심과 호기심, 예술 문화에 대한 감상과 호기심, 문화 수용과 이해, 지도력, 대인관계, 사회적 책임과 시민의식, 정신적·육체적 건강, 적응력과 삶의 기술, 인내력, 윤리적 태도와 성실성을 제시하였다(Schmit, Oswald, & Gillespie, 2005). 이 열 두 가지 능력을 대학에서 가르쳐야 한다고 주장하고, 이런 능력을 향상시킬 수 있는 학생을 선발하도록 하여야 한다고 제안하고 있으며, 사회에 나와서 실행해야 할 중요한 능력이므로 고등학교에서도 이러한 능력을 배양하는 교육을 실시해야 한다고 권유한다.

3) 고등학교

고등학교는 정부와 대학의 학생 선발정책의 객체로서 제도 변화에 종속적이거나 수동적 위치에서 벗어나 중등교육의 질을 향상시키며 대학의 정책을 견제하거나 개선·발전하도록 하는 영향을 발휘할 필요가 있다. 이를 전제로 고등학교의 역할을 제안한다.

첫째, 학교의 설립 목적과 교육목적에 충실한 교육을 하고 대학의 전형제도를 개선하도록 한다. 예전 같지 않게 고등학교가 매우 다양하고 설립과 교육목적이 매우 다르다. 그러므로 학교의 특수성에 맞는 교육을 추구하며, 대학의 입학전형제도에 맞추기보다는 대학의 전형제도가 해당 고등학교에 유리할 수 있도록 조언하고 영향을 발휘할 필요가 있다.

둘째, 새로운 교육과정과 시대에 부합하는 교육 내용으로 교육의 질을 향상시켜 학교교육의 정상화를 촉진시킨다. 고교내신으로 학생들을 학교 울타리에 가두어 두는 물리적 학교교육의 정상화가 아니라, 학생들이 필요에 의하여 새로운 내용과 보다 우수한 수업을 받기 위하여 자발적으로 학교에서 생활하는 심리적 학교교육의 정상화를 꾀하여야 한다. 이를 위하여 우수한 교사를 선발하고 꾸준한 연수를 통하여 교사들의 능력을 향상시키고, 교육과정을 개선하며, 교수학습 방법을 탐구하도록 하여야 한다.

셋째, 고등학교 특성에 부합하는 학생평가 방법을 구안하여야 한다. 고등학교의 성적과 활동이 대학입학에 중요한 요소로 반영된다고 해도 그 보다는 평가하고자 하는 내용을 타당하고 신뢰롭게 평가하는 방법을 모색하고 실시한 후 개선하도록 하여야 한다. 이를 통하여 학교교육의 질을 향상시키고 학교의 특색을 가질 수 있도록 하여야 한다. 상대비교평가보다는 절대평가 나아가 능력참조평가와 성장참조 평가도 실현할 수 있다고 본다.

넷째, 적성중심의 진로·진학 교육과 상담을 강화하여야 한다. 고등학생 중에는 직업을 선택하거나 대학을 진학하는 경우로 나뉘는데 진로 중심의 교육을 강화하고 상담을 활성화하여야 한다. 학생의 적성, 특기, 취미, 장래 희망 등을 고려하여 진로를 결정하고 그에 따라 전공과 대학을 선택하도록 하는 것이 바람직하다. 21세기 전문화시대에서는 학벌과 학력이 중요한 것이 아니라 능력이 중요시 되고 이에 따라 경제적 수입도 결정되기 때문에 진로중심의 교육과 진학 상담을 하여야 한다. 예전처럼 전공은 고려하지 않고 일류대학 입학생 수를 늘리기 위한 진학지도는 구시대적이며 학생 본인은 물론 해당 고등학교에도 별로 도움이 되지 않음을 알아야 한다.

다섯째, 대학과 연계한 교육이 필요하다. 영재고나 과학고, 외국어고와 예·체능계고 그리고 특성화 고등학교의 경우 대학의 교육과정과 연계하고, 진학도 상호 협력하는 것이 필요하다. 일부 대학들의 경우 대학입학생이 많은 고등학교와 공식적 혹은 비공식적인 관계를 유지하면서 대학교의 발전과 고등학교의 발전을 상호 도모하고 있는 것은 바람직한 현상이다.

4) 학생·학부모

부모가 행복하더라도 자식이 행복하지 않으면 부모가 정말로 행복하다고 할 수 없다. 특히 대학 진학과 관련해서는 예전에는 부모의 영향이 컸으나 현재는 학생들의 선택과 결정권이 높아지고 있다. 바람직하고 그런 방향으로 가야한다고 생각하며 학생과 학부에게 대한 제안은 다음과 같다.

첫째, 학생중심의 진로나 진학을 하도록 하여야 한다. 타인을 의식한다든가 부모의 체면을 유지하여야 하는 학부모의 관심은 시대착오적 생각으로서 철저하게 학생을 중심으로 한 결정을 하여야 할 것이다.

둘째, 학생의 자아에 대한 통찰을 통해 가치관, 적성, 특기, 흥미, 장래 희망과 직업을 고려하는 진로와 적성 중심의 진학을 하도록 하여야 한다.

5) 사회·경제

80%가 넘는 고등학생들이 대학에 진학을 하는 이유는 취업의 기회가 확대되고 좋은 일자리를 찾을 수 있으며 높은 보수를 받기 때문이다. 아직도 대학 졸업자가 보다 높은 수입과 경제적 이득을 보고 있다는 믿음이 있다. 그에 비하면 스위스나 핀란드 같은 북구 유럽의 경우 학벌에 따른 임금 격차가 적고, 직업에 따른 임금 격차도 심하지 않다. 그렇기 때문에 굳이 대학으로 진학하고자 아니하며 특정 직업에 쏠리는 현상도 심하지 않다. 정말로 평등하며 안정적인 삶은 누리는 사회인 것이다. 그러므로 대학입학전형제도를 고쳐

교육의 제 문제를 해결하는 것도 방법이라 할 수 있으나 이 방법 보다는 의도하는 교육정책이 효과적으로 바로 적용될 수 있는 사회를 만들고 경제를 활성화하는 것이 중요하다. 과열 경쟁으로 인한 사교육비 경감 그리고 인성교육을 강화하기 위해서는 사회경제적 관점에서 다음의 노력이 필요하다.

첫째, 학력과 학벌에 의한 임금 격차를 줄여야 한다. 다시 말해서 학력과 학벌이 중시되는 사회에서 능력이 중요시 되는 사회를 지향하여야 한다. 그렇게 되면 기능인과 기술인을 우대하는 산업사회가 되어 대학의 진학률을 낮출 수 있으며 과열 경쟁을 줄일 수 있다.

둘째, 직업 간 임금 격차를 줄여야 한다. 저소득층의 소득을 올리든 아니면 고소득층의 소득을 낮추든 해서 소득 격차를 줄이도록 하여야 한다.

셋째, 사회 현상으로 학연에 의한 영향을 감소시켜야 한다. 혈연, 지연, 학연이 사회를 구성하고 운영하는 데 많은 영향을 주었던 것은 부인할 수 없다. 특히 혈연이 중요한 역할을 하였으나 인구의 증가와 현대사회로의 진입은 혈연의 기능은 매우 약화되었으며, 지연도 그 영향이 줄고 있는 추세다. 그러나 예전의 명문고가 있듯이 신흥 명문고 그리고 특히 대학에 의한 학연의 영향력이 아직도 작동하고 있는 것 같다. 학연에 의한 영향력을 감소시켜야 특정 대학에 진학하고자 하는 경쟁을 약화시킬 수 있다.

넷째, 기업체의 신입사원 선발에서 학벌, 대학, 시험 점수를 가능한 한 배제하고 능력 위주의 평가를 실시하여야 한다. 특정 대학 졸업생을 선호한다든가 지필시험에 의존하는 것은 과거 회귀적 방법이다. S그룹의 경우 지필검사가 주는 피해를 방지하기 위하여 신입사원의 수를 대학별로 할당하는 결정이 며칠만의 해프닝으로 끝나는 그런 일은 없어야 한다.

해방 후 지속적으로 변화하고 있는 대학신입생 선발제도는 정부, 대학, 고등학교, 학생과 학부모 그리고 이들을 둘러싸고 있는 사회·경제·문화적 배경이 모두 어우러져야 우리나라 교육을 긍정적이고 발전적 방향으로 유도할 수 있다. 종합적인 대책 없는 과욕은 대학신입생 선발제도가 엉키게 하고 학교 현장에는 혼란과 대학과 국가 발전을 저해할 수밖에 없다. 그러므로 정부는 정권을 유지하는 차원을 넘어서 교육정책을 수립하여 국력을 높이고, 대학은 대학의 이기주의를 탈피하여 창조적 인재를 양성하는 교육을, 그리고 고등학교는 학생들의 학업능력과 인성교육을 강화하여야 한다. 즉, 정부, 대학, 고등학교 모두 맡은 바 임무를 충실하게 수행하는 정상화를 하도록 하여야 한다. 말하자면 국가는 대학에 자율을, 대학은 전문성과 책무성을 높여 대학입학 전형제도를 수립하여 우수한 학생은 물론 사회적으로 소외되어 현재는 우수하지 않으나 성장 가능성이 큰 학생도 선발할 수 있도록 하며, 고등학교도 우수한 교육을 제공하여 학교교육의 정상화를 이루도록 하여야 할 것이다. 국가는 사회적으로 그리고 경제적으로 정상화를 이룰 수 있는 환경을 만들어가면서 상보할 수 있도록 하여야 한다.

Ⅲ. 맺는 말

교육 행위는 인적 자원과 물적 자원에 의하여 이루어진다. 인적 자원 중 가장 중요한 구성원은 교사와 학생이며, 물적 자원으로는 다양하나 교과서라 할 수 있다. 교원을 선발하고 임명하며, 학생을 선발하고, 교과서를 선택하는 과정에서 평가는 필수적이다. 그런 측면에서 교육에서 가장 중요한 역할을 하며 대상이기도 한 교원의 선발과 임용 그리고 평가, 학생들의 고교내신, 대학수학능력시험, 대학입학 전형제도의 변천과정과 현황, 문제점과 비판 그리고 개선 방안을 제안하였다.

앞에서 언급한 평가와 선발제도는 국가의 이념 그리고 비전·미션과 쾌를 같이 하여야 한다. 특히 우리나라의 경제·사회·문화의 발전으로 국제적인 영향력이 커지고 있으므로 교육정책이나 제도도 국경 없는 교육을 지향하는 데 선도적 역할을 하여야 할 것이다. OECD권에서도 5위 이내의 경제대국으로 성장하였고 UN과 UNESCO에서 차지하는 역할도 날로 확대되고, 아태지역의 경제와 문화발전에 이바지하고 있다. 최근에는 한류 열풍으로 우리의 문화가 세계 문화에 기여함으로서 한국인이 세계시민으로 세계평화와 복지 그리고 인류공영과 발전에 이바지할 것으로 기대한다. 「유엔 보고서 2040」(박영숙 외, 2013)에서는 2030년이면 전 세계 대학의 절반이 문을 닫고 대학의 온라인 무료 교육이 보편화되며, 공교육의 교실 그리고 교사도 사라진다고 한다.

2030년까지라 하더라도 교육과 관련된 평가와 선발제도는 변화되어야 한다. 해방 후 지금까지 70년간 교육과 관련된 인적 자원에 대한 평가와 선발제도는 사회변화와 비교하여 답보적이거나 오히려 과거 회귀적인 경향이 없지 않았다. 과도한 경쟁으로 평가의 객관성을 강조하다 보니 논란의 소지를 철저하게 방지하기 위하여 교원이나 학생을 한 번의 선택형 지필시험으로 선발하는 시대 역행적 과오를 그대로 답습하고 있다. 이런 평가나 선발 방법은 고등정신과 창의적 사고력 발전을 저해하는 기재로 작동하여 오히려 전문교육의 발전에 걸림돌이 되고 있다. 교수·학습의 내용과 방법은 평가 내용과 방법에 구속되기 때문이다. 그러므로 이제 평가와 선발 방법을 바꾸어야 한다.

평가와 선발의 객관성과 편리성에서 벗어나서 개인을 종합적으로 평가하여야 한다는 것이 평가의 원칙이기에 과거에도 그래왔고 미래도 그렇게 전개되고 있다. 산업화 과정에서 평가대상은 많고 선발 인원은 적기 때문에 평가의 본질보다는 객관성과 편리성을 강조한 면이 없지 않다. 우리나라의 경우 교육 분야뿐 아니라 행정고시, 사법고시, 외무고시, 의학이나 약학 전문인 자격시험 등 이 모든 평가가 지필검사에 의존하고 있는 것이 현실이다.

인간에 대한 평가는 선택형 문항에서 논술형 문항으로 발전한 지 오래고, 지필검사에서 컴퓨터를 이용한 시험으로, 지식만 평가하는 것이 아니라 이를 적용하여 수행하고 새로운 것을 창조해 내는 수행능력까지로 발전한 지 오래다. 정범모(2009)는 인간을 평가하거나 선발함에 있어서 전인(全人)을 선발하여야 하고, 특히 국가와 사회에 책임을 지어야 하는 직책은 공인(公人)을 선발하여야 하는데 고시에만 의존하는 우리나라는 고시왕국이라 개탄하였다.

지식이나 지적 능력만을 평가하는 것이 아니라 인간으로서 가지고 있는 가치관, 태도, 도덕성, 배려심, 정의감 같은 정의적 행동 특성을 통합하는 인격, 그리고 심동적 특성까지 종합하여 평가하는 총평(assessment)의 방법을 사용하여야 한다. 인간을 평가할 때 지·정·의·체가 조화롭게 구성된 전인인지를 [그림6-3]과 같이 종합적으로 평가하여야 한다.

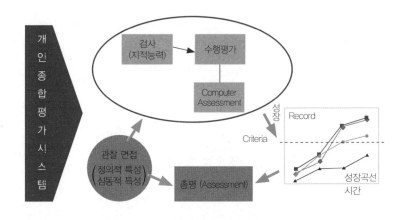

[그림 6-3] 개인 종합평가체제

총평의 개념은 새로운 것이 아니라 중국의 과거시험에서도 찾을수 있다. B.C. 1115년에 중국에서 시작한 과거시험(civil service testing)은 여섯 가지의 기본과목 음악, 활쏘기, 말타기, 작문, 산술, 의식 절차에 대한 능력을 종합적으로 평가하였다(Ward & Murray-Ward, 1999). 또한 Murray(1938)가 제2차 세계대전 중 미 국방성에서 첩보요원을 양성하기 위하여 지원자를 선발하는 방법으로 3일 동안 지원자들을 소집단으로 구성하여 생활하게 하면서 상황검사, 적성검사, 투사적 방법, 집중면담, 인과적 조건과 비공식적 조건에서 집중관찰 등을 실시하였다. 총평은 개인과 환경에 관한 증거를 찾고, 두 요인을 관련시켜 인간행동 변화와 현상을 이해하여, 예언과 분류, 실험 등을 통하여 지원자들이 장래에 우수한 역할을 할 수 있는지를 예측하여 평가하는 작업이다.

최근에 와서 대학생 선발방법이 시험 점수에서 벗어나서 종합적으로 학생을 평가하기 위한 개인을 중심으로 한 검토(individualized review)가 입학사정관전형으로 시도되었다. 현재는 학생부종합전형으로 명칭이 변경되었다. 학생 개인의 환경과 성장과정, 학업성적 이외의 교내활동, 외부 봉사활동과 특이 사항 등을 종합적으로 평가하고 선발하는 시도를 말한다. 이런 평가방법이 보다 타당하고 신뢰롭게 그리고 보다 체계적으로 진행되어야 한다.

국제학업성취도 평가인 OECD의 PISA도 최근에는 독해력을 지필시험으로 평가하기보다 다양한 전자 매체에 포함되어 있는 많은 정보를 컴퓨터로 제시하여 해석하고 비교하며 종합해서 분석하는 디지털화 독해능력(digital reading comprehension) 평가를 실시하고 있다. 그 내용에는 소설, 신문기사, 동영상에 의한 자연현상, 그리고 일상의 생활과 활동도 제공하고 있다. 이런 소재들의 내용을 모두 섭렵하고 난 후 종합적 능력을 평가하고자 하는 시도다.

개인 중심의 종합적 평가는 선발의 목적도 중요하지만, 인간 개인에 대한 깊은 이해를 위하여, 더 나아가 개인의 발달을 위하여 필요하다. 그러므로 검사뿐 아니라 면접과 관찰, 그리고 수행평가를 실시하고 최근에 제안된 새로운 이론도 적용하여 개인을 총평하여 평가하는 것이 보다 발전적이며 미래지향적인 방법이다. 얼마 전부터 시도되는 의사자격시험에서 모의환자 치료 능력이라든지, 법조인 자격시험에서 모의재판을 실시하면서 개인의 법률적 판단과 판결 시 구사하는 언어능력과 감정표현 등을 평가하는 시도를 할 수 있다. 이런 방법으로 자격을 부여하고 학생을 선발하며, 회사원을 채용하거나 교사나 공무원을 선발하고, 고위 공직자 그리고 의료인이나 법조인 등에게 자격을 부여하는 것이 해당 분야의 교육에 변화를 불러 일으켜서 인재를 양성하고 우수한 인재를 선발하여 발전을 기하는 길이다.

시험을 통하지 않고는 그 분야에 진입이 불가능하여 전문 경력이 있는 전문인도 그 분야에 종사할 수 없다. 고시를 통한 합격과 연수는 동질 의식과 동료애, 그리고 합격 기수에 의한 선후배는 필요에 따라 협력적 관계가 원활할 수 있다. 그러나 동료애나 서열주의는 공직의 유연성과 전문성을 저해하며 구조적으로 부패할 가능성이 높아 고시에 대한 개혁의 필요성이 대두되고 있다. 이런 문제를 개혁하지 않고는 관련 분야의 발전을 이루기가 어려우며 인재를 등용하기가 힘들다는 반성이 제기되고 있다. 분야별로 이에 대하여 해결책뿐 아니라 전문 교육을 위해서도 개선할 점이 한두 가지가 아닐 것이다. 하루라도 빨리 지필시험에서 벗어나는 것이 해당 분야의 전문성을 향상시킨다.

다른 분야도 마찬가지지만 교육 분야는 이해 당사자들이 가장 많은 분야다. 대학수학능력시험만 하여도 60만 명이 넘는 학생들이 매년 시험을 보고 대학을 결정한다. 그리고 20만 명이 넘는 교원들, 학생이나 교원과 관련된 가족을 포함한다면 교육과 관련된 이해당사자는 모든 국민이라 해도 과언이 아니다. 그러므로 교원선발과 임용제도, 그리고 대학신입생 선발제도 등은 국가의 장래를 생각하면서 제도가 수립되고 정책이 집행되어야 한다. 조령모개의 정책은 혼란뿐 아니라 국가 발전을 저해할 수밖에 없다. 그러므로 이와 관련된 정책과 제도는 정치적으로 독립적이며 특정 집단의 이해관계에서 독립적이야 한다.

그리고 평가와 선발의 대상이 준비하는 기간이 필요하므로 예고제를 실시하여야 한다. 대학입학전형제도의 경우 최소한 3년 전에 예고를 하여야 한다. 교원의 선발과 임용 방법도 사전에 예고하여야 하나 충원 교원에 대한 장기적 계획에 의하여 최소한 교사를 희망하는 학생들이 대학에 입학하기 전에 충원 교원의 교과목과 발령 교원 수를 공지하여야 할 것이다. 정치적으로 중립적이며 이해집단으로부터 독립적이고 장기적인 계획을 수립할 수 있는 '국가교육위원회(가칭)'라는 기구를 설립할 필요가 있다고 제안한다. 독일의 외무장관이 8년을 재임하였다는 기사가 주는 의미를 되새길 필요가 있다. 통일을 이룩하기 위하듯 교육을 위해서도 말이다.

참고문헌

교육과학기술부(2011). '인재대국을 향한 교실혁명' 스마트 교육 본격 도입. 보도자료, 2011. 6. 29.

교육과학기술부(2012). 안정적 정착을 위한 2012년 교원능력개발평가 개선방안.

교육과학기술부(2013. 12. 13.). 중등학사관리 선진화 방안. 보도자료.

교육과학기술부(2013a). 중학교 자유학기제 시범운영 계획. 보도자료, 2013. 5. 29.

교육과학기술부(2013b.). 교원능력개발평가 매뉴얼(교사용).

교육과학기술부(2013c). 내실 있는 운영을 위한 2013년 교원능력개발평가제 개선 방안.

교육부(2014. 11. 28). 2014년 국가수준 학업성취도 평가 결과 발표. 교육부 보도자료.

교육부(2014a). 2015년 대학 구조개혁 평가 기본계획 확정. 교육부 보도자료 12. 23.

교육부(2014b). 교원의 교육전념여건 조성을 위한 2014년 교원능력개발평가제 시행 기본계획.

교학사(2004). **한국어 사전**. 서울: 교학사.

국립교육평가원(1992). 새 입시제도에 따른 대학수학능력시험 해설. 서울: 교육부.

김동영, 김도남, 신진아(2013). 국가수준 학업성취도 평가의 성과와 발전 방향. 2020 한국 초 · 중등교육의 향방과 과제(성태제 외 편). 서울: 학지사.

김성숙, 김희경, 서민희(2013). 학습지향적 평가를 위한 형성평가 실천. 2020 한국 초 · 중등교육의 향방과 과제(성태제 외 편). 서울: 학지사.

박도순(2014). 당초 취지 변질…수능 무력화돼야 학생·교육 살아난다. 중앙일보 11월 23일자.

박영숙, 제롬 글렌, 테드 고든, 엘리자베스 플로레스큐(2013). 유엔미래보고서 2040. 서울: 교보문고.

박주호 외(2013). 대학경쟁력 강화를 위한 평가체제 개선방안 연구. 교육부 정책연구보고.

서민원(2014). 대학구조개혁평가 방안의 타당성에 대한 토론. 한국교육평가학회 주최: 2014년 한국교육평가학회 세미나: 대학구조개혁 평가방안의 타당성.

서울특별시교육청(2014). 2015학년도 서울특별시 공립(국립·사립) 중등학교 교사 (특수학교·보건·전문상담교사 포함) 임용후보자 선정경쟁시험 시행계획 공고 제2014-121호.

성경희, 서민희, 박은하, 전경희, 주우연, 황미애, 이지원(2014). 성취평가제 적용, 이렇게 하세요(고등학교 보통교과용)-사회과, 한국교육과정평가원 연구자료 ORM, 2014-59-4.

성태제(1991). 대학적성시험 입시 반영 높이면 과열학습 우려. 동아일보 3월 6일자.

성태제(2009a). 학생 선발은 무엇을 위하여 어떻게 하여야 하나. 한국교육, 어디로 가야 하나(일송기념사업회편). 서울: 푸른역사.

성태제(2009b). 대학입학전형제도의 기본 전제와 개선. 2009 한국교육학회 춘계학술대회, 대학입시자율화와 교육정상화: 그 의미와 과제.

성태제(2009c). 현행대학입학전형 기본 사항의 쟁점과 개선방향. 한국대학교육협의회: 2011학년도 대학입학전형 기본사항 수립을 위한 세미나.

성태제(2011). 준거설정. 서울: 학지사.

성태제(2014). 현대교육평가(제4판). 서울: 학지사.

이광우, 전제철, 허경철, 홍원표(2009). 미래 한국인의 핵심 역량 함양을 위한 국가 교육과정 구상. 한국교육과정평가원 연구보고서 RRC2009-10-1.

이근호, 곽영순(2013). 학습자의 핵심 역량 함양을 위한 교육과정 구성. 2020 한국 초·중등교육의 향방과 과제(성태제 외 편). 서울: 학지사.

이문복, 시기자, 박태준, 신동광(2013). 클라우드 기반의 차세대평가: 국가영어능력평가시험. 2020 한국 초·중등교육의 향방과 과제(성태제 외 편). 서울: 학지사.

장한업(2014). 이제는 상호문화교육이다. 경기: 교육과학사.

정범모(2008). 한국의 세 번째 기적: 자율의 사회. 경기: 나남.

정범모(2009). 교육의 향방. 서울: 교육과학사, p. 38.

정범모(2011). 내일의 한국인. 서울: 학지사.

정범모(2012). 다시 생각하여야 할 한국교육의 신화. 서울: 학지사.

한국교육과정평가원(2014). 대학수학능력시험 20년사. 서울: 현대아트컴.

한국교육과정평가원(2014). 시행 연도별 대학수학능력시험 교육과정 및 교과서 적용기준. p1.

한국대학교육협의회(2014). 대학평가총람. 한국대학교육협의회.

AERA, APA, & NCME (1999, 2014). *Standard for Educational and Psychological Testings*. Washington: DC.

Black, P., & William, D. (1998). Assessment and classroom learning. *Assessment in Education*. 5(1), 103 - 110.

Cizek, G. J., & Bunch, M. B. (2007). *Standard Setting: A Guide to Establishing and Evaluating Performance Standards for on Tests*. SAGE Publication.

Findley, W. G. (1963). Purposes of school testing programs and their efficient development. *The impact and improvement of school testing programs. The sixty-second yearbook of the National Society for the Study of Education, Part II*, 1-27.

Madus, G., Russell, M., & Higgins, J. (2009). *The Paradoxes of High Stakes Testing: How they affect stusents, their parents, teachers, principles, schools, and society*. NC: Information Age Publishing, INC.

Medley, D. (1987). Teacher effectiveness. In C. W. Harris (Ed.), *Encyclopedia of Educational Research*(5th ed.). NY: Macmillan & Free Press.

Mehrens, W. A.(1987). Validity issues in teacher licensure tests. *Journal of Personal Evaluation in Education*, 1(2), 78-92.

Murray, H. A. (1938). *Explorations in personality*. NY: Oxford University

Press.

Schmitt, N., Oswald, F. L., & Gillespie, M. A. (2005). Broadening the performance domain in the prediction of academic success. In Camara, W. J. & Kimmel, E. W.(eds.), *CHOOSING STUDENTS: Higher Education Admissions Tools for the 21st Century*(pp 195-213). New Jersey: LEA.

Toffler(2013). 제3의 물결. 경기: 범우사.

Ward, A. W., & Murray-Ward, M. (1999). *Assessment in the classroom*. Belmont, CA: Wadsworth Publishing Company.

저자 소개

성태제(Seong Taeje)

고려대학교 사범대학 교육학과
Univ. of Wisconsin—Madison 대학원 M.S
Univ. of Wisconsin—Madison 대학원 Ph.D
Univ. of Wisconsin—Madison Laboratory of Experimental
  Design Consultant
이화여자대학교 교육학과 교수
이화여자대학교 사범대학 교육학과장
대학수학능력시험 평가부위원장
이화여자대학교 입학처장
입학처장협의회 회장
이화여자대학교 교무처장
한국교육평가학회 회장
정부업무평가위원
경제·인문사회연구회 기획평가위원장/연구기관 평가단장
MARQUIS 『Who's who』 세계인명사전 등재(2008~현재)
홍조근정 훈장 수훈
한국대학교육협의회 사무총장
한국교육과정평가원장
경제·인문사회연구회 연구기관 우수기관장상(2012, 2013)

• 저서 및 역서

문항반응이론 입문(편역, 양서원, 1991)

타당도와 신뢰도(양서원, 1995)

현대 기초통계학의 이해와 적용(양서원, 1995)

교육측정평가의 새로운 지평(공저, 교육과학사, 1998)

한국교육평가의 쟁점과 대안(공저, 교육과학사, 2000)

문항반응이론의 이해와 적용(교육과학사, 2001)

현대 기초통계학의 이해와 적용(개정판, 교육과학사, 2001)

타당도와 신뢰도(개정판, 학지사, 2002)

문항제작 및 분석의 이론과 실제(개정판, 학지사, 1996, 2004)

준거설정(역, 학지사, 2011)

최신 교육학개론(2판, 공저, 학지사, 2007, 2012)

2020 한국 초·중등교육의 향방과 과제(학지사, 2013)

현대교육평가(4판, 학지사, 2002, 2005, 2010, 2014

　　　　　　　★문화관광부 추천 우수학술도서)

연구방법론(2판, 공저, 학지사, 2006, 2014)

SPSS/AMOS를 이용한 알기 쉬운 통계분석(2판, 학지사, 2007, 2014)

교육평가의 기초(개정판, 학지사, 2009, 2014)

현대 기초통계학(7판, 1995, 1998, 2001, 2002, 2007, 2011, 2014)

문항반응이론(학지사, 2015)

교육연구방법의 이해(3판, 학지사, 1998, 2005, 2015)

교육단상

2015년 4월 10일 1판 1쇄 인쇄
2015년 4월 18일 1판 1쇄 발행

지은이 • 성태제
펴낸이 • 김진환
펴낸곳 • (주) **학지사**
　　　　121-838 서울시 마포구 양화로 15길 20 마인드월드빌딩
대표전화 • 02)330-5114　　　팩스 • 02)324-2345
등록번호 • 제313-2006-000265호

홈페이지 • http://www.hakjisa.co.kr
커뮤니티 • http://cafe.naver.com/hakjisa

ISBN 978-89-997-0672-1 03370

정가 12,000원

저자와의 협약으로 인지는 생략합니다.
파본은 구입처에서 교환해 드립니다.

이 책을 무단으로 전재하거나 복제할 경우 저작권법에 따라 처벌을 받게 됩니다.

인터넷 학술논문 원문 서비스 **뉴논문** www.newnonmun.com

이 도서의 국립중앙도서관 출판시도서목록(CIP)은 서지정보유통지
원시스템 홈페이지(http://seoji.nl.go.kr)와 국가자료공동목록시스템
(http://www.nl.go.kr/kolisnet)에서 이용하실 수 있습니다.
(CIP제어번호:2015010148)